Tobias Endler

Game Over

Tobias Endler

Game Over

Warum es den Westen nicht mehr gibt

Orell Füssli Verlag, www.ofv.ch
© 2020 Orell Füssli AG, Zürich
Alle Rechte vorbehalten

Umschlaggestaltung: Hauptmann & Kompanie Werbeagentur, Zürich, unter Verwendung eines Fotos von © Daniel Pilar/laif
Druck und Bindung: CPI books GmbH, Leck

ISBN 978-3-280-05727-8

Die Deutsche Nationalbibliothek verzeichnet diese Publikation in der Deutschen Nationalbibliografie; detaillierte bibliografische Daten sind im Internet unter www.dnb.de abrufbar.

Inhalt

Inhalt

Wasserscheide
**Alte und neue Medien, politische Institutionen,
und die Demokratien des Westens** 93

Labore hinter verschlossenen Türen
Der Trend zur Abschottung und das verlorene Potenzial

Zwischen Jackpot und Trostpreis
Die amerikanische Erfolgsformel »wenig Aufwand, viel

Neues Spiel, neues Glück
Eine Grand Strategy für Europa, und unser Neuanfang in

Inhalt

Think Big!
Wagemut in der Welt von morgen 269

Weiterführende Lektüre

»Der Lauf der Geschichte ist nicht vorhersehbar,
er ist so unregelmäßig wie das Wetter,
so wechselhaft wie Empfindungen.«
– Jill Lepore, Diese Wahrheiten

»Keep on rockin' in the free world.«
– Neil Young

Die Welt, ein Spiel

Wie Amerika sich neu sortiert – und warum das für uns wichtig ist

>»Liberty, justice, democracy, tolerance, equality … All nations whose people and
>government are set up in the service of this ideal are connected by it. But in reality,
>each nation achieves quite often a quite different version of that ideal.«
>– Anne-Marie Slaughter

Donald Trump ist ein großartiger Golfspieler. Sagt Donald Trump.
Genauer: »Der beste Golfspieler unter allen Reichen auf dieser
Welt.« Diese Spielklasse hat der 45. Präsident der USA selbst defi-
niert. Kein Problem für jemanden, der etwa auch alleine absolvierte
Spielrunden auf seinen Golfplätzen als Clubmeisterschaften in den
Annalen verbuchen lässt. »Wenn ich Golf spiele, gewinne ich.« Auch
diese Aussage bekommen Politiker, Journalisten und Geschäfts-
partner häufiger zu hören, gleich, ob Trump auf dem Grün oder im
Rosengarten des Weißen Hauses vor Mikrofonen steht. Was nach
Koketterie und Großspurigkeit klingt, ist genau das. Und viel mehr.

Im Juli 2014 bestreitet Tiger Woods eine Partie mit Trump. Die
tropische Schwüle Floridas um diese Jahreszeit ist berüchtigt. Als
beide nach dem Spiel verschwitzt vor die Kameras treten, stellt
Trump zunächst klar, dass seine Haare ob der klimatischen Bedingungen zwar in Mitleidenschaft gezogen, jedoch zweifelsfrei
echt seien. Woods, ebenso sehr Öffentlichkeits- wie Golfprofi, wahrt
die Fassung und bescheinigt seinem Gegenüber ein passables
Niveau. Ein knappes Jahr später verkündet Trump, der nicht nur
beim Golf nach eigener Einschätzung immer gewinnt, seine Kandidatur um das höchste Amt im Staat. Weitere anderthalb Jahre später erhält er 63 Millionen Stimmen und findet sich entgegen aller

Prognosen im Zentrum der Macht wieder. Als der Hausherr an jenem stickig-warmen Sommertag vor versammelter Presse seine Raffinesse und seine Risikobereitschaft lobt, und zwar im Spiel wie im Leben, hält niemand außer ihm selbst einen solchen Sieg für möglich.

Gewinnen um jeden Preis

Donald Trump hatte schon zu Zeiten als New Yorker Geschäftsmann einen zwielichtigen Ruf. Es ist ein offenes Geheimnis in der Immobilienbranche der größten Stadt Amerikas, dass der günstigste Beton von der Mafia geliefert wird. Trotzdem ist dem »Concrete Club« naturgemäß daran gelegen, möglichst diskret zu agieren. Ganz anders Trump. Der junge Unternehmer rühmt sich schon 1983 bei der Eröffnung des Trump Tower auf der 5th Avenue, ungleich billiger zu bauen als die Konkurrenz. Es bleibt genug Geld über, um den eigenen Namen in Gold am Gebäude anbringen zu lassen – ein Gebäude, das laut Trump 68 Stockwerke hat. Schon bald fliegt der Schwindel auf: Der Besitzer hat 10 Etagen hinzugedichtet. Er sieht darin keinerlei Problem, schließlich wolle in New York, wo Status alles ist, jeder möglichst hoch hinaus. Der Erfolg gibt ihm Recht, schnell übersteigt die Zahl der Mietanfragen die der Wohnungen im Turm. Trump wird diese Skrupellosigkeit beibehalten und über dreißig Jahre später in die Politik mitnehmen.

Inzwischen gibt er sich keine Mühe mehr, seine Absichten zu verhehlen, im Gegenteil. An einem kühlen Januartag 2017 hält der neue Präsident der USA seine Antrittsrede. Nach nicht einmal zehn Minuten – Trump ist bereits heiser – fällt der entscheidende Satz: »From this day forward, it's going to be only America first. America first.« »Ab dem heutigen Tag gilt nur noch eines: Amerika zuerst. Amerika zuerst.«

Mit diesem schlichten Satz spricht Trump vielen seiner Landsleute aus der Seele. Mindestens so vielen ist diese Einstellung zutiefst suspekt. Nicht alle würden es wohl so direkt ausdrücken wie einer von Trumps Vorgängern im Amt, der ebenfalls im Publikum sitzt. George W. Bush bezeichnet die Rede des frisch Vereidigten später in texanischer Direktheit als *weird shit,* merkwürdigen Scheiß. Doch ist die Welt seit Bushs Zeiten eine andere geworden. Bush 43, ein Erzkonservativer mit ausgeprägtem Sendungsbewusstsein, hatte in Zentraleuropa wahrlich keinen guten Ruf: Zuerst der nicht zuletzt durch eine Lüge vor den Vereinten Nationen gerechtfertigte Krieg gegen den Irak. Dann die Arroganz gegenüber »old Europe«, das nicht mitziehen wollte. »Das alte Europa« wird 2003 Deutschlands Wort des Jahres, Zeichen dafür, dass die amerikanische Hybris hierzulande allergische Reaktionen hervorruft. Vielen erscheint allerdings bald zwei Jahrzehnte später eine Allergie im Vergleich zur handfesten Verkühlung, die derzeit die transatlantischen Beziehungen im Griff hat, vergleichsweise erträglich. Man wünscht sich angesichts Nr. 45 die alten Haudegen vom Schlage Bushs, John McCains und Madeleine Albrights zurück. Es wird beim Wunsch bleiben.

Warum es den Westen nicht mehr gibt

Als ich am Tag nach Trumps Wahlsieg meinen Mietwagen am Flughafen von Charlotte, North Carolina, in Empfang nehme, entschuldigt sich die Mitarbeiterin hinter dem Schalter bei mir, sobald ich meinen Führerschein vorlege. Ihr sei bewusst, wie Europa auf ihr Land schauen müsse, ein Land, das einen solchen Blender ins höchste Amt gewählt habe. Ich kann ihr nicht widersprechen. Dabei ist mir wiederum bewusst, dass mehr Menschen gegen Trump als für ihn gestimmt haben. Schlimmstenfalls sehen wir beide zu diesem Zeitpunkt acht Jahren seiner Regentschaft entgegen. Und wissen doch: Auf den 45. Präsidenten der USA wird der 46. folgen. Dennoch bietet diese Aussicht überzeugten Transatlantikern wenig Trost. Amerika, die dominante Nation der westlichen Hemisphäre, sortiert sich neu, und wir alle bekommen die Folgen zu spüren. Der

»Westen«, wie wir ihn kennen, ihn zu kennen glaubten, kommt an ein Ende. Donald Trump ist ein Stein auf diesem Weg, doch der Weg führt nur in eine Richtung. Das altvertraute Spiel ist vorbei: Game Over. Das hat drei Gründe:

Erstens wendet sich mit Amerika eine der beiden tragenden Säulen ab, damit trägt das Dach des »Westens« nicht mehr. Die Statik ist dahin, zunächst unabhängig davon, ob die zweite tragende Säule, Europa, weiterhin besteht. Dies ist auf Dauer fraglich, denn auch auf unserer Seite des Atlantiks ist eine zunehmende Entfremdung von der alten Idee des »Westens« zu spüren. Doch sind die Amerikaner zuerst in Aktion getreten, sind wir zunächst zur Rolle des Reagierenden verdammt. Hierin liegt umgekehrt der Vorteil, dortige Entwicklungen aus sicherer Distanz beobachten und unsere Schlüsse hieraus ziehen zu können, wie wir sehen werden.

Zweitens ist schon seit längerem der Kommunikationsfaden der transatlantischen Allianz abgerissen. Die Abwendung Amerikas vom Westen ist nicht ursächlich hierin begründet; sie ist global motiviert. Allerdings sorgt die Unterbrechung der Verbindung im Außenpolitischen wie Innenpolitischen dafür, dass die innere Stabilität des Westens leidet. Das wiederum beeinflusst den Handlungsrahmen und die Wirkmacht aller beteiligten Länder. Aus US-Sicht ein Argument mehr, Außenpolitik ohne Absprache und zunehmend ohne Rücksicht auf Europa zu betreiben. Im Innenpolitischen konzentriert man sich zunehmend auf das Eigene, anstelle den Westen als transatlantisches Labor zur Entwicklung und Erprobung von Gesellschafts- und Wirtschaftsmodellen zu begreifen, die sich gegenseitig befruchten und aufeinander aufbauen.

Drittens sind die Grundfesten des Westens, auf denen beide Säulen stehen, von innen ausgehöhlt. Mehr als alles andere bemisst sich eine vitale Demokratie an der Möglichkeit, streiten zu können. Sich über die eigenen Werte und Leitvorstellungen austauschen und diese gegen undemokratische Umtriebe im Inneren und Bedrohungen von außen verteidigen zu können. Miteinander und gegeneinander – aber nicht nebeneinander – in einem permanenten öffentlichen Meinungsbildungsprozess engagiert zu bleiben. Doch hat sich unsere medial vermittelte Öffentlichkeit seit der Jahrtausendwende fundamental verändert. Gleichzeitig haben die politischen Institutionen Schwierigkeiten, die Verständigung unserer Demokratie über sich selbst angemessen zu rahmen und zu repräsentieren. Die Tatsache, dass es den Westen nicht mehr gibt und sowohl Amerika als auch Europa davon betroffen sind, bedeutet nicht, dass beide in der gleichen Weise betroffen sind. Die Vereinigten Staaten können sich aufgrund der eigenen Größe, einer spezifischen Dynamik und der damit verbundenen Einflussmöglichkeiten den Rückzug aus dem »Westen« auf absehbare Zeit leisten. Ob sich das neue Rollenverständnis mittelfristig als Gewinn herausstellt, ist eine andere Frage. Die Europäische Union und speziell Zentraleuropa hingegen müssen sich zunächst in der neuen Rolle zurechtfinden, um die sie sich nicht beworben hatten. Dass sich vor den Augen der Welt im 21. Jahrhundert ein Stück abspielt, in dem niemand Regie führt, beinhaltet für Europa und speziell Deutschland allerdings die große Chance, die zugeteilte Rolle nach eigenen Maßstäben zu interpretieren – oder gegen einen völlig neuen Part einzutauschen. Hierzu mehr am Ende dieses Buches.

Amerikas neues Portfolio – und die Folgen

Viele Amerikaner pflegen lebenslange Freundschaften mit Deutschen, Schweizern oder Polen. Noch mehr Amerikaner sind sich ihrer irischen und/oder italienischen Wurzeln sehr bewusst. Wer etwas auf sich hält, geht in Chur Skifahren und mindestens einmal im Leben aufs Oktoberfest in München, auch ohne jemals diese Städtenamen aussprechen zu können.

Die gleichen Menschen empfinden jedoch eine allzu enge transatlantische Verzahnung auf politischer bzw. wirtschaftlicher Ebene als zunehmend kostspielige Investition, die sich für ihr Land schlicht nicht auszahlt. Insofern liegt der Businessman Trump mit seinem

Kassensturz bezüglich der internationalen Beziehungen Amerikas durchaus auf Linie mit einem nicht unerheblichen Teil der Bevölkerung. Es ist in jedem Fall der lautere Teil. Trumps Unterstützer reklamieren die Meinungshoheit für sich (was rechnerisch nicht stimmt). Zur Wahrheit gehört aber auch: Die Trumpianer sind ohnehin an seiner Seite, gerade in innenpolitischen Fragen. Doch was die Notwendigkeit einer grundsätzlichen Neuorientierung Amerikas auf dem Globus betrifft, stimmen ihm im Grunde auch seine Kritiker zu. Der Stil des Präsidenten ruft bei ihnen Ablehnung hervor. Sein Ansinnen, die von den USA so empfundenen Handicaps in der internationalen Arena loszuwerden, wird unterstützt, wenn auch oftmals hinter vorgehaltener Hand. Aus Sicht der USA ist gerade der transatlantische Raum, sprich: die Verbindung zu Europa, allzu oft schlicht ein Handicap. Mühseliger Verhandlungspartner, schwerfälliger Alliierter, undankbarer Freund, Trittbrettfahrer. Diese Charakterisierungen sind nicht nur in Washington, und längst nicht nur im konservativen Lager, immer häufiger zu hören. Die komplizierte Entscheidungsstruktur der Europäischen Union trägt nicht zur Vertrauensbildung bei.

Kommt die Sprache auf das Militärische, wird diese Einschätzung noch deutlich entschiedener. Drei kurze Beispiele aus jüngster Zeit: Der Ukraine-Konflikt wird von den Amerikanern als europäisches Problem wahrgenommen, das sie sich quasi über die transatlantischen Beziehungen mit eingekauft haben. Viele Angehörige der US Army stammen aus dem Mittleren Westen, dem Herzen der USA. Von North Dakota oder Indiana aus gesehen liegt schon die Hauptstadt Washington auf einem anderen Planeten. Der dort residierende Präsident ist qua Amt auch Oberbefehlshaber der Streitkräfte. Er muss daher den Eltern in Bismarck, North Dakota, oder Berne, Indiana (einst von Schweizer Mennoniten gegründet), erklären, warum ihre Söhne und Töchter das ukrainische Donezbecken am anderen Ende der Welt gegen russische Aggressoren verteidigen und dabei ihr Leben riskieren sollten. Trumpianer wollen davon nichts wissen. Daran ändert auch der nüchtern-zurückhaltend formulierte Nordatlantikvertrag nichts. Im Gründungsdokument der NATO ist von der gemeinsamen Arbeit an »freund-schaftlichen internationalen Beziehungen« die Rede. Die Ukraine ist nicht einmal Mitglied der NATO, wenn sie auch seit 2018 Bei-trittskandidatenstatus hat. Polen, Estland oder Litauen hingegen sind vollwertige Mitglieder. Sie beobachten sehr genau, was ihre Mitgliedschaft im Fall der Fälle eigentlich noch wert wäre.

Der Syrienkrieg sieht von der anderen Seite des Atlantiks so aus: Amerikas plötzlicher Rückzug im Herbst 2019 wurde nicht mit den Verbündeten in der Region, den Kurden, abgesprochen. Für diese geht es ab sofort um die Existenz. Ein solches Vorgehen entspricht nicht dem Selbstverständnis der alten Garde amerikanischer Außen-politiker wie McCain, Albright, John Kerry oder auch Bush Vater und Sohn. Doch erstens ist diese Garde bereits abgetreten und zwei-tens sind ihre Maximen die USA in Afghanistan, Irak oder Libyen teuer zu stehen gekommen. Hier wurde sehr viel investiert und bis heute praktisch nichts erreicht. Warum also weiter dieser Linie fol-gen? Mit ihrem Abtritt bringen sich die US-Truppen hingegen aus der Schusslinie und in Sicherheit. Die Nachteile hieraus sind über-schaubar. Syrien hat praktisch keine Ölvorkommen oder andere Ressourcen, die aus Profitgründen schützenswert wären. Ja, im Chaos des Rückzugs und der Truppenverlagerungen sind viele IS-Kämpfer aus den Gefangenenlagern entkommen. Doch wie viele hiervon werden es über den Atlantik und bis nach Ohio oder Wis-consin schaffen? Gleichzeitig haben Trumps Unterhändler einen zeitweiligen Waffenstillstand für die Region erreicht, an den sich die Türkei, die Kurden und Syrer gehalten haben. Die Androhung massiver Sanktionen, ohne Rücksicht auf die NATO-Mitgliedschaft der Türkei, hat Gewicht. Nur drei Wochen später schaltet ein klei-nes Team amerikanischer Spezialkräfte den Kopf des Islamischen Staats, Abu Bakr al-Baghdadi, aus. Dieser Verlust wird den IS härter treffen als die Tötung bin Ladens unter Obamas Regie.

Der ferne Nachbar USA hat wieder einmal ein Problem vor Europas Haustüre gelöst, nachdem sich die Hausbesitzer dazu ein-fach nicht durchringen konnten. Noch dazu, bevor sich dieses Problem über das gesamte Wohnviertel ausbreiten konnte. So die Lesart vieler Amerikaner. Diese Einschätzung – ähnlich der Bewertung der Lage in der Ukraine – mag zum Teil auf der sprichwörtlichen geografischen und vor allem auch geopolitischen Ignoranz vieler Amerikaner beruhen. Sie wird zurecht auch längst nicht von allen geteilt. Schließlich hat die amerikanische Außenpolitik durchaus Anteil an der brisanten Situation im Nahen Osten. Doch für uns Europäer wichtiger als die Grundlage solcher Bewertungen soll für den Moment die Konsequenz hieraus sein. Um im Bild zu bleiben: Die USA beanspruchen für sich die Platzhoheit auf der globalen Spielanlage. Bis zum heutigen Tag nicht von ungefähr, wie ich in *Game Over* zeigen werde. Daraus ergibt sich eine bestimmte Lesart der Lage – etwa eben mit Bezug auf die Ukraine oder Syrien. Nahtlos fügt sich hier die Ausschaltung des iranischen Militärs Qasem Soleimani im Januar 2020 ins Bild. In diesem Fall hatte aus US-Sicht das Problem längst das »Wohnviertel« Naher Osten erfasst. Höchste Zeit zu handeln also, denn Soleimani war als Kommandeur der Quds-Brigaden dafür verantwortlich, Irans Einfluss in der Region noch zu vergrößern. Im Unterschied zu Syrien verfügt Irans Nachbar Irak über gewaltige Ölvorkommen. Trotz ihrem offenkundigen Interesse daran hatten sich die Amerikaner lange Zeit darauf beschränkt, die iranischen Aktivitäten im Irak einzudämmen. Das ändert sich mit der Belagerung der US-Botschaft Bagdad durch schiitische Milizen. Zwei Tage später stellt die US-Regierung mit größtmöglicher Härte die Platzhoheit Amerikas wieder her. Offiziell dient die Tötung Soleimanis der Abwendung einer unmittelbar bevorstehenden Gefahr. Dieser Einstufung folgen viele Amerikaner, wohlweislich nicht nur Trump-Anhänger. Auch hier regiert eine große Unkenntnis, manchmal auch unverblümte Negierung der historischen Hintergründe. Zu gut klingt die Geschichte, die man sich selbst erzählt.

Gleichzeitig ist wie so oft auch in diesem Fall ein Bruchstück Wahrheit enthalten. Im Trumpschen Kosmos nimmt es allerdings überproportionalen Raum ein. Die perfide Strategie seines Lagers besteht darin, das Bruchstück so darzustellen, als mache es das Gefäß als Ganzes aus. In diesem Gefäß ist dann vermeintlich die

Erkenntnis über den wahren Verlauf der Welt enthalten. Es ist fatal, und ein aus zentraleuropäischer Perspektive ernüchternder Gedanke, dass der »prozentuale« Wahrheitsgehalt von Analysen wie im Fall der Ukraine, Syriens oder Irans nicht entscheidend ist. Sondern die Tatsache, dass sich die Amerikaner aufgrund der eigenen Größe und militärischen Überlegenheit einen solchen Standpunkt schlicht leisten können. Und dass dieser Standpunkt im Trump-Lager, aber auch bei vielen Demokraten, auf Zustimmung stößt. Ein punktuelles Eingreifen in der Welt, dort, wo die eigenen Interessen bedroht sind, damit gehen die meisten Amerikaner nach wie vor konform. Die Zeiten dauerhaften Engagements sind hingegen vorbei. Die Supermacht legt sich gewissermaßen ein neues Portfolio zu, wie es der Politikwissenschaftler James Lindsay vom Council on Foreign Relations formuliert. Trump hatte dies mit untrüglichem Riecher schon im Wahlkampf 2016 erkannt. Im Gegensatz zu Hillary, welche die Brille der Außenministerin nie wirklich abnahm. Ein kostspieliger Fehler in einem Land, in dem – wie in Deutschland oder der Schweiz auch – Wahlen über Innenpolitik gewonnen werden.

Trumps erste – und womöglich einzige – Amtszeit ist beinahe abgelaufen, und noch immer tun sich selbst politische Verbündete schwer damit, seine Handlungen nachzuvollziehen. Zahllose Journalisten und Experten in den Denkfabriken Washingtons, New Yorks und Chicagos und in aller Welt versuchen tagtäglich, sich einen Reim auf den Präsidenten zu machen. Noch schwerer fällt die Erklärung für getroffene Entscheidungen, oder gar die Prognose dessen, was als Nächstes zu erwarten ist. Schon Trumps Wahlsieg war der Tag, »an dem das Umfragewesen zu Tode kam«, so bekam man es auf den Straßen der US-Hauptstadt zu hören. Hatte doch selbst die renommierte *New York Times* noch am Morgen prophezeit, Hillary Clinton werde am Abend mit 85-prozentiger Wahrscheinlichkeit Präsidentin sein. Dann der Schock für die politische Community, die ihr Land lange Zeit für sehr berechenbar gehalten hatte. Allem Anschein nach reichte das Schüren von Ressentiments tatsächlich aus, einen erklärten Antipolitiker bis ins höchste Staatsamt zu tragen, dessen ganzes »Politikprogramm« aus der flachen Parole bestand, »den Sumpf in Washington trockenzulegen«.

Trumps Kritiker haben für diese Einsicht sehr lange gebraucht. Mittlerweile, im Vorlauf zur Wahl im November 2020, haben sie hieraus ihre schärfste Waffe geschmiedet. Im Jahr 2016 allerdings ist nicht nur das moderate Amerika, sondern auch ein Großteil des konservativen und erzkonservativen Establishments schlicht erschüttert über diesen Pennywise der Politik. Wie der Clown aus Stephen Kings Horrorklassiker *Es* riecht Trump die Ängste der Menschen, und er lebt von ihnen. Linksliberale sind entsetzt (der Begriff »liberal« steht in den USA für ein nach hiesigem Dafürhalten eher sozialdemokratisches Politikverständnis). Selbst Trumps treueste Fans wirken zunächst überfordert. Noch am Vorwahltag hatten sie kaum Geld auf den letztlichen Triumph ihres Helden setzen wollen (in amerikanischen Wettbüros kann auf fast alles gewettet werden). Es schien beinahe, als sei Trump, der die Unberechenbarkeit zur Maxime gemacht hat, auch ihnen nicht immer geheuer.

Rückzug der Supermacht

Fünf Gründe sind entscheidend dafür, dass sich die Amerikaner auf Dauer aus der Welt im Allgemeinen und unserem Teil der Welt im Speziellen zurückziehen werden (unabhängig davon, wer ab Januar 2021 im Weißen Haus residiert).

Erstens ist diese Entwicklung nicht neu. Die Tradition des Isolationismus bildet den einen der beiden Stränge, die sich durch die Geschichte der Vereinigten Staaten ziehen. Der andere Strang ist der missionarische Drang Amerikas, die Welt an sich teilhaben zu lassen. Genauer: Das eigene Staatsmodell und die eigene Nation als globale Speerspitze der Demokratie und freien Marktwirtschaft zu sehen. Aus europäischer Warte erscheint der Missionar Amerika klar prominenter als der Eremit Amerika. Dies vor allem mit Blick auf das lange 20. Jahrhundert, also Amerikas Engagement in den beiden Weltkriegen, im Kalten Krieg und in der Phase nach dem Zusammenbruch der Sowjetunion bis hin zu den Kriegen in Afghanistan, Irak und Libyen. Diese Einschätzung ist richtig, aber auf einen bestimmten zeitlichen wie räumlichen Korridor beschränkt. Und sie erzählt bei weitem nicht die ganze Geschichte. Schon gar nicht bei einer Nation von den Dimensionen Amerikas, die fähig ist, das Missionarische und das Eremitische zu vereinen. George Washington hatte sein Volk schon Ende des 18. Jahrhunderts vor außenpolitischen Verstrickungen *(foreign entanglements)* gewarnt. Auf den ersten folgte später der fünfte Präsident der USA, James Monroe, und die nach ihm benannte Monroe Doktrin gegen eine Einmischung der europäischen Kolonialmächte in Amerika – und umgekehrt. Über den siebten Präsidenten der USA Andrew Jackson – dessen Porträt Trump im Oval Office anbringen ließ – bis zur *America First*-Bewegung zwischen den Weltkriegen zieht sich das Motiv des amerikanischen Rückzugs auf sich selbst.

Diese Linie reißt bis zum heutigen Tag nicht ab. Vielmehr wächst ihre Attraktivität in den Augen der Bewohner eines Landes, das sich auch im Inneren massiv verändert. Mit anderen Worten: Selbst wenn wir aus US-Sicht als transatlantische Partner alles »richtig« machen würden – und warum sollte dies unsere Leitlinie sein? –, gäbe es die über Jahrhunderte bestehende Tendenz der USA zum Isolationismus. Das macht es für Deutschland und Europa nicht leichter. Gefährlich wird es allerdings, wenn wir das Wesen dieses Isolationismus nicht durchschauen. Und uns nicht verdeutlichen, warum er gerade jetzt eine Renaissance erlebt. Mehr dazu im Kapitel »Disneyland Amerika« ab Seite 43.

Der zweite Grund ist sehr viel jünger. Er ist im Verlauf der letzten zwanzig Jahre bedeutend geworden und hat mit dem gegenwärtigen Naturell der USA zu tun. Die Rolle und der Einfluss der Massenmedien auf den öffentlichen Meinungsbildungsprozess hat eine Dimension erreicht, die zur Jahrtausendwende nicht vorstellbar war. Ganz zu schweigen von den 60er- und frühen 70er-Jahren, also der

Zeit, in der ein Großteil derjenigen geboren wurde, die heute den harten Kern der Trumpianer ausmachen. »Das Medium ist die Botschaft«, so hatte es 1962 der kanadische Medienphilosoph Marshall McLuhan ausgerufen. McLuhan war seinerzeit der Superstar seiner Zunft. Jenseits davon hielten ihn viele für einen Spinner, manche für einen Visionär. Sicher ist: Er hätte sich die enorme Diversifizierung und Öffnung der Medienlandschaft in den digitalen Raum hinein nicht vorstellen können. Für die nachfolgende Generation ist es schlicht die Welt, in der wir leben.

Das Dauerfeuer medialer Inszenierung lässt die Menschen nicht mehr zur Ruhe kommen. Beim für amerikanische Verhältnisse gemäßigten Nachrichtensender CNN ist beinahe alles *breaking news*. Dementsprechend fallen Aufmachung, Tempo und musikalische Untermalung zu den Meldungen des Tages aus. Im Vergleich zur Konkurrenz bei Fox News wirkt CNN beinahe bieder. Auch ein Grund, warum Fox in den USA deutlich mehr Zuschauer hat – die ausschließlich Fox sehen, also ganz bewusst niemals CNN einschalten. So kommt es zum Tunnelblick auf Politik und Gesellschaft. Beide TV-Sender verblassen im Vergleich zur Reichweite der Talk Radios. Eine US-amerikanische Spezialität, wo größtenteils konservative Kommentatoren ununterbrochen ihre persönliche – und offen parteiische – Sicht auf das politische Geschehen feilbieten. Die *Rush Limbaugh Show* hat ca. 15 Millionen Zuhörer pro Woche. Limbaugh und seine Kollegen kennen ihr Publikum genau und beschallen es rund um die Uhr, inklusive der Werbeblöcke, die sie gleich miteinsprechen.

Schließlich sind in den letzten beiden Jahrzehnten Giganten auf dem Feld der Sozialen Medien herangewachsen, die kaum jemand auf der Rechnung hatte. Die Tech-Riesen Facebook, Amazon, Apple und Google (bzw. dessen Muttergesellschaft Alphabet) bewegen sich in einer eigenen Umlaufbahn, bislang scheinbar jenseits politischer Kontrolle. Doch nun wird dieser Tage ihre Rolle und Reichweite in den westlichen Demokratien kritisch durchleuchtet. Facebook-Gründer Mark Zuckerberg sah sich vor dem US-Kongress einer stundenlangen Befragung ausgesetzt, nicht zuletzt, weil es berechtigten Grund zur Annahme gibt, dass sein Imperium bei den

Wahlen 2020 erneut mitentscheidend sein könnte. Dabei hat sich Facebook nie im demokratischen Prozess legitimiert. Es ist, wenn auch häufig so genutzt, keine Informationsplattform. Sondern ein gewinnorientiertes – und börsenorientiertes – Unternehmen. Zuckerbergs Koloss fährt im dritten Quartal 2019 über sechs Milliarden Dollar Gewinn ein. Die großen Vier der Digitalbranche bringen es 2018 auf gewaltige 640 Milliarden Dollar Umsatz. Zum Vergleich: Die Schweiz weist für dasselbe Jahr ein Bruttoinlandsprodukt von rund 700 Milliarden Dollar aus.

Der Einfluss sämtlicher dieser Foren auf ein Land im Dauerwahlkampf ist enorm. Plattformen wie Facebook, YouTube, Tumblr und Instagram versprechen Weltläufigkeit, schließlich sind Neuigkeiten von allen Ecken und Enden des Planeten in Echtzeit verfügbar. Neue und lange Zeit ungekannte Netzwerke grenzüberschreitender Reichweite wachsen rasant. Deren Auswirkungen auf den politischen Prozess sind derzeit noch nicht abschätzbar. Wie Zuckerberg erst unter massivem Druck der Kongressabgeordneten zugibt, nutzen auch demokratiefeindliche Kräfte digitale Foren als Megafon ihrer Botschaften. Facebook hat hier bisher nur Lippenbekenntnisse zu bieten, was deren Eindämmung betrifft. Und sieht offenbar (noch) keinen zwingenden Handlungsbedarf. Warum auch, könnte man fragen, wenn man etwa Zeuge wird, wie der greise Senator Orrin Hatch (mittlerweile aus dem Senat ausgeschieden) Zuckerberg fragt, wie dessen Geschäftsmodell sich ohne Gebühren überhaupt tragen könne. Ein Moment der Heiterkeit, der fehl am Platz ist, schließlich hat Facebook just zu diesem Zeitpunkt ein Datenleck von 87 Millionen Accounts zu verantworten, abgeerntet durch die Beraterfirma Cambridge Analytica, die nichts mit der Eliteuniversität Cambridge, aber einiges mit der passgenauen Modellierung politischer Kampagnen in den USA, Großbritannien und anderswo zu tun hat.

Dieser Dilettantismus der politischen Vertreter/-innen macht es denjenigen, die sie gewählt haben, leicht, sich abzuwenden. Die Institutionen der ältesten existierenden Demokratie der Welt versagen in erschreckendem Maße in ihrer Kontrollfunktion. Von einer moderierenden oder auch nur informierenden Rolle gegenüber dem Volk sind sie gegenwärtig ein ganzes Stück entfernt. Viel zu sehr ist man mit der Fehde zwischen Weißem Haus und Kongress und der eigenen Wiederwahl beschäftigt. Ja, es gibt wichtige Ausnahmen. Da ist die junge Generation engagierter Volksvertreterinnen, die unerschrocken dafür kämpft, dass das moderne Amerika in all seiner Diversität endlich auch im Kongress ein Gesicht bekommt. Die einstige Barkeeperin puerto-ricanischer Herkunft aus der New Yorker Bronx, die offen zu ihrem sozialistischen Politikideal steht und das größte politische Talent ist, das die Demokraten seit Obama hervorgebracht haben. Die erste eingebürgerte Abgeordnete afrikanischer Herkunft, die muslimischen Glaubens ist, und die erste offen bisexuelle Amtsinhaberin, die vorübergehend in ihrem Leben obdachlos war. Alexandria Ocasio-Cortez, Ilhan Omar, Kyrsten Sinema. Sie alle müssen gegen starke Vorurteile in der Bevölkerung ankämpfen, die ihnen ihre Vorgänger, überwiegend weiße ältere Männer wie der bei seinem Abtritt 84-jährige Hatch, eingebrockt haben. Denn viele Amerikaner außerhalb des Washingtoner Gürtels gehen mittlerweile reichlich desillusioniert davon aus, dass sich dort eine korrupte Kaste aus Politikern, Politikberatern und Lobbyisten ihren Vorteil sichert.

Die Frage liegt nahe, ob wir in diesen Zuständen die eigene Zukunft sehen, wie sie uns mit der üblichen transatlantischen Verzögerung von 5–10 Jahren ins Haus stehen könnte. Eine nicht von der Hand zu weisende Gefahr. Der Wahlkampf 2020 bringt sie ans Licht. Wir sollten genau hinsehen, auch wenn einem dabei manches Mal die Augen schmerzen. Mehr dazu im Kapitel »Wasserscheide« ab Seite 93.

Der dritte Grund, warum Amerika der Welt den Rücken zuwendet: Weil es kann. Die USA sind ein Land von der Größe eines Kontinents, mit der 27-fachen Fläche Deutschlands. Im Osten und Westen schützen Ozeane gegen ungewollte Besucher, im Norden die menschenleeren Weiten der kanadischen Wälder. Mit ihrem riesigen Binnenmarkt kann sich die Nation selbst versorgen. Seit Neuestem ist man auch energieunabhängig: Es muss kein Öl mehr importiert werden. Vier von zehn Amerikanern verlassen die Vereinigten Staaten ihr ganzes Leben lang nicht, jeder zehnte Bewohner nicht einmal den Bundesstaat, in dem er geboren wurde. Dies klingt weniger abwegig als es zunächst scheint, wenn man sich klarmacht, dass Texas alleine größer ist als Frankreich, die Schweiz und die Benelux-Staaten zusammen. Der Luxus, in einem Land dieser Größenordnung zu leben, hat natürlich auch eine Kehrseite. Das Bedürfnis, sich mit der Welt »da draußen«, außerhalb der Landesgrenzen auszutauschen, sinkt. Erfahrungen mit »den anderen« gehen verloren. Das Eigene wird zum absoluten Maßstab – America First.

So gesehen gilt das alte Klischee vom *American Exceptionalism*, der Einzigartigkeit und Sonderstellung Amerikas, noch immer. Man will aber nicht mehr länger die leuchtende Stadt auf dem Hügel sein. Derart hatten sich die Gründerväter das junge Land einst vorgestellt. *The city upon a hill*, an der sich die Welt ein Beispiel nimmt. Und faktisch ist der Glanz tatsächlich vielerorts verblasst. Um die Großen Seen herum legt sich der *rust belt*, der Rostgürtel der alten Industriestaaten Pennsylvania, Ohio, Indiana und Michigan. Bis hinauf ins südliche Wisconsin erstreckt sich die schwer gebeutelte Region, früher das Herz der amerikanischen Stahl- und Fertigungsindustrie. Hier fühlen sich viele Menschen als Verlierer der globalisierten Arbeitsmärkte, überrumpelt von der Wucht der Digitalisierung und ihrem Schicksal überlassen von Washington D. C. Eine ganze Generation nimmt ihr Leben als eine einzige Aneinanderreihung von Krisen wahr: die Terroranschläge vom 11. September 2001, die Immobilien- und Finanzkrise der Jahre 2007/08, die großen Fabriken geschlossen, grassierende Schmerzmittelsucht. Im Frühjahr 2020 dann eine Epidemie, die niemand hat kommen sehen, und die den Menschen brutal den Preis vor Augen führt, den ein auf Sand gebautes Gesundheitssystem im Ernstfall verlangt.

Aber – und das ist entscheidend – hier endet die Geschichte nicht. Auch in dieser Hinsicht ist Amerika außergewöhnlich. Das Land hat zwei gigantische Labore eingerichtet, wo zur Zukunft der Nation als Ganzes experimentiert wird. Texas und Kalifornien sind die beiden nach Einwohnerzahl und Fläche (sieht man von Alaska ab) größten

Staaten der USA. Hier werden unterschiedliche gesellschaftspolitische
Modelle wie wirtschaftliche Innovationen erprobt. Hier lässt sich ablesen, welchen Weg Amerika einschlagen könnte, wenn es um Einwanderung, Bildung und Gesundheitspolitik geht. Und das Selbstverständnis des Landes. Die Geschichte des Rostgürtels erinnert an
die Geschichte des Ruhrgebiets. Doch wo ist unser Texas, unser Kalifornien? Unser Austin, unser Silicon Valley? Zentraleuropa sollte sich
schleunigst ein Zukunftslabor bauen, schon um den Altlasten der
Vergangenheit entgegenzuwirken. Wir altern beständig. Die Vereinigten Staaten sind die einzige westliche Industrienation, die jünger
wird. Menschen aus aller Welt wollen dort ihr Glück versuchen. Das
kommt nicht von ungefähr – und sollte uns zu denken geben. Mehr
dazu im Kapitel »Labore hinter verschlossenen Türen« ab Seite 163.

Es ist offensichtlich: Amerika ist auf absehbare Zeit mit sich selbst
beschäftigt. Ebenso offensichtlich ist ein weiterer – vierter – Grund
für den Rückzug der USA auf sich selbst. Und doch wurde er von
den Europäern und insbesondere den Deutschen lange allzu geflissentlich übersehen. Oder besser überhört. Im Sommer 2011 hält
Obamas Verteidigungsminister Robert Gates eine flammende Rede
in Brüssel. Das NATO-Engagement ihrer deklarierten Alliierten,
der meisten europäischen Staaten und vor allem Deutschlands, ist
den Amerikanern nicht genug. Erstere geloben Besserung, letztere
warten ab. Neun Jahre später bestreiten die USA noch immer drei
Viertel der Verteidigungsausgaben im Militärbündnis. Deutschland
wendet 1.35 Prozent seines Staatsetats auf, zu den einst selbsterklärten 2 Prozent vom BIP kann man sich auf absehbare Zeit
nicht durchringen. Das tut der Entrüstung keinen Abbruch, als
Trump ein knappes Jahrzehnt nach Gates' eindringlicher Mahnung
ein Preisschild an die Bündnispolitik hängt. Ähnlich groß sind die
transatlantischen Verstimmungen beim Handel. Trumps radikale
Absage an multilaterale Freihandelsabkommen verstört viele, die
Jahre zuvor das Freihandelsabkommen TTIP als Zumutung empfanden. Obamas Deutschland-Botschafter John Emerson sagt mir
am Rande einer TV-Diskussion, sein Präsident wolle mit TTIP das

transatlantische Verhältnis ein Vierteljahrhundert nach dem Ende des Kalten Krieges auf eine neue Ebene heben. Wenig später gibt die US-Regierung entnervt auf. Zu diesem Zeitpunkt haben dreieinhalb Millionen Wallonen das Freihandelsabkommen CETA zwischen 500 Millionen Europäern und Kanada bereits über Monate ausgebremst. Das ist ihr gutes Recht, Entscheidungen wie jene bezüglich CETA werden in der EU einstimmig getroffen. Aber es kostet einen Preis. Ein amerikanisches Sprichwort lautet: You can't have your cake and eat it, too. Entweder ich genieße den Kuchen und esse ihn auf. Oder ich esse ihn nicht, weil ich seinen Anblick genieße. Beides gleichzeitig geht nicht.

Meinungsverschiedenheiten mit den Bündnispartnern können teuer werden. Den höchsten Preis hat Amerika nach eigener Ansicht jedoch auf den Schlachtfeldern in Afghanistan, im Irak, in Libyen und in Syrien bezahlt. Die Hybris der Bush-Jahre ist vorüber. Niemand erwartet mehr, als Heilsbringer aus dem Westen empfangen zu werden. Bei ihren außenpolitischen Manövern hat sich die letzte Supermacht der Erde in diesem Jahrhundert einmal zu oft verhoben. In diesem Punkt hat sich die vermessene Weltsicht vieler Amerikaner der realistischen Einschätzung vieler Europäer über die Jahre angenähert. Die Zeit der Interventionisten ist vorbei, die Neokonservativen sind in der Versenkung verschwunden. Obama leitete den – rhetorisch elegant verpackten – Rückzug der USA aus diesem Teil der Welt ein, der im Amerikanischen Greater Middle East heißt. Die »konstruktive Entkoppelung«, so die Formulierung des 44. Präsidenten, führt sein Nachfolger Trump nun fort. Im Unterschied zu Obama lässt er keinen Zweifel daran, auf wen sich konstruktiv bezieht. Und wer den längeren Atem hat. Weshalb uns amerikanische Außenpolitik überlegen ist, erläutere ich im Kapitel »Zwischen Jackpot und Trostpreis« ab Seite 193. Ob das zukünftig so bleibt, ist eine andere – und wichtige – Frage. Taugt das US-Modell für die Herausforderungen, die sich im 21. Jahrhundert auf dem Globus stellen? Daran wiederum schließt sich eine Frage an, die wir in Europa paradoxerweise zuerst klären sollten: Wenn das US-Modell nicht tragen sollte, welches Modell lassen wir uns dann rechtzeitig einfallen …?

Der fünfte und letzte Grund für den Rückzug der USA widerspricht dem vierten Grund. So scheint es zunächst. Allerdings nur unter der Annahme, dass US-Außenpolitik nach wie vor vom Streben nach langfristigen Bindungen geprägt ist. Tatsächlich fahren die Amerikaner schon seit geraumer Zeit einen neuen Ansatz: transaktionale Politik. Das kurzfristige Ziel der Profitmaximierung im Auge, werden zeitlich begrenzte Abkommen geschlossen, gleich einer Geschäftsvereinbarung. Solange sie beiden Seiten nützt, hat sie Bestand. Ansonsten kann sie jederzeit aufgelöst werden. Sodann spricht nichts dagegen, mit der Konkurrenz des Geschäftspartners einen anderen Deal einzugehen. Oder auch Abkommen mit einem Gegenüber zu treffen, dessen Wertvorstellungen man ansonsten nicht teilt. Der Geschäftsmann an der Spitze der US-Regierung steht für dieses Gebaren wie niemand vor ihm; stilecht wurde schon so manches Geschäft der internationalen Beziehungen auf dem Golfplatz abgeschlossen. Moralisch angreifbar in ihrer Skrupellosigkeit, ist diese Herangehensweise zunächst einmal im ur-amerikanischen Sinne pragmatisch – und auch unter einem möglichen Präsidenten Biden durchaus wahrscheinlich. Ideologie spielt nur eine untergeordnete Rolle. Allenfalls besteht die Ideologie in der Unberechenbarkeit für die andere Seite. Die Ausnahme stellt das Leitmotiv »Amerika zuerst« dar, das immer gilt.

So betrachtet gibt es ein stimmiges Konzept der Amerikaner hinter ihrem Rückzug aus dem transatlantischen Raum, ihrer strategischen Abwertung des Nahen Ostens und ihrem gleichzeitig punktuell sehr entschiedenen Engagement z. B. im Fernen Osten. Entgegen aller Beteuerungen der Obama-Regierung gilt: Der Achsendreh der Amerikaner nach Asien bedeutet, dass den Europäern der Rücken zugedreht wird. Die Zukunft liegt aus US-Sicht in China und darüber hinaus im indopazifischen Raum. Die Achse »Hollywood-Bollywood« gewinnt rasant an Bedeutung. Doch bis auf Weiteres steht im Zentrum der Aufmerksamkeit China, dessen Aufstieg nach Ansicht der Amerikaner nur China selbst verhindern kann. Unter Aufmerksamkeit ist eine Mischung aus Argwohn, Profitgier und Konkurrenzgebaren um die globale Vorherrschaft zu verstehen. In jedem Fall höchstes Interesse. Hiervon bleibt für die alten Partner im Westen (verstanden als Wertegemeinschaft, denn geografisch liegen wir aus US-Sicht im Osten) herzlich wenig übrig. Ein »New Kid in Town« Moment, den die Eagles auf *Hotel California* bereits Mitte der 70er-Jahre besungen haben. Heute ein dringender Weckruf für Europa. Mehr hierzu ebenfalls im Kapitel »Zwischen Jackpot und Trostpreis« ab Seite 193.

Eine Welt ohne Amerika und mit Amerika

Fünf Gründe, die keinen Zweifel zulassen: Amerika braucht den Westen nicht. Das hat Konsequenzen, die *Game Over* erläutern wird. Sie nicht zu erfassen, kommt Europa teuer zu stehen. An erster Stelle den europäischen Schrittmacher Deutschland, aber ebenso kleinere Nationen wie die Schweiz, die auch als nicht-EU Länder schon aus geografischen Gründen von Washington unter »Europa« und damit »dem Westen« verbucht werden.

Erstens, Amerika kann sich diese Haltung aufgrund seiner Stärke und Position noch eine ganze Weile leisten. Wir müssen uns also auf Dauer darauf einstellen und überlegen, welche Rolle wir in Bezug auf die USA einnehmen wollen. Mit Sicherheit falsch wäre die Idee, einfach das Abteil zu wechseln und sich in Ermangelung des amerikanischen in den russischen oder chinesischen Waggon zu setzen. Klar ist auch: Amerika wird seine Haltung nach den Präsidentschaftswahlen nicht fundamental ändern. Der jahrelange Vorlauf und die Wahlen selbst sind ein inneramerikanischer Richtungsstreit. Lassen wir uns nicht täuschen: Die junge, linksliberale Politikergeneration um Alexandria Ocasio-Cortez setzt auch grenzüberschreitende Themen wie Umweltschutz oder Migration auf die Agenda. Aber sie will primär das eigene Land verändern, nicht die Welt.

Zweitens, der Rückzug der Amerikaner macht Raum für die anderen. Diese werden alles daransetzen, das entstehende Vakuum zu ihrer Einflusszone zu machen. China, Russland und – mit Verzögerung – Indien werden Ansprüche anmelden. Ein zerfaserndes Europa läuft Gefahr, von diesen Elefanten des Planeten zertrampelt zu werden. Denn sie bringen wirtschaftlich, zunehmend militärisch und ganz einfach auch demografisch ein enormes Gewicht auf die Waage. Und die nötige Masse in den Raum, das schmächtiger werdende Europa, das gerade erst Großbritannien verloren hat, an den Rand zu drängen.

Drittens, wir bekommen es mit einem Paradox zu tun: Eine Welt »ohne Amerika« und »mit Amerika«. Im Jahr 2018 kamen die fünfzehn erfolgreichsten Filme in russischen Kinos bis auf eine Ausnahme sämtlich aus den USA. Die Stars der NBA touren regelmäßig durch China, die Spiele der besten Basketball-Liga der Welt sorgen dort für Rekordeinschaltquoten. Solange deutsche und europäische Geheimdienste auf die Server der privaten amerikanischen Tech-Giganten zurückgreifen müssen, solange im Westen das faktische Monopol der Informationsplattformen Google, Facebook und Co. anhält, solange der US-Dollar die globale Leitwährung bleibt, solange beim IWF, in der Weltbank und bei den Vereinten Nationen kein Stich gegen die amerikanische Stimme gemacht wird, solange wird Amerika primus inter pares bleiben.

Aus diesem Grund ist das derzeit in politikwissenschaftlichen Kreisen beliebte Bild einer zukünftigen Welt verschiedener Einfluss-Sphären nicht genau genug. Es lässt uns zwar sehen, dass sich künftig mit China, Indien, Russland, den USA und Europa (wenn der Zusammenhalt gewährleistet ist) die großen Fünf die Erde untereinander aufteilen werden. Auch die Herausforderungen, die hieraus erwachsen, werden nicht verschwiegen: Wie das Verhältnis zwischen den Einfluss-Sphären organisieren? Wie damit umgehen, dass somit faktisch eine Zweiklassengesellschaft der Länder entsteht: die Big Five und der Rest? Nebenbei: Keiner der großen Fünf fragt die kleineren Länder in der eigenen Fahrspur um Erlaubnis (im Falle Chinas etwa die Koreas, Vietnams und Taiwans). Eine entscheidende Tatsache verkennt das Bild der Einfluss-Sphären jedoch. Amerika wird als einzige echte *global power* auch zukünftig einen Sonderstatus einnehmen. Die Supermacht mischt in der indischen, europäischen und jeder anderen Einfluss-Sphäre mit, präziser: Sie dominiert entscheidende Grundkonstanten. Ohne diese können die Sphären nicht effektiv funktionieren, ja, sich nicht einmal aufrechterhalten.

Ein anderes Bild erklärt daher die Situation besser: Der Audi A3, der Skoda Octavia und der Seat Leon sind für sich genommen alle attraktive Fahrzeuge, je nach Geschmack und Geldbeutel. In allen drei Modellen ist die grundlegende Technik des VW Golf verbaut. Während also der Skoda oder Seat auf dem Käufermarkt in Konkurrenz zum VW stehen, würde sich keines der Autos ohne (eine leichte Variante des) VW-Motor auch nur vom Fleck bewegen. Wer Audi fährt, steigt selten auf VW um, wer Porsche fährt, wohl nie, doch ist das eigene Auto unter der Haube dem braven Volkswagen ähnlicher als so mancher Besitzer ahnen dürfte – oder wahrhaben will. Ähnlich verhält es sich mit dem globalen Einfluss der USA. Dieser ist nicht mehr derart offensichtlich an der Oberfläche wie noch zum Ende des Kalten Krieges oder selbst noch zur Jahrtausendwende. Unter der Motorhaube, um im Bild zu bleiben, ist jedoch unverändert viel »USA verbaut«. Trump weiß das genau (obgleich er sich ungleich mehr für Mercedes-Modelle als für den VW Golf erwärmen kann).

Gleich, ob es zum Beispiel um die Beschaffung oder Verschickung von Informationen geht: Der weltweit größte Softwarehersteller (Microsoft) mit dem klassischen Betriebssystem schlechthin (Windows), die meistbesuchte Website der Welt (Google) und der Social Media Gigant Facebook, auf den statistisch etwa jeder siebte Russe regelmäßig zurückgreift – sie alle sind made in USA. Die Abwicklung von Finanzgeschäften und Transaktionen rund

um den Globus: läuft größtenteils noch immer über die Leit-
währung US-Dollar. Die weltweite Erdölindustrie: rechnet in der
Maßeinheit US-amerikanisches Barrel ab. Schließlich die gewaltige
kulturelle Anziehungskraft. Seit dem Abtritt Obamas hat Amerikas
»weiche Macht« *(soft power)* hierzulande gelitten, doch in großen
Teilen Lateinamerikas und vor allem Asiens ist sie ungebrochen.
Schon Kim Jong-il war ein glühender Fan der *Rambo*-Trilogie, sein
Sohn Kim Jong-un zieht dem Vernehmen nach Disney-Filme vor.

Unter all diesen Aspekten stellt Amerika nach wie vor einen
Referenzpunkt sogar für diejenigen dar, die dazu in Konkurrenz tre-
ten. Insofern leben wir unverändert in einer Welt »mit Amerika«.
»Ohne Amerika« ist diese heutige Welt zugleich, da sich die letzte
Supermacht der Erde von der Rolle des verantwortungsvollen
Schirmherrn der westlichen Hemisphäre – ganz zu schweigen vom
Globus – verabschiedet. Auch zu diesem Aspekt weitere Über-
legungen im Kapitel »Zwischen Jackpot und Trostpreis« ab Seite 193.

Viertens und letztens: Diese gewaltigen Umbrüche eröffnen Chancen auch für alle, die noch nicht zum Club der Elefanten gehören.
Ein einiges Europa, das im Kern zusammenhält und an den Rän-
dern nicht zerfasert, hat alle Möglichkeiten. Doch es wird Zeit brauchen, sich aufzustellen und in diese neue Rolle hineinzuwachsen.
Die Hürden sind hoch, und sie sind zahlreich. Europas Zentrifugal-
kräfte sind stark: Wird das größte Experiment des 20. Jahrhunderts
im 21. Jahrhundert auseinanderfallen? Das hängt auch von der
Kooperationsbereitschaft der EU-Mitglieder untereinander, vom
Umgang mit dem Brexit und nicht zuletzt von der Akzeptanz innerhalb der EU für eine prominente Rolle Deutschlands ab. Das
sensible Gewächs Europäische Union findet sich, geografisch wie
etwa auch energiepolitisch gesehen, in einer relativ rauen Umgebung
wieder. Gleichzeitig haben sich schon länger dicke bürokratische
Wurzeln ausgebildet, die das Gewächs nach innen wie nach außen
unflexibel und damit anfällig für scharfe Winde machen. Die Versuchung, sich einzukapseln, ist für Europa allgegenwärtig. Die Ver-

suchung, sich zu verschweizern, für Deutschland jederzeit präsent. Dabei sollte uns die Einschätzung der renommierten Princeton-Politologin Anne-Marie Slaughter Mut machen. Slaughter leitete zwei Jahre lang den Planungsstab im US-Außenministerium unter Hillary Clinton. Im Gespräch mit mir stellt sie schon vor einer Dekade klar, dass »europäische Formen der Demokratie« im Prinzip global sehr viel attraktiver seien als das US-Modell. Europa tue sich selbst keinen Gefallen, die eigenen Errungenschaften nicht höher einzuschätzen und seine Vorbildrolle für andere anzuerkennen. Es sei ein unnötiger Fehler des alten Kontinents, sich bis heute unter Wert zu verkaufen. Wie wir dies ändern könnten, zeigt das Schlusskapitel »Neues Spiel, neues Glück« ab Seite 239.

»Kann man das reparieren?«

Es ist das Jahr 2008, und ich bin mit John Bolton zum Interview im Loews Regency Hotel auf der New Yorker Park Avenue verabredet. Bolton legt keinerlei Wert auf Beliebtheit und gilt in den politischen Zirkeln New Yorks und Washingtons nicht gerade als Charmeur. Demokratische wie republikanische Weggefährten haben ihm über die Jahre wiederholt vorgeworfen, skrupellos und herrschsüchtig zu sein. Niemand würde ihm jedoch Allüren unterstellen. Der Sohn eines Feuerwehrmanns aus Baltimore hatte vorgeschlagen, sich zum Gespräch in der Lobby zu treffen. Pünktlich auf die Minute kommt Bolton die Treppe herunter. Ein Schild zeigt an, dass der Lift außer Betrieb ist. Bolton, Markenzeichen schon damals der buschige Schnauzbart, den Trump später als »nicht staatsmännisch genug« abqualifizieren wird, durchquert energischen Schrittes die Lobby und tritt an die Rezeption. Das Gespräch mit dem Portier besteht aus einer einzigen kurzen Ansage. Das sei das erste und letzte Mal, dass der Aufzug nicht funktioniere, sonst übernachte er nie wieder hier, und auch niemand sonst aus seinem Umfeld. So erzählt es mir Bolton, wache Augen, die mich über den dünnen Rand der Brille hinweg fixieren, als wir uns wenig später gegenübersitzen. Sein Zimmer sei in einer der oberen Etagen. Boltons Verhältnis zu Stockwerken ist speziell; berüchtigt seine Aussage über die Vereinten Nationen, wo er für kurze Zeit Botschafter der Regierung Bush Jr. war: Trüge man vom UN-Verwaltungsgebäude zehn Stockwerke ab, es würde nicht den geringsten Unterschied machen.

Unsere Unterhaltung im Mai 2008 nutzt Bolton, um die UNO mit einem Buttermesser zu vergleichen. Gegen ein solches sei nichts einzuwenden. Die USA aber stünden für das Steakmesser. Beide Zitate zusammengenommen umreißen Boltons Sicht auf internationale Institutionen: der eigenen Stärke bewusst, nutzenorientiert, pragmatisch bis zur Schmerzgrenze. Ein halbes Jahr später wird Barack Obama zum 44. Präsidenten der USA gewählt. Bolton begibt sich für das nächste Jahrzehnt, wie viele seiner konservativen Kollegen auch, ins Abklingbecken der Washingtoner Denkfabriken. Im März 2018 ernennt ihn Donald Trump zu seinem wichtigsten Berater in sicherheitspolitischen Fragen. Den Schnauzer trägt er nach wie vor.

Der Höhenflug hält nicht allzu lange an. Bolton verliert seinen Posten als Nationaler Sicherheitsberater im September 2019. Dennoch darf seine Herangehensweise an das Thema ›internationale Kooperation unter Staaten‹ bis heute als symptomatisch für die Regierung Trump gelten. Dies gilt auch für die Regierung Obama, die ihrem Ansatz allerdings einen diplomatischeren Anstrich zu verleihen pflegte. Und es behält seine Gültigkeit über das Jahr 2020 hinaus, unabhängig davon, ob Trump eine zweite Amtszeit erringt oder nicht. Bolton fasst es so zusammen: Die Amerikaner sind ein sehr praktisch veranlagtes Volk. Alles wird auf seine Nützlichkeit hin abgeklopft. Gibt es ein Problem, versucht man zunächst, es zu reparieren. Lässt sich das Problem nicht beheben, heißt es schon sehr bald: In Ordnung, was gibt es sonst noch? Ab hier geht es nur noch um funktionsfähige Alternativen. Boltons späterer Boss, Präsident Trump, ist der Inbegriff dieses humorlosen Pragmatismus. Sein Weltverständnis besteht darin, fortlaufend eine nüchterne Kosten-Nutzen-Rechnung über eben diese Welt aufzumachen.

Gerade deshalb ist ein illusionsloser Blick über den Atlantik für uns elementar. Illusionslos heißt realistisch, nicht unbedingt desillusioniert. Anklageschriften, gegenüber der amerikanischen Nation oder gar einzelnen Spitzenpolitikern, helfen uns dagegen nicht weiter. Schon deshalb, weil deren Amtszeiten begrenzt sind. Zumindest gilt dies für jene, die wir primär registrieren und deren Entscheidungen uns primär betreffen, das Weiße Haus und den Kongress. Amerika hat ohne unser Zutun Donald Trump gewählt. Zuvor Barack Obama, der zunächst große Teile Zentraleuropas verzauberte, bevor sich recht rasch eine gewisse Entzauberung einstellte. Auch deshalb helfen uns Skandalporträts, die sich an Trump abreiben, ebenso wenig weiter. Er ist nur Symptom, nicht Ursache der gegenwärtigen Lage. Ein Nutznießer, der laut US-Verfassung maximal noch einmal vier Jahre walten kann. Das mag vielen in Deutschland, der Schweiz oder Österreich schon zu lange erscheinen. Bekanntlich ist das aber längst nicht der Standpunkt aller Amerikaner. Trump hat zur Jahresmitte 2020 knapp 84 Millionen Follower auf Twitter, über 20 Millionen mehr als er 2016 Stimmen einheimsen konnte. Die Stimmenzahl vom letzten Mal würde zur Wiederwahl reichen. Kurz: Das Skandalporträt lenkt ab und verstellt den Blick auf die außenpolitischen Realitäten, die uns erfassen, und die innenpolitischen Konstellationen, die ihnen zugrunde liegen.

Die ewige Mär vom Untergang

Ebenso wenig nützen uns Untergangsszenarien für die USA. Dieses Genre hat im Verlauf der letzten Jahre aufgrund des Provokateurs im Weißen Haus sehr an Popularität gewonnen. Nachvollziehbar bei einem Amtsinhaber, der zu Hause politische Gegner und ganze Volksgruppen in ihrer Ehre herabsetzt. Der auf internationalem Parkett reihenweise Verbündete vor den Kopf stößt. Der für die Verrohung des politischen Diskurses steht. Und die Unberechenbarkeit zum Prinzip gemacht hat. Doch sollten wir den Niveauverfall in

Trumps Umfeld nicht mit dem Verfall Amerikas gleichsetzen – und die Hoffnung auf Biden nicht mit der wundersamen Genesung eines ganzen Landes. Erinnern wir uns: Schon während Obamas und zuvor Bush Juniors Regentschaft wurde den Vereinigten Staaten von hiesigen Beobachtern in regelmäßigen Abständen das Totenglöckchen geläutet. Allein, der Patient lebt immer noch. Die diagnostizierenden Ärzte sind ratlos, denn nach ihrer Einschätzung hätte schon längst einer von beiden Fällen eintreten müssen: Entweder zerfällt das Land von innen, weil Gesellschaft und System unwiederbringlich morsch und marode sind. Oder das »Imperium Amerika« hat sich verhoben und bricht unter dem Druck von außen ebenso unwiederbringlich zusammen. Manche erkennen auch beides zugleich und sind sich sicher: Hiervon kann sich Amerika nicht mehr erholen. Dieses Mal nicht.

Die Wirklichkeit spricht eine andere Sprache. Schon deswegen lassen uns apokalyptische Porträts der Lage Amerika nicht besser verstehen. Davon abgesehen haben wir wenn überhaupt nur sehr geringen Einfluss auf die Entwicklungen auf der anderen Seite des Atlantiks. Der amerikanischen Eiche ist das Eichhörnchen in ihren Zweigen relativ gleichgültig. Um nur ein Beispiel zu nennen: Im Jahr 2018 beliefen sich die Militärausgaben der Vereinigten Staaten auf rund 650 Milliarden Dollar, mehr als ein Drittel der weltweiten Schätzsumme. Deutschland verbucht knapp 50 Milliarden Dollar. Inzwischen ist der Abstand noch größer geworden.

Unterm Strich sind wir schlecht beraten, uns den Niedergang der USA herbeizureden. Denn an wem wollten wir uns zumindest so lange orientieren, bis wir auf eigenen Füßen stehen können? Und wir die derzeit anstehenden Probleme innerhalb des europäischen Verbunds gelöst haben? Die Aufnahme Albaniens ins EU-Kollektiv etwa sollte für einen Länderverband von der Größe und dem Selbstverständnis der EU eigentlich eine Aufgabe handhabbarer Größenordnung sein. Einen solchen Prozess zur Zufriedenheit aller Beteiligten abzuschließen darf als Voraussetzung dafür gelten, mit der europäischen Stimme künftig auch weltweit mehr Gehör zu finden als bisher. Gegenwärtig sieht es aber so aus, dass dieser Prozess (ganz zu schweigen von den Nachwehen des Brexits) in nicht zu unterschätzendem

Maße Energien nach innen binden wird. Diese Kraft fehlt Europa so lange nach außen. Schon allein deshalb wäre der Niedergang der USA auch unser Schaden. Zumal die transatlantischen Schockwellen unweigerlich an der europäischen Küste anbranden würden.

Game Over für den Westen

Wir leben im Zeitalter von Smartphones, Tablets und Google Maps (nebenbei: allesamt zuerst in den USA entwickelt). Gegen das Internet wirkt der gute alte Schulatlas fast anachronistisch. Es lohnt sich dennoch, eines dieser Relikte aus grauer Vorzeit, die in amerikanischen Buchhandlungen noch immer ausliegen, zur Hand zu nehmen. Schlagen Sie bei Ihrem nächsten Besuch einer beliebigen Barnes & Noble Filiale einmal die Weltkarte im Atlas auf – und die Erde bekommt ein anderes Gesicht. Wir sind es gewohnt, Europa mittig auf der Doppelseite vorzufinden, links der Mitte den amerikanischen Doppelkontinent und ganz außen den Pazifik, rechterhand Russland und Asien. In amerikanischen Atlanten hingegen ist Amerika mittig gelegen, rechts davon der Atlantik, links der Pazifik. Das ist zunächst nur normal. Wir nehmen die Welt aus der Warte wahr, in der wir uns befinden. Diese Einordnung hat jedoch nicht nur symbolische Implikationen dafür, wo sich die Amerikaner auf dem Globus verorten. Und wichtiger: *wie* sie sich verorten. Nämlich als Mittelachse zwischen West und Ost. Nur aus diesem Verständnis heraus konnten die Amerikaner unter Obama einen »Achsendreh« *(pivot)* hin nach Asien unternehmen. Dahinter steht die Selbstverortung der USA als *global* agierende Supermacht. Man steht zwar in westlicher Tradition, weist aber keine Tradition der Ausrichtung »hin auf den Westen« auf, wie sie Deutschland in Form der Adenauerschen Westbindung kennt.

Für unser Verständnis des »Westens« bzw. davon, was hiervon übrig ist, müssen wir uns diesen grundlegenden Unterschied der Perspektive bewusstmachen. Er sorgt dafür, dass sich Amerikaner sehr viel leichter mit der Aussage tun, dass es »den Westen« nicht mehr gibt. Ein solcher Satz bedroht nicht zwangsläufig die eigene Existenz. Zu dieser nüchternen Erkenntnis müssen auch wir kommen. Zwei Dimensionen sind hierbei entscheidend.

Erstens gibt es den Westen nicht mehr, weil seine Taktgeber-Nation Amerika in ihrem Wesenskern ausgehöhlt ist. Schon länger hat man sich im Land der Freien von der Idee verabschiedet, als demokratischer Leuchtturm der restlichen Welt den Weg zu weisen. Vorbild zu sein, ist anstrengend. Und kostspielig. Amerikas Tauglichkeit auf diesem Feld wurde zudem aus gutem Grund von anderen zunehmend angezweifelt. Dennoch war die mächtige Nation noch lange Zeit eine demokratische Bastion. Eine erfolgreich gelebte Alternative zu den autoritären Systemen, wie wir sie in Russland und China, in Saudi-Arabien und auch Indien und Indonesien vorfinden. Im Unterschied zu den beiden letztgenannten ist die US-Demokratie nicht nur auf dem Papier noch immer eine echte Demokratie. In letzter Zeit jedoch ist sie schwer unter Beschuss geraten, und zwar von innen. Polarisiert, paralysiert, traumatisiert, befindet sich das Land auf der Suche nach sich selbst. Und kehrt dem Westen und der Welt den Rücken zu.

Der innenpolitische Zustand einer Nation ist der Kompass für ihr außenpolitisches Handeln. Deshalb beleuchtet *Game Over* zunächst am Beispiel »Amerika heute« die drei zentralen Stellschrauben westlicher Gesellschaften: Die Rolle der traditionellen Massenmedien, der Einfluss der Sozialen Medien und damit der großen IT- und Digitalkonzerne sowie das Versagen der etablierten politischen Institutionen. Werden diese Stellschrauben überdreht, kann eine Demokratie ins Autoritäre abrutschen. Amerika steht am Scheideweg. Auf dieser Informationsgrundlage trifft das Land schwerwiegende Weichenstellungen im Innen- wie Außenpolitischen. Wir sollten daher den derzeitigen Zustand Amerikas als Warnung verstehen, die uns davon abhält, denselben Pfad einzuschlagen. Dabei gilt: Deutschland und die deutschsprachigen Länder im Herzen Europas haben alle Voraussetzungen, die eigene Zukunft klüger und effektiver zu gestalten. Die Betonung liegt hierbei auf der *eigenen* Zukunft.

Zweitens gibt es den Westen auch in anderer Hinsicht nicht mehr: Amerika braucht den Westen nicht. Damit wird aus einer Region der Erde, einer Verteidigungsallianz, einem Nationenbündnis, einer gefühlten Wertegemeinschaft wieder – eine bloße Windrichtung. Amerika sortiert sich neu, legt sich ein neues globales Portfolio zu. Risiken werden neu bewertet, kostspielige Investitionen abgestoßen. In Teilen geschieht dies durchaus aus Enttäuschung über das als zu gering empfundene Engagement der Europäer über die letzten drei Jahrzehnte. Washington vermisst schon lange eine transatlantische Initiative aus Berlin (bei Paris hängen die Erwartungen traditionell niedriger, Brüssel ist vielen US-Politikern ein Rätsel). Letztlich aber erfolgt die Durchmischung des Portfolios unabhängig von den Belangen und auch Vorstellungen der Europäer. Damit kommt der Westen als koordiniert denkende und handelnde (Sinn-)Einheit und solidarische Allianz an ein Ende. Der entscheidende Unterschied hierbei: Amerika kann auch ohne den Westen. Europa braucht den Westen, soll heißen: das Bündnis mit Amerika, nach wie vor. Doch können wir nicht mehr darauf zählen. Damit ist das Konzept des Westens passé, denn ein Pol des Kraftfeldes »Westen« fällt aus. Doch ohne beide Pole gibt es kein Feld, lässt sich kein Raum und damit Konzept des »Westens« mehr aufspannen. Alleine kann Europa schwerlich »den Westen« für sich reklamieren. Schon aus geografischen Gründen wäre dies schwierig. Und vollends unmöglich im Hinblick auf den Geltungs- und Machtanspruch, der mit dem Konzept »Westen« bisher global einherging, nicht nur in Abgrenzung zum »Osten«. Damit ist Game Over.

Ein neues Spiel

Game Over für den Westen: Das bedeutet nicht, dass mit diesem Spiel alle Spiele auf immer vorbei sind. Stattdessen kann ein neues Spiel beginnen. Neues Spiel, neues Glück (siehe hierzu auch das gleichnamige Kapitel ab Seite 239), und damit neue Möglichkeiten. Allerdings heißt neu nicht willkürlich. Es bedarf von Beginn an einer durchdachten Strategie. So ist es beispielsweise keine gute Idee, nun einen »neuen« Westen in Konkurrenz zum bisherigen aufzubauen. Schon in Sachen Himmelsrichtung ergäbe das wenig Sinn, schließlich gibt es nur den einen Westen. Auch besteht die große und lange gemeinsame Geschichte des »alten« Westens fort. Die Errungenschaften der transatlantischen Allianz über die Jahrzehnte haben zweifelsohne ihre Berechtigung. Der Einfluss auf die Gegenwart ist unübersehbar und hat zurecht einen bis heute gewaltigen Stellenwert. Von Plato bis zur NATO – um David Gress' bekanntestes Werk zu zitieren – erstreckt sich das Fundament unserer gemeinsamen Verständigung über uns selbst und die Welt im Ganzen. Schon früh wurde auf allen Kanälen in beide Richtungen gefunkt. Kulturell-diplomatisch, geschichtlich, auch und gerade rechtsgeschichtlich und politisch-demokratisch zeigt sich das gemeinsame aufklärerische Erbe. Statt also ein neues Kraftfeld aufzusetzen, das in Aufbau und Beschaffenheit in Konkurrenz zum bisherigen steht oder dieses doppelt, geht es darum, die Welt neu zu denken. Um dann Europa und innerhalb Europas Deutschland neu zu verorten. Nicht in bloßer Abgrenzung zum Bisherigen, sondern als sinnvolle, tragfähige und zeitgemäße Weiterführung in unserer Zeit.

Dazu werden wir unsere Denkgewohnheiten ändern müssen. Leichter ist es womöglich, mit den Sehgewohnheiten zu beginnen, wobei auch diese Umstellung nicht zu unterschätzen ist. Zur Veranschaulichung ein Beispiel von einer nicht allzu lange zurückliegenden USA-Reise, freilich ohne weltgeschichtliche Bedeutung. Auf der Rückfahrt zum Flughafen Washington D. C. blieb mein Mietauto mitten im ländlichen Virginia liegen. Ich hatte Pech, denn ich war unbemerkt über einen rostigen Nagel gefahren, der Reifen nun platt. Doch ich hatte auch Glück, denn der Weg in das Provinzstädtchen Front Royal war nicht weit, und so machte ich mich im Abendlicht zu Fuß auf den Weg, um bei der dortigen Werkstatt anzuklopfen. Plötzlich fiel mir auf, dass ich einen Begleiter hatte: Am Straßenrand neben mir schnürte ein junger Fuchs entlang – das erkannte ich auf den ersten Blick. Bei genauerem Hinsehen erschien mir der kleine Kerl etwas merkwürdig, aber was sollte es denn sonst sein? Tatsächlich lag ich gründlich daneben. Wie mir der Mechaniker später sagte, handelte es sich um ein Opossum. Ich hatte dieses Tier noch nie im Leben gesehen. Unsere Sehgewohnheiten aber sind hartnäckig, wir sehen, was wir kennen oder zu kennen meinen. Was geopolitische Belange angeht, haben wir oftmals niemanden an der Seite, der uns zu einer neuen Sicht der Dinge verhilft. Dabei lohnt es sich bereits, einmal die Blickrichtung zu ändern. Wir sind es gewohnt, in Breitengraden zu denken. Diese umspannen den Planeten horizontal und legen uns daher die Kategorie »West/Ost« nahe. Sie ist uns schon lange zum primären Sortierungsmechanismus des Planeten geworden. Ändern wir hingegen unsere Sehgewohnheiten und denken in der vertikalen Kategorie der Längengrade, tun sich neue Ausblicke auf. Die Neufokussierung ist gewöhnungsbedürftig, aber sie erschließt Visionen. Dann erscheint ein neuartiger Nationenverbund auf der Nord-Süd-Achse vorstellbar, eine Alternative zur bisher unsere Perzeption der Welt bestimmenden West-Ost-Achse, entlang derer die transatlantische Allianz aufgespannt ist. Wohlgemerkt eine Alternative, keine in Konkurrenz gedachte Variante, kein zwingendes Entweder-oder und schon gar keine Gegnerschaft.

Wenn wir unsere Wahrnehmung der Welt einmal auf die Nord-Süd-Achse fokussieren, scheint ein schiefes Trapez auf, von den baltischen Staaten über Skandinavien bis zu den britischen Inseln hinüber, hinunter bis in den nordafrikanischen Raum und über das Schwarze Meer, die Ukraine und Weißrussland zurück hinauf ins Baltikum. So gewagt das zunächst klingt, so viele Vorteile würde es bieten. Es ist dies jedoch eine Vision, die Raum braucht. Und zuvor die Verständigung auf eine gemeinsame Lesart der Welt, wie sie uns heute entgegentritt. Daher findet diese Vision ihren Platz im Kapitel »Neues Spiel, neues Glück« ab Seite 239. Am Anfang steht die schmerzhafte Einsicht: Das Spiel, wie wir es kannten, ist vorbei (faktisch ist den meisten von uns, deren Leben im Westen seinen Anfang und Verlauf genommen hat, kein anderes bekannt). Es wurde ohne unser Zutun und ohne unsere Zustimmung beendet. Wir müssen nun erstens diese Erkenntnis annehmen, ohne zu resignieren. Dann zweitens die Ursachen hierfür richtig verstehen. Damit wir drittens auf die Konsequenzen hieraus vorbereitet sind. Dann können wir viertens selbst ein neues Spiel entwickeln. Und in diesem Spiel für Europa und Deutschland eine adäquate Rolle entwerfen.

Dieses Buch möchte auf diesem Weg eine Begleitung sein und an den vier zentralen Weggabelungen unterwegs Orientierung bieten. Immer sollten wir dabei dreierlei im Auge behalten: Die aktuelle Lage in den USA, die sich verändernde Rolle der USA in der Welt und die Konsequenzen hieraus für uns. Alle drei Dimensionen hängen zusammen; ohne die eine sind die anderen nicht zu verstehen. Ein Glück, dass sich diese äußerst komplexe Gemengelage zu bestimmten Zeitpunkten besser durchschauen lässt als dies gewöhnlich der Fall ist. Das Präsidentschaftswahljahr 2020 ist ein solcher Zeitpunkt. Die für uns zur Orientierung erforderlichen Wegmarken werden nun grell ausgeleuchtet. Es lohnt sich für uns, genau hinzusehen. Erfahrungsgemäß ist es schwierig, den Sieger vorherzusagen. Dafür ist das Wahljahr eine hervorragende Gelegenheit, die Risse und Spannungen der ältesten Demokratie der Welt aufzuzeigen. Sodann die USA als Brennglas für die grundsätzlichen Probleme der westlichen Welt heute zu sehen. Und daraus wertvolle Schlüsse für die Situation auf unserer Seite des Atlantiks zu ziehen: Wo wir stehen. Wo wir herkommen. Wo wir hinwollen – und wohin nicht.

Disneyland Amerika

Weshalb Nostalgie gefährlich ist –
und wer sie ausnutzt

>»Die Vereinigten Staaten sind die verwirklichte Utopie.«
>
> – Jean Baudrillard, Amerika

Ein steinreicher, schrulliger Egomane hat ein Auge auf die größte Insel der Welt geworfen. Er will die dortigen Rohstoffe abbauen und dadurch noch mehr Reichtum anhäufen. In seiner Welt ist alles käuflich, alles letztlich nur eine Frage des Preises. Kein Zweifel, der Krösus wird sich durchsetzen und sich das Objekt der Begierde ganz einfach nehmen. Reichtum verheißt Ruhm, von dem er ebenfalls nie genug haben kann. Es ist das Jahr 1988 und Dagobert Duck, die reichste Ente der Welt, kauft Grönland.

So eine weitere skurrile Episode aus Entenhausen. In Walt Disneys Fantasiekosmos besitzen Wasservögel Geldspeicher und gestalten sich die Welt, wie sie ihnen gefällt. Nun hat es den Anschein, dass der Schritt vom Comic der 80er-Jahre in die heutige Wirklichkeit nur ein kleiner ist. Erneut fabuliert ein steinreicher, schrulliger Egomane davon, Grönland zu kaufen (die Dänen wurden in beiden Fällen nicht um Erlaubnis gefragt). Für Donald Trump, Regierungschef der einzig verbliebenen Globalmacht, ist die Welt ein großes Entenhausen. Ein Jahr vor Dagobert Ducks Coup, 1987, war Trumps Buch *The Art of the Deal* erschienen. Sein Autor – gleichwohl es Anlass zur Vermutung gibt, dass das Werk von jemand anderem geschrieben wurde – bezieht sich bis heute gerne darauf. Er will dann zeigen, wie er es nur aufgrund seiner Verhandlungskünste zu einem der reichsten Menschen seines Landes und später zu dessen Präsident gebracht hat. Tatsächlich schafft es niemand, nicht einmal in Disneys Universum, nur aus eigenem Antrieb in eine derart exponierte Position. Dass Trump immer wieder das Gegenteil behaupten und damit bestehen kann, ist Teil des Phänomens, das dieses Kapitel erklären will. Es ist auch Teil der tiefen Identitätskrise, in die sich die Vereinigten Staaten manövriert haben. Machen wir uns nichts vor: Wenn die Globalmacht des Westens derart auf der Suche nach sich selbst ist, kommt die westliche Welt als solche ernsthaft ins Schlingern. Wie in zwischenmenschlichen Beziehungen auch formt sich der eigene Wesenskern nicht zuletzt in Relation zum Anderen.

Ein Leben in Disneyland

Es ist eine unheilvolle Liaison: Immer mehr Amerikanern wird die Welt zu viel. Ihr Präsident bietet ihnen eine Parallelwelt an. Trump passt wie wenige Staatsoberhäupter dieser Erde zur wachsenden Sehnsucht vieler Bürger und Bürgerinnen nach einem Leben (wie) in Disneyland. Ein Leben, das nicht von einem mühsamen und komplexen Alltag in Politik und Gesellschaft gestört wird. Ein Leben, das vor allem eines ist: sicher, vertraut und ohne Überraschungen. In dieser überschaubaren Welt bleibt scheinbar alles unverändert. Man kennt sich, spricht dieselbe Sprache und ist sich ähnlich – was die Lebensentwürfe angeht, aber auch optisch. Ehen halten ein Leben lang. Familien stehen bei allem Zwist am Ende zusammen, etwa, wenn jemand krank wird oder einen Unfall hat. Jeder hat einen Job, und falls das einmal nicht der Fall ist, hilft der wohlhabende Onkel aus. In diesem Disneyland gibt es keine Unwägbarkeiten, die nicht mit Goldtalern oder der Hilfe von drei cleveren Neffen gelöst werden könnten. So kann sich auch der ewige Verlierer Donald Duck ein Haus, ein Auto und ein Leben ganz nach seiner Façon leisten. Politik kommt nicht vor. Gut und Böse sind klar zu unterscheiden. Tagein, tagaus versuchen die Panzerknacker zwar, in Onkel Dagoberts Geldspeicher einzubrechen, doch gelingt es ihnen nie. An ihrer Sträflingskluft sind sie schon von weitem zu erkennen, und wenn wieder einmal einer ihrer Raubzüge missglückt, ärgern sie sich grün und blau. In diesem Entenhausen kommt niemand ernstlich zu Schaden.

Natürlich hat diese Welt nie existiert. Doch tut dies ihrer Anziehungskraft keinen Abbruch. Als nostalgische Verklärung lebt sie in den Köpfen der Menschen weiter. Es sind dies Menschen, die von den Umwälzungen der globalisierten Arbeitsmärkte, vom Tempo der Digitalisierung, den LGBTQIA+-Debatten und der »Black Lives Matter«-Bewegung überrumpelt werden. Oder sich überrumpelt und damit abgehängt fühlen. Ihr harter Alltag etwa in den Staaten um die Großen Seen herum hat mit einer Disney-Idylle nichts zu tun. In den Augen der Bewohner dieses Landstrichs, früher Hochburg der Industrie und damit Motor für die Wirtschaft der gesamten USA, ist die Gegenwart nur noch ein Negativ der alten Zeit. Die Farbe ist verblasst. Hier im »Rostgürtel« Amerikas, in Ohio, Pennsylvania oder Michigan, verfallen ganze Städte zu trostlosen Industriebrachen. Für viele geht es ums nackte Überleben, wenn in den eisigen Wintern die Heizkosten nicht mehr beglichen werden können. Das sonnige Kalifornien ist weit, allenfalls eine Kindheitserinnerung an den Urlaub in Disneyland. Einst hatten einen die Eltern dorthin mitgenommen, um die Mitte der 50er-Jahre in Beton gegossene Fantasie Walt Disneys zu bestaunen. Heute den eigenen Kindern das Gleiche zu bieten, ist unmöglich. Zu groß die Sorge um den Arbeitsplatz, teure Arztbesuche und Hypotheken. Nicht wenige Familien sind auf marode *Trailer Parks* ausgewichen und fristen seit Jahren ein tristes Dasein im Wohnwagen. In ihrem Leben ist kein Platz für kommunale Belange oder die Mitgestaltung der Gesellschaft um das eigene Leben herum. Zwischen drei Jobs bleibt keine Zeit, sich über die Regierung im fernen Washington zu informieren und deren Handeln kritisch zu hinterfragen. Es bleibt generell keine Kraft für Politik, die vielen als mühselig, kompliziert und bestenfalls ineffektiv (schlimmstenfalls schlicht korrupt) gilt. Joe Sixpack, der Durchschnittsamerikaner, blendet diesen Störfaktor zwischen hartem Alltag und dem Traum von »besseren Zeiten« einfach aus. Was bleibt, ist die Versuchung, sich zurückzuziehen aus einer vermeintlich zunehmend problematischen, unwirtlichen und auch unbequemen, fordernden Welt. Auf der anderen Seite lockt »Disneyland«: die Vorstellung einer sorgenfreien Existenz im Heute, inspiriert von der guten alten Zeit, die scheinbar ohne Unwägbarkeiten auskam und klare Koordinaten bereithielt. In der die Regeln allen bekannt und die Rollen klar verteilt waren.

Tatsächlich gibt es eine nicht unerhebliche Anzahl von Amerikanern, die hiervon nicht nur träumen, sondern in vergleichbaren Verhältnissen leben. Die ihre Tage mit dem Golfspiel hinter Mauern verbringen. Und hinter diesen Mauern residieren. Die sogenannten Gated Communities von Hidden Hills, Kalifornien, Greenwich, Connecticut oder Boca Raton, Florida, eine halbe Stunde südlich von Trumps Mar-a-Lago Ressort gelegen, sind eine Welt für sich. Sie erinnert in ihrer Opulenz, mit ihren Rasensprengern und klassizistischen Villen, tatsächlich mehr an den Glanz der Denver-Clan Zeiten als an Disneyland. Anderswo hätte die krasse Diskrepanz der Lebensentwürfe und Möglichkeiten dies- und jenseits der Mauer wahrscheinlich schon längst für schwere Unruhen gesorgt. Hier zeigt sich, welche Wirkmacht der amerikanische Traum noch immer hat, sagen die Idealisten: Man nimmt sich das Leben innerhalb der Mauern zum Vorbild, das angestrebt wird. Weit gefehlt, sagen die Realisten: Gäbe es die private Sicherheitsindustrie nicht, wären die Mauern schon vor geraumer Zeit überrannt worden. In jedem Fall geht dieses Nebeneinanderher bisher erstaunlich lange gut. Vielleicht, so sagen die Zyniker, liegt es schlicht daran, dass in Amerika stets genügend Platz ist, den anderen aus den Augen zu verlieren. Doch wie lange noch kann selbst ein solches Riesenland so viele Welten umfassen ...?

Parallelwelten

Inzwischen liegen auch zwischen einem Großteil der Bevölkerung und den gewählten Regierungsvertretern in der Hauptstadt Welten. Schon, was das Finanzielle angeht. Auf dem Kapitolshügel in Washington finden sich in Senat und Repräsentantenhaus insgesamt gut 250 Millionäre. John Kerry, viele Jahre lang Senator für den Bundesstaat Massachusetts, verfügt über ein geschätztes Privatvermögen von 250 Millionen Dollar und ist mit der Erbin des Ketchup-Imperiums, Teresa Heinz, verheiratet. Kerrys republikanischer Amtskollege, der deutschstämmige James »Jim« Risch, ist Großgrundbesitzer in Idaho und über 50 Millionen Dollar schwer. Ein durchschnittlicher Haushalt in diesem ländlichen Staat im Nordwesten der USA hat pro Jahr 50 000 Dollar Einkommen. Wichtiger und folgenreicher ist die Kluft des Misstrauens, die ständig tiefer einschneidet: Die Menschen trauen dem eigenen Abgeordneten im Wahlkreis in etwa so wie dem in Verruf geratenen Gebrauchtwagenhändler am Stadtrand. Man will nur das Nötigste miteinander zu tun haben. Im Frühjahr 2020 scheinen die republikanischen Senatoren Richard Burr und Kelly Loeffler den miserablen Ruf des Parlaments bestätigen zu wollen. Beide stoßen Aktien in Millionenhöhe ab, nachdem sie zwischen Ende Januar und Anfang Februar von der Bedrohung für die Wirtschaft erfahren haben, die mit der Corona-Krise einhergeht. Weder Burr noch Loeffler halten es zu diesem Zeitpunkt für nötig, die Bevölkerung zu informieren. Stattdessen nutzen sie ihren privilegierten Zugang zu Informationen, um das eigene Vermögen in Sicherheit zu bringen. Loeffler verkündet noch Mitte März auf Twitter, dass die Wirtschaft stark und »wir in der besten ökonomischen Verfassung« seien, das Virus zu bekämpfen und »Amerikanern Sicherheit zu bieten.«

Andere Spannungen gehen auf ideologische Verhärtungen zurück. Sie durchziehen das Land zur Gänze. Jederzeit kann sich ein Riss im Boden auftun, aus dem Gewalt aufsteigt wie vulkanische Gase in einem Erdbebengebiet. Dann wird die Lage sehr schnell unangenehm. Als ich am Tag nachdem Trump zum Präsidenten gewählt wurde, mit dem Auto durch den alten Süden South Carolinas fahre, bemerke ich ein Handgemenge am Straßenrand. Ein Mann mit Cowboyhut, die Konföderiertenflagge zum Halstuch gebunden, verkauft von der Ladefläche seines Ford Pick-ups rot-weiß-blaue Zuckerwatte und Trump-Ansteckbuttons, die offenbar vom Wahlkampf übriggeblieben sind. Um ihn herum eine kleine Gruppe empörter junger Frauen, die Gesichter gerötet vor Wut. Sie studieren am Spelman College im Nachbarstaat Georgia, wie ich erfahre. Das Spelman ist eine historisch afroamerikanische Universität nur für Frauen. Trumps Sieg ist für sie eine Zumutung. Aufgebracht setzt eine der Anwesenden dazu an, die Anstecker im hohen Bogen in das Baumwollfeld hinter dem Auto zu werfen. Der Cowboy fällt ihr in den Arm, für einen Moment liegt eine Schlägerei in der Luft. Im Frühjahr hatte ein Anhänger Trumps bei einem von dessen Wahlkampfauftritten in North Carolina einem Protestler ins Gesicht geschlagen, woraufhin Trump dem Schläger versprach, seine Anwaltskosten zu übernehmen. Der Vorfall ging landesweit durch die Presse, in South Carolina hat jeder ein Auge dafür, was beim nördlichen Nachbarn passiert.

Politik spaltet allerorten: Bewohner ein- und desselben Wohngebiets, Arbeitskollegen, Vereinsmitglieder im örtlichen Country Club haben sich voneinander entfernt. Nachbarn setzen sich gegenseitig die im Vorgarten montierten Wahlkampfschilder, die sogenannten *yard signs,* in Brand. Geschwister laden einander nicht mehr zur Hochzeit ein, weil eine Seite Trump als den Politiker mit der Abrissbirne feiert und die andere schon bei seinen orangen Haaren rotsieht. Man bleibt fortan lieber unter seinesgleichen. Als die Menschen schließlich an die Urnen gehen und die Stimmen ausgezählt sind, steht schwarz auf weiß fest, dass aus einem surreal anmutenden Polittheater knallharte Realität geworden ist. Ihren unheimlichen Lauf hatten die Dinge schon viel früher genommen.

Make America Great Again

Juni 2015: Es ist ein kühler Sommertag in New York, als Donald Trump seine Kandidatur um das Präsidentenamt verkündet. Trump ist spät dran, es gibt bereits elf Kandidaten bei der Republikanischen Partei (darunter gerade mal eine Frau), als er seinen Hut in den Ring wirft. Es ist nicht so, dass man den Exzentriker mit offenen Armen empfängt. Die meisten sehen auf ihn herab, kaum jemand nimmt ihn ernst. Kein Wunder: Zu oft war Trump schon da, wo der Wind für ihn günstig steht. Innerhalb von 25 Jahren wechselt er von den Konservativen zu den Demokraten und zurück, dazwischen ist er registriertes Mitglied bei der Independence Party. Sprunghaft aus Eigennutz: Daraus hat der Immobilienmogul nie ein Geheimnis gemacht. Es gibt ein Foto von Trumps dritter Hochzeit 2005 in seiner Sommerresidenz Mar-a-Lago, darauf der Bräutigam Arm in Arm mit Hillary und Bill Clinton. Hillary wird später behaupten, sie kenne Trump praktisch nicht. Eine Lüge, die sie teuer zu stehen kommt. Ganz anders Trump: Er brüstet sich damit, dass es sich niemand leisten könne, seine Einladung auszuschlagen.

Nun, zehn Jahre später, heißt es für Trump erneut: Alles oder nichts. In diesem Fall also: ich oder sie. Doch bevor es gegen Hillary geht, muss er sich gegen die parteiinterne Konkurrenz durchsetzen. Das aber kann Trump wie kein Zweiter. Im Erdgeschoss des heimischen Trump Tower hat der begnadete Selbstdarsteller nicht weniger als acht Landesflaggen platzieren lassen. An den Wänden riesige Banner: Make America Great Again. Neil Youngs »Rockin' in the free world« dröhnt aus den Lautsprechern (freilich, ohne zuvor um Erlaubnis zu fragen, was ihm später Ärger mit dem Musiker einbringen wird, der in Amerika eine Legende ist). Und dann, noch bevor ein Wort gesprochen ist, der erste Faux-pas: Trump, der Medienprofi, fährt auf der hauseigenen Rolltreppe vor den Augen der Presse nach unten, dabei wird er wenig später seiner Nation den Wiederaufstieg in höchste Höhen versprechen. Der bizarre Auftritt voller Selbstlob (»I'm really rich«), wilder Übertreibungen und infamer Unterstellungen schadet dem Politikneuling nicht. Im Gegenteil: Dieser Tag ist nur der Auftakt einer surrealen Reise und Verschiebung der politischen Kommunikation ins populistische Extrem. Gut anderthalb Jahre später wird diese Art der Politik-Inszenierung das Gleis sein, auf dem Trump bis ins Weiße Haus fährt.

Der 45. Präsident wird auch nicht über Nacht präsidial werden. Aus seiner Sicht gibt es wenig Grund dazu, schließlich hat er gerade gegen alle Zweifler einen großen Triumph erlebt. Trump wird vielmehr das, was bisher als präsidial erachtet wurde, auf seine Art verändern. Schon während der Vorwahlschlachten und seine gesamte Zeit im Amt über bis zum heutigen Tag wird der geborene Provokateur beleidigen und Gegner, mit Vorliebe Wehrlose und Minderheiten, verunglimpfen. Er wird vermeintliche Verbündete vor den Kopf stoßen. Er wird laut über den Kauf von Grönland und andere Absurditäten nachsinnen. Und er wird in den Köpfen seiner Anhänger eine Welt kreieren, in der mit Geld und genügend Entschlossenheit alles möglich ist. »Wir Amerikaner sind ganz generell politisch nicht besonders seriös«, wird der Schriftsteller Dave Eggers im Frühsommer 2020 klagen, als die Nation bereits einige Jahre mit Trump im Amt zugebracht hat. Eggers traut Trump im Interview mit der Süddeutschen Zeitung zu diesem Zeitpunkt die Wiederwahl zu; die Treue seiner Anhängerschaft, die wisse, dass Trump häufig lüge, bringe einem »das Gehirn zum Schmelzen«.

Disneyland-Demokratie

Trumps Anhänger werden all das für Demokratie halten. Doch was sie inszeniert sehen, ist die Illusion von Demokratie: Disneyland-Demokratie. Diese perfide Inszenierung spielt mit dem Wunsch der Bürgerinnen und Bürger, aus unserer fehlerhaften und sich ständig verändernden Welt eine ideale, unveränderliche Welt zu erzeugen, die so nicht existieren kann und auch nie existiert hat. Es ist das Spiel mit der Hoffnung der Menschen, in ein Leben zurückzukehren, das sie tatsächlich nie geführt haben. Donald Trump inszeniert sich gekonnt als derjenige, der stark genug ist, diesen Weg zu bereiten. Ein grauer Alltag, der scheinbar nur noch aus Sorgen und Orientierungslosigkeit besteht, lässt diese Vorstellung noch einmal ungleich bunter und verführerischer wirken. Es ist eine hartnäckige Vorstellung, die Jahre überdauern und ein Dasein in Fotoalben und sentimentalen Anekdoten fristen kann, die man sich auf Familienfeiern erzählt. Dann tritt ein brillanter und absolut skrupelloser Verkäufer dieser Illusion auf den Plan. Ein Leben in der Sorglosigkeit Disneylands scheint zum Greifen nah, nur einen Gang zur Urne entfernt – 2016 wie 2020. Donald Trump ist dieser Verkäufer, ja, er ist der beste Vermarkter dieser Wunschvorstellung, der je ein politisches Amt in den USA bekleidet hat. Allerdings auch derjenige, der wie niemand vor ihm auf eine nur allzu willige Kundschaft setzen kann. Die sich nicht mehr auf der Verliererseite fühlen, sondern auf die Siegerseite zurückkehren will.

Wer im nächsten Kalifornien-Urlaub einen Disneyland-Besuch unterbringen will, tut gut daran, Eintrittskarten vorzubestellen. Seit seiner Eröffnung 1955 in Anaheim südlich von Los Angeles gehört das Schlange stehen vor dem Park dazu. Wer sich durchgekämpft hat, macht mit dem Schritt durch das Eingangstor einen Schritt in der Zeit zurück. Eine der bekanntesten Attraktionen Disneylands liegt unmittelbar hinter dem Einlass: Main Street USA, die nachgestellte Szenerie einer Einkaufsstraße Anfang des 20. Jahrhunderts, irgendwo in einer typischen Kleinstadt des Mittleren Westens. Nostalgie zum Anfassen samt Bonbonladen und Frühstücksdiner, für 100 Dollar Eintritt.

Der große Sog der Nostalgie

Barack Obama genießt dieser Tage sein neues Leben. Der 44. Präsident der USA, seit Jahresbeginn 2017 außer Dienst, reist noch immer viel durch sein Land. Die Menschen wollen ihn reden hören; in Corona-Zeiten tun es auch die medialen Kanäle. Zuvor ist manche Arena besser gefüllt als zu Zeiten seiner Präsidentschaft, was auch daran liegt, dass Obama freier sprechen kann, nun, da er nicht mehr auf das Amt Rücksicht nehmen muss. Viele hören dem glänzenden Rhetoriker andächtig zu, anderen steht die Enttäuschung darüber ins Gesicht geschrieben, wie wenig von seinem Erbe übergeblieben ist. Obama selbst ist bis heute durch und durch Realist. Er redet seinem Publikum wiederholt ins Gewissen, die Demokratische Partei nicht zu weit nach links zu rücken. Nicht jeder in den USA sei der Meinung, man müsse »das System einreißen und von Grund auf erneuern«. Soll heißen: Visionen sind wichtig, die Verwurzelung in der Wirklichkeit ist elementar, will man im November 2020 eine Chance haben. Es ist dies einer der wenigen Momente, in dem sich die Stimmung in der Halle eintrübt. Obama bemerkt das sofort. Er wechselt das Thema. Und gibt eine Geschichte zum Besten, wie er einst aus Disneyland hinausgeworfen wurde, nachdem er sich dort nächtens mit Freunden zum Zigarettenrauchen getroffen hatte. Obama war damals bereits College-Student und damit in Sachen Disneyland-Besuch recht spät dran: Für viele Amerikaner gehört eine Fahrt in den riesigen Themenpark zu den Ritualen ihrer frühen Kindheit, die ihnen bis heute in Erinnerung sind. So mancher, der dieser Tage eine eigene Familie gründet, erinnert sich noch gut an den aufregenden Ausflug. Die allermeisten haben ihn nicht nur einmal, sondern häufig sogar mehrfach mit ihren Eltern unternommen.

Für die Kinder der 60er-, 70er- und 80er-Jahre war Disneyland – bzw. das sechzehn Jahre später errichtete Disneyworld in Florida – ein magischer Ort voller Zuckerwatte, Popcorn und fabelhafter Wesen. Für die Eltern war es weit mehr als das: Der Wohlstandsmarker der amerikanischen Mittelschicht des 20. Jahrhunderts schlechthin. Der jährlich angetretene Beweis, »dazuzugehören«, sich die Vergnügungsfahrt (nicht selten von über 1000 Meilen, vorzugsweise im eigenen Auto) leisten zu können. Disneyland galt als das Symbol der Selbstvergewisserung dieser gutsituierten und stetig wachsenden Sparte der US-Gesellschaft, wie auch ein Einfamilienhaus samt Garage, ein Urlaub in einem der Seebäder an der Küste und die Gewissheit, sich die College-Ausbildung des eigenen Nachwuchses leisten zu können. Kurz: Eine für alle lesbare Chiffre für die »gute alte Welt« – sichere Einkommen, verlässliche Koordinaten und der unerschütterliche Glaube, die jeweils nächste Generation werde es noch ein wenig besser haben.

Schnell kommt einem in diesem Zusammenhang das nur vermeintlich abgelebte Klischee des American Dream in den Sinn. Die Saga vom einfachen Arbeiter aus bescheidenen Verhältnissen, der es durch harte und ehrliche Arbeit nach oben schafft, hat nichts von ihrem Reiz verloren. Das bezeugen Hunderttausende (legal registrierte) Einwanderer, die jährlich ein neues Leben in den Vereinigten Staaten beginnen wollen. Die wenigsten von ihnen sehen in sich den Tellerwäscher, der es bis zum Millionär bringt. Den Traum von einem Leben im Wohlstand – wenn nicht für sich, dann mindestens für die Kinder – träumen aber alle. Glück bedeutet immer auch materielles Glück. Eine kurze Phrase aus der amerikanischen Unabhängigkeitserklärung können viele Immigranten auswendig aufsagen, wenn sie auch sonst nur bruchstückhaft Englisch sprechen. Im Dokument von 1776 ist die Rede von den drei unveräußerlichen Rechten eines jeden Menschen, die gottgegeben und damit von keiner Regierung anzutasten seien: life, liberty, and the pursuit of happiness. Ausdrücklich ist neben »Leben« und »Freiheit« vom »Streben nach Glück« die Rede. Von einem Recht auf das Glück per se hat niemand etwas gesagt.

Der amerikanische Traum ist ein trügerischer. Wie andere Träume auch kann er beim Träumenden große Kräfte freisetzen. Er birgt jedoch auch die Gefahr, sich in der Traumwelt zu verlieren und diese letztlich nicht mehr von der Wirklichkeit unterscheiden zu können. Viele alteingesessene Amerikaner, die auf Generationen von Vorfahren im Land zurückblicken können (Ahnenforschung ist in den USA ein beliebter Zeitvertreib), nehmen das Wort vom *American Dream* nur selten in den Mund. Doch der Glaubensgrundsatz, dass es möglich ist, aus eigener Kraft ein besseres Leben aufzubauen, und dass es hierfür kein besseres Land als die Vereinigten Staaten gibt, gilt auch für sie. Diese Überzeugung gehört quasi zur DNA der Bevölkerung. Sie ist nicht über Nacht entstanden. Sie ist wirkmächtig. Und einer von mehreren Gründen dafür, dass die Versuchung, sich in eine Disneyland-Utopie hinüberzuträumen, schon immer besteht.

Die Achillesferse des Westens

Der Westen als Wertegemeinschaft hat eine jahrzehntelalte Tradition. Die Geschichte der Ideen, teils gemeinsam entwickelt, öfter noch aufeinander aufbauend, reicht noch ungleich weiter zurück. Bis in die Zeit der Aufklärung und ins Altertum führt die Spur. Rechtsstaatlichkeit, Gewaltenteilung, Demokratie, Marktwirtschaft, Menschenrechte, sie alle bilden Grundfesten der »westlichen« Weltanschauung. Die Princeton-Philosophin Anne-Marie Slaughter betont, dass alle Nationen, die entlang von ihnen aufgebaut seien, durch dieses gemeinsame Ideal verbunden sind. Gleichzeitig bestünden verschiedene Versionen dieses Ideals; tatsächlich böten sich in der westlichen Hemisphäre teils recht unterschiedliche Ausprägungen davon. Unzweifelhaft jedoch müssen sich alle in den westlichen Demokratien zu diesen Grundfesten verhalten. Selbst diejenigen, die sich hiervon distanzieren, nehmen Bezug darauf. Und sehen sich zurecht mit der Erwartung konfrontiert, sich für ihre Abgrenzung vor den anderen zu rechtfertigen. Genau diese Rechtfertigung verweigern die Feinde der Demokratie. Der eigentliche Grund hierfür liegt darin, dass ihre Position, bei klarer Sicht betrachtet, nicht zu halten ist. Haben sie es doch erst innerhalb des demokratischen Systems zu dem Wohlstand und Einfluss gebracht, den sie nun gegen das System einsetzen. Der vorgeschobene Grund der Antidemokraten für ihr Handeln ist die angebliche Fehlerhaftigkeit der demokratischen Gesellschaft, ihr Versagen und gleichzeitig ihre Übergriffigkeit auf die Bürger/-innen. Genauer wird der populistische Vorwurf oft nicht; es bleibt bei pauschalisierenden Plattitüden. Populismus ist Rauch, der aufsteigt und immer mehr den Blick des Betrachters trübt. Wo das Feuer schwelt, ist bald nicht mehr auszumachen. Oder was der Funke war, der die Flammen ursprünglich entfacht hat.

Insofern fechten alle Nationen, die sich lange unter dem Dach des »Westens« zusammenfanden, derzeit ähnliche Kämpfe um ihre Identität aus. Gleichzeitig sehen wir in Amerika als dem langjährigen Architekten dieser Nationengemeinschaft den Populismus des 21. Jahrhunderts in seiner grellsten Form. Die dortige Lage darf als extremes – aber beileibe nicht alleiniges – Beispiel dafür gelten, wie »der Westen« als Ganzes in seinen Wertvorstellungen und seinem Selbstverständnis von innen angegriffen wird. Dabei bringt jedes Land einen eigenen Typus Angreifer hervor; so hat auch der US-amerikanische Populismus durchaus seine eigene Färbung. Dafür sorgen seine Protagonisten, allen voran der Präsident. Schon aufgrund des Amtes, aber eben nicht nur deswegen, genießt Trump bei seiner Basis Autorität. Letztlich ist er jedoch, und darin gleicht er den Verführern an der Macht in Großbritannien, Ungarn, Polen, Italien und anderswo, schlicht ein ebenso gewissenloser wie gerissener Nutznießer seiner Zeit. Denn tragischerweise gedeiht das Unkraut des Populismus überall dort besonders gut, wo lange Zeit die schönsten Blüten standen und in Zeiten trockener Erde die Dürre besonders trostlos erscheint.

Noch einmal: Macht es vor diesem Hintergrund Sinn, von einem spezifisch US-amerikanischen Populismus zu sprechen? Wäre dies außerdem eine gute Idee, die uns in Deutschland bzw. Europa weiterbringt? Zumindest ist es allzu bequem, »den Amerikanern« mit der Wahl des geborenen Populisten Donald Trump kategorisch den Verstand abzusprechen. So etwas, eine Mischung aus Leo Kirch, Jürgen Schneider und Dieter Bohlen im höchsten Amt der Bundesrepublik, ist hierzulande undenkbar – oder? Nun, nicht wenn man sich klarmacht, wofür Trump in den Augen seiner Anhänger steht. Sein ganzes Leben ist für sie der Inbegriff des Möglichen im Land der unbegrenzten Möglichkeiten. Es ist der gelebte Traum in vergoldeten Penthäusern, luxuriösen Sommersitzen und einer Boeing 757 als Privatflugzeug für die Strecken dazwischen. Die Anziehungskraft einer solchen Existenz ist sicherlich nicht auf die andere Seite des Atlantiks begrenzt. Von dort findet vieles schon immer den Weg nach Europa und nimmt hier dann eine eigene europäische Gestalt an, das gilt für Riesenräder, Zahnseide und Mikrowellenherde (und auch für die Chocolate Chip Cookies, die man darin backen kann). Warum sollte es nicht für das Phänomen des Populismus gelten, das derzeit europaweit, nicht zuletzt im Dreiländereck Deutschland-Österreich-Schweiz, eine unheilvolle Renaissance erlebt?

Populismus: Der Fluch unserer Zeit

Bevor wir die Unterschiede zwischen (zentral-)europäischem und US-amerikanischem Populismus erfassen, lohnt sich ein Zwischenschritt. »Populismus« ist ein derart schillernder Begriff, dass wir gut daran tun, ihn für unsere Zwecke genauer zu umreißen. Heutzutage wird das Wort häufig als Kampfbegriff genutzt, den sich Opponenten in Politik und Medien gegenseitig an den Kopf werfen. Das Ziel: Der anderen Seite die Glaubwürdigkeit abzusprechen. Man selbst argumentiert streng entlang der Fakten, dort aber wird schlampig argumentiert, werden Zusammenhänge verzerrt, Informationen weggelassen oder überhöht und die Gefühle des Publikums manipuliert. Niemand würde sich selbst als Populisten bezeichnen, jedenfalls nicht offen. Das war nicht immer so. Im 19. Jahrhundert schlossen sich amerikanische Farmer zu einer Bewegung zusammen, die sich Populismus im Wortsinn (abgeleitet vom lateinischen *populus,* »das Volk«) auf die Fahnen schrieb. Progressive Kräfte trieben über die Wucht der Gemeinsamkeit die Agenda der Bauern und Kleingrundbesitzer voran und forderten politische Beteiligung ein. In den frühen 1890er-Jahren geht aus Bauernorganisationen im Süden und Mittleren Westen des Landes, der *Farmers Alliance,* die Populist Party hervor. Schon damals richtete sich die Wut des kleinen Mannes – von der Frau war noch selten die Rede – gegen die politische und wirtschaftliche Elite, die (nicht zu Unrecht) als machtbesessen und (nicht immer zu Recht) korrupt galt.

Rund einhundertfünfzig Jahre später sind diese Wurzeln noch immer erkennbar. Aktuelle populistische Bewegungen lassen sich am besten begreifen, wenn man sich besieht, wo sie den Gegner verorten. Typischerweise richtet sich der Zorn gegen global agierende Konzerne und deren schrankenloses Profitstreben. Gegen Großbanken, die das Einzelkundengeschäft zugunsten hochspekulativer Aktiengeschäfte praktisch aufgegeben haben. Gegen Investmentgesellschaften, deren Geschäftsgebaren für die allermeisten Außenstehenden längst nicht mehr nachvollziehbar, geschweige denn überprüfbar ist. Exemplarisch für alle drei Kategorien sind in jüngerer Zeit amerikanisch-deutsche Kooperationen. Und in allen Fällen tun sich Verstrickungen zwischen Wirtschaft und Politik auf.

2018 übernimmt die Bayer AG den US-Saatguthersteller Monsanto und streicht als Erstes dessen Namen, da dieser wegen des Skandals um das krebserregende Pestizid Glyphosat europäischen Kunden nicht mehr schmackhaft zu machen ist. Bayer verhehlt nicht, dass dieser Schritt eine bloße Imagekorrektur, jedoch keine irgendwie geartete Kurskorrektur darstellt. Warum auch, wenn es Anfang 2020 danach aussieht, dass sich die Rechtsstreitigkeiten per Vergleich über zehn Milliarden Euro beilegen lassen? Und Bayer mit der Schützenhilfe der US-Regierung und ihrer Umweltbehörde EPA rechnen kann.

Schon zehn Jahre länger, seit der Finanzkrise 2007/08, bemüht sich die Deutsche Bank mit mäßigem Erfolg, ihr ramponiertes Image aufzupolieren. Hochriskante Wettgeschäfte, Nahrungsmittelspekulationen, Landnahme – die Liste ist lang, schon bevor ans Licht kommt, in welchem Umfang Donald Trump zweifelhafte Kredite gewährt wurden. Mitte der 90er-Jahre bezeichnet der Aufsichtsratsvorsitzende der Deutschen Bank, Hilmar Kopper, offene Rechnungen über 50 Millionen DM, auf denen der Immobilien-Pleitier Jürgen Schneider seine Handwerker sitzen lässt, als »Peanuts«. Ein Vierteljahrhundert später, Anfang 2020, gibt die Bank für das vergangene Geschäftsjahr einen Verlust von 5.7 Milliarden Euro bekannt. Ungeachtet dessen erhält der Vorstand Boni in zweistelliger Millionenhöhe. Die Wirkung einer solchen Entscheidung auf in finanzieller Hinsicht Normalsterbliche scheint irrelevant (das Ansinnen einiger Kongressmitglieder, gerichtlich Einsicht in Kreditunterlagen zu Trump zu erstreiten, wird hingegen sehr aufmerksam registriert).

Ähnlich lernresistent gibt sich der US-amerikanische Vermögensverwalter BlackRock. Dessen gewaltiger Börsenwert von knapp 90 Milliarden US-Dollar geht mit enormem politischen Einfluss einher, nicht zuletzt im Nachgang der Finanzkrise. BlackRock gehört am Ende dieser Krise wegen seiner Arbeit für die US-Notenbank FED zu den großen Gewinnern, während das Risiko von den Steuerzahlern getragen wird. Aufsichtsratsvorsitzender bei BlackRock Deutschland ist bis zum Ende des ersten Quartals 2020 der CDU-Politiker Friedrich Merz, der nach einer erfolglosen Kandidatur 2018 erneut ins Rennen um den CDU-Vorsitz gegangen und damit seinen Kanzler-Ambitionen treu geblieben ist.

Populismus Made in USA

Verbindungen wie diese schüren nicht zu Unrecht und nicht nur bei Arbeitern und Angestellten westlicher Gesellschaften Vorbehalte und Misstrauen. Der Frust wächst. Längst bestimmt das Gefühl, niemals auf der Gewinnerseite zu stehen, auch das Lebensgefühl weiter Teile der Mittelschicht. Die wenigsten sind dabei per se kapitalismuskritisch eingestellt. Im Gegenteil, Familienunternehmen und solide mittelständische Firmen genießen beidseits des Atlantiks nach wie vor einen guten Ruf. Sie sind vielerorts nicht nur dem Namen nach das Rückgrat der Gesellschaft. Insbesondere in den USA ist profitorientiertes Unternehmertum durchaus gesellschaftlich akzeptiert, solange Transparenz gewährleistet und der Nutzen für das Umfeld (über Arbeitsplätze, kommunales Engagement usw.) erkennbar ist. Dies gilt teils sogar für die sogenannten *fat cats*, steinreiche Unternehmer, die es aufgrund ihres Kapitalbesitzes und der Leistung ihrer Angestellten zu Wohlstand und politischem Einfluss gebracht haben. Als Mäzene investieren sie nicht selten erhebliche Summen in Gemeindezentren, Sportvereine, Schulen und Hochschulen (die im Anschluss ihren Namen tragen). In Deutschland wird derartiges Engagement einerseits geschätzt, doch von vielen auch äußerst kritisch gesehen. So hörte man bezüglich der knapp 20 Spielplatzanlagen, die der SAP-Mitbegründer Dietmar Hopp im Rhein-Neckar-Gebiet bauen ließ, deutliche Kritik am »Bonzentum«: Hopp habe der Gesellschaft einen Bärendienst erwiesen, da die öffentliche Hand für die Instandhaltung der Anlagen aufkommen müsse. Diese Einschätzung ruft bei vielen Amerikanern nur Kopfschütteln hervor.

Hier zeigt sich schon der erste Unterschied zwischen dem Populismus deutscher und US-amerikanischer Prägung. In Amerika ist von unserer Warte aus betrachtet der Toleranzrahmen populistischer Bewegungen weiter gesteckt. Designierte wie selbst ernannte »Volksvertreter« dürfen durchaus zu den Allerprivilegiertesten der Gesellschaft gehören, anders hätte Trump niemals den Schlüssel zum Weißen Haus erhalten. Viele Amerikaner sehen kein Problem darin, für die Rechte des kleinen Mannes einzutreten und Fan von den Königen des Kapitalismus wie Michael Bloomberg, George Soros oder den Koch Brüdern zu sein. Ein Grund (unter mehreren) hierfür liegt in der Tatsache verborgen, dass es »in den USA keinen Sozialismus gibt«, wie es der deutsche Volkswirt und Soziologe Werner Sombart einst zugespitzt formulierte. Wahrscheinlich würde nicht einmal Bernie Sanders dies bestreiten (allerdings ohne Oscar Wildes Kommentar beizupflichten, wonach Sozialismus einfach »zu viele freie Abende koste«). Sombart wies schon 1904 zurecht darauf hin, dass sich ausgerechnet in den USA, wo sich der Kapitalismus unter den westlichen Industrienationen besonders rasant entwickelte, nie eine große Arbeiterpartei oder andere starke sozialistische Bewegung gegründet hat. Seinerzeit eine hellsichtige Erkenntnis, denn nur ein gutes halbes Jahrhundert zuvor, in der Einleitung zur

»Deutschen Ideologie« (1846), hatten Marx und Engels die USA als
die reinste Form der bürgerlich-kapitalistischen Gesellschaft bezeichnet. Freilich hat Marx die USA nie bereist. Vielleicht blieb das
Duo deshalb dem Irrtum verhaftet, dass die soziale und politische
Entwicklung Amerikas sich derjenigen in Europa angleichen werde.
Schon, weil Einwanderergruppen vom alten Kontinent das Ge-
dankengut und die revolutionäre Energie in die neue Welt tragen
würden: englische und schottische Gewerkschaftler, 1848er-Deut-
sche, jüdische Linke aus Österreich-Ungarn und Russland. Doch
obwohl somit die Ausgangsvoraussetzungen früh gegeben waren,
gab es lange Zeit keine relevante organisierte Linke in den USA.

Von Anfang an bedeutete die offene Grenze im Westen (die sich
am kalifornischen Pazifik erst 1890 »schließen« sollte) praktisch unbegrenzt verfügbaren billigen Boden. Den Blutzoll hierfür bezahl-
ten die Ureinwohner. Auf ihrem Rücken entstand relativ rasch eine
breite Klasse landwirtschaftlicher Grundbesitzer. Diejenigen ohne
eigenen Grund formten dennoch keine homogene Arbeiterklasse:
Sie empfanden sich aufgrund ihrer unterschiedlichen ethnischen,
kulturellen und religiösen Herkunft als zu verschieden. Es gab nur
wenige stark empfundene Gemeinsamkeiten. Doch paradoxerweise
sorgten genau diese ebenfalls dafür, dass keine Arbeiterbewegung
entstehen wollte. Zum einen die vermeintliche Überlegenheit auch
ärmlichen weißen Lebens gegenüber der Existenz der Afro-Ameri-
kaner. Man fühlte sich von den Besitzbürgern zwar übergangen, war
aber nicht zu Hautfarben und Rassen übergreifender Solidarität bereit, wie W. E. B. DuBois später beklagen sollte. Zum anderen die
eigene Verhandlungsmacht: Weil es im Amerika des 19. Jahrhunderts
beständig an Arbeitskräften fehlte, waren die Löhne hoch und
damit die Lebensumstände weit besser als zu Hause in Europa.
Hinzu kam der illusorische Stolz, zur *greatest nation on earth* zu gehören, ein Teil der Idee Amerika zu sein, die sich egalitär, frei von
feudalen Strukturen und Klassen gab.

Der Sog dieser Vorstellung ist nicht zu unterschätzen. Nicht zuletzt er sorgt dafür, dass erst über einhundert Jahre später, um die
Jahrtausendwende, eine echte Renaissance marxistischer Ideen in

den USA vorstellbar wird. Oder besser eine *naissance,* also Geburt, vermittelt über die Generation der Millenials. Als sie – im Mittel um 1990 geboren – ins Berufsleben starten bzw. ihr Studium beginnen, spüren sie die Auswirkungen der Wirtschafts- und Finanzkrise mit voller Wucht. Spätestens jetzt ist klar: Amerika ist trotz aller gegenteiligen Beteuerungen sehr wohl zu einer Klassengesellschaft geworden. Kein Wunder, dass die Millenials in Umfragen dem »Sozialismus« – der Begriff, mit dem sie ihre Vorstellungen umreißen – aufgeschlossen gegenüberstehen. Er ist für sie kein Schimpfwort mehr. Vor allem aber kein abstraktes Konzept, kein Forschungsgegenstand, wie er in der akademischen Kulturwissenschaft der USA lange Zeit überwintert hatte. Sondern ein Handlungsfaden der Kapitalismuskritik und im Kampf für 15 Dollar Mindestlohn und gegen astronomische Studiengebühren.

Die heutige Generation steht auf den Schultern der Mitglieder der Bürgerrechtsbewegung und anderer Vorkämpfer, die unter ungleich härteren Bedingungen den Weg nach vorne angetreten hatten. Vielleicht ist auch dies ein Grund, warum nun in rascher Folge neue soziale Bewegungen erwachsen: Wall Street (2011), Black Lives Matter (2013), später der Women's March on Washington (2017) und die #MeToo-Bewegung (2017, wobei der Begriff von der Aktivistin Tarana Burke schon 2006 verwandt wurde) sowie in der Breite die generelle Anti-Trump Bewegung. Während – typisch für Amerika – die Kraft des Individuums und die Stärke der sich selbst organisierenden Zivilgesellschaft betont werden, haben immer mehr Aktivisten die Bedeutung der organisierten Politik für das eigene Anliegen im Blick. Deshalb der Schulterschluss etwa mit der Abgeordneten Alexandria Ocasio-Cortez. Sie ist womöglich das größte politische Talent der Demokraten seit Obama. Allerdings steht AOC mit dem Ruf nach dem sogenannten *Green New Deal* (eine radikale Abkehr von der alten Umwelt-, Wirtschafts- und vor allem Sozialpolitik) für eine Politik, mit der Mette Frederiksen 2019 Ministerpräsidentin werden konnte – in Dänemark, das sich nicht nur in seinem geografischen Umfang radikal von den Vereinigten Staaten von Amerika unterscheidet.

Es geht nicht darum, Frederiksens Leistung zu schmälern – im Gegenteil. Sondern darum, ein zweites wichtiges Merkmal des US-Populismus anzuführen: Der Vorwurf, ein Populist zu sein, trifft in den USA insbesondere auch diejenigen, die sich für einen stärkeren Staat einsetzen. Soll heißen: einen Staat, der sich stärker in die Belange seiner Bürger einmischt und z. B. Wert auf eine staatlich organisierte Gesundheitsversicherung legt. Der selbsterklärte Sozialist Bernie Sanders – der in Deutschland recht unspektakulär dem linken Flügel der Sozialdemokratie zugehören würde – ist in dieser Hinsicht leidgeprüft. Natürlich gibt es in den USA auch diejenigen, denen Populismus vorgehalten wird, weil sie anti-staatlich und konkret gegen bestehende staatliche Institutionen agitieren (wie in Deutschland die AfD und in Teilen die SVP in der Schweiz). Doch werden stärker als in Zentraleuropa beide Richtungen mit dem abwertenden Label Populismus bedacht.

Drittens richtet sich US-amerikanischer Populismus in erster Linie gegen die so deklarierten »Feinde im eigenen Land«. Ziel sind die wirtschaftlichen und vor allem politischen Eliten, welche die Belange des Durchschnittsamerikaners ignorieren und gleichzeitig über sein Leben bestimmen wollen, so die populistische Erzählung. Dieselben Eliten betrieben aus ihrer privilegierten Position heraus dann eine Politik, welche die Nichtprivilegierten teuer zu stehen kommt. Stichwort: Einwanderung, und der hieraus folgende erbitterte Kampf um Arbeitsplätze im Niedriglohnsektor. Und tatsächlich sind die Kongressvertreter in Washington hiervon selten bis nie persönlich betroffen. Genau das wird ihnen übel genommen. Einheimische Arbeiter blicken skeptisch auf die Neuankömmlinge, die es über die mexikanische Grenze nach Norden schaffen. Viele sehen aber auch deren Not, und dass diese Menschen lediglich von einer bestehenden Regelung profitieren. Die Wurzel des Übels liegt in der Riege der Entscheider an der Spitze. Diese Logik war schon im Wahlkampf 2016 zu erkennen: Trump warf Hillary wiederholt vor, sie sei zu abgehoben, um die Folgen der illegalen Einwanderung abschätzen zu können. Vor allem aber: Sie betreibe damit freiwillig den Ausverkauf US-amerikanischer Souveränität.

Auch hierzulande lässt sich dieses Muster erkennen. Primär befinden sich die vermeintlichen Feinde Deutschlands oder der Schweiz jedoch außerhalb, etwa die Europäische Union. Deren Reglementierung verpflichte Deutschland zu seiner Flüchtlingspolitik und gehöre daher abgelehnt usw. Nicht zuletzt unverhohlener Rassismus kreiert in der Folge auch Hass auf politische Entscheider, die vermeintlich eine problematische Situation erst »herbeigeführt haben«. Selbstverständlich spielt Rassismus auch im US-amerikanischen Populismus eine zentrale Rolle, begründet sich jedoch anders. Mehr dazu gleich.

Zunächst gehört an diese Stelle ein viertes Merkmal des US-Populismus, das wirklich erstaunlich ist. Eine kleine Anekdote erklärt es am besten. Auf jeder Konferenz in den USA kommt der Punkt, an dem ich es in den eiskalt klimatisierten Räumen nicht mehr aushalte. Vor dem Gebäude komme ich in der milden Wintersonne von Charleston, South Carolina, mit einem Rentnerehepaar ins Gespräch, das seinen Spaziergang nur allzu gerne für einen Smalltalk unterbricht. Waylon und Betty leben im Landesinneren und kommen zwei Mal im Jahr an die Küste, um in der historischen Kulisse der Stadt zu urlauben. Sie sind ausgesucht höflich und finden auch für harmlose Schimpfwörter blumige Umschreibungen, »weil es sich so gehört«. Da sie so zuvorkommend sind, spreche ich sie auf das Thema Politik an, normalerweise in den USA unter Fremden ein Tabuthema, wie auch die Themen Sexualität und Religion. Freimütig erzählen mir die beiden, dass sie dreimal pro Woche zum Gottesdienst gehen, seit über 50 Jahren verheiratet sind – und auch bei der nächsten Wahl für Donald Trump stimmen werden, wie auch 2016 schon. Die beiden sind in bester Gesellschaft: Damals stimmten acht von zehn der tiefgläubigen weißen Evangelikalen für Trump, den ehebrecherischen Nicht-Kirchgänger, dem zahlreiche Frauen schwere sexuelle Belästigung vorwerfen.

Das passt nur zusammen, wenn man sich klarmacht, wie die Evangelikalen auf Trump schauen. Aus ihrer Sicht ist er derjenige, der zwischen ihnen und einem übergriffigen Staat steht. Trumps

Tiraden gegen die Reform der Krankenversicherung kommen hier gut an, wenn man auch meinen sollte, dass gerade die Älteren nichts gegen eine gute Versorgung einzuwenden haben sollten. Für Waylon und Betty jedoch wäre eine staatliche Versicherung der Anfang vom Ende. Womöglich gäbe es in einem nächsten Schritt dann eine Kirchensteuer (in den USA unbekannt). Sodann würden das Recht auf Abtreibung und die Rechte homosexueller Elternpaare gestärkt und so fort. Dieses »Sodom und Gomorrha« – Waylons Wortwahl – gelte es zu verhindern. Dafür nehmen die beiden Trump in Kauf, »selbst wenn er sich gewählter ausdrücken könnte«, wie Betty anfügt. Bezeichnenderweise nennt sie Trumps berüchtigte Access Hollywood Video-Aufzeichnung nur das »H-Tape«.

Dem Präsidenten gelingt es verlässlich, in bester populistischer Manier die Knöpfe grundlegender moralischer Überzeugungen zu drücken. Die vermeintlich »vernünftige« Einstellung zieht dann oft den Kürzeren. Davor sind auch wir in Deutschland nicht gefeit. So empfanden beispielsweise nicht wenige Menschen die Anschnallpflicht anfangs als Eingriff in ihre individuelle Freiheit und wehrten sich dagegen. Der Unterschied im vorliegenden Fall ist, dass in den USA eine ganze Bevölkerungsgruppe, die christliche Rechte, Trump treu zur Seite steht. Es hilft, dass sein Vize Mike Pence selbst ein erzkonservativer Evangelikaler ist. Sein Name aber fällt in der Unterhaltung mit den beiden Rentnern kein einziges Mal.

In Amerika entfaltet die organisierte Religion bis heute große gesellschaftliche, aber vor allem auch politische Kraft. Erstaunlicherweise unterschätzen die Demokraten ebendiese Kraft bis heute. Die Menschen in der Hauptstadt, in New York und LA lebten »auf Inseln inmitten eines Ozeans der Religion«, so drückte es der erzkonservative Denker Michael Novak vom American Enterprise Institute mir gegenüber vor Jahren einmal aus. Sie wüssten es nur (immer) noch nicht. Dabei hat es bis heute kein erklärter Atheist ins höchste Amt der USA geschafft, und das wird auch 2020 so bleiben.

Gläubig zu sein ist die eine Grundvoraussetzung, (lautstark) erklärter Patriot zu sein die andere. Patriotismus tritt in den USA in seiner sehr demonstrativen und pathos-geladenen Form auf. Er ist allgegenwärtig. Und er passt dergestalt in den Populismus wie die Hand in den Handschuh, um eine amerikanische Redewendung zu benutzen. Natürlich, auch in Europa nimmt der Patriotismus in konservativen und insbesondere rechtskonservativen Kreisen spürbar zu; immer öfter tritt er offen zutage. Doch noch schwören Schüler in deutschen Klassenzimmern nicht täglich den Eid auf die Landesfahne. In Amerika ist es normal, allmorgendlich aufs Neue in der Schulen den Chor der Kinderstimmen zu hören: »I pledge allegiance to the flag of the United States of America ...«. Jahr für Jahr hängen mehr, nicht weniger, Sternenbanner in den Klassenzimmern. Waylon und Betty sind hiervon begeistert, zumal der Eid seit den 1950er-Jahren den Zusatz »eine Nation unter Gott« umfasst. Immer häufiger wird gleich im Anschluss an den Treueschwur die Nationalhymne gesungen.

Für unsere Ohren klingt das befremdlich. Wirklich gewöhnungsbedürfig ist hingegen, dass Zuckerguß-Patriotismus in Amerika beileibe nicht auf rechts der Mitte beschränkt ist. Bei einem weißen älteren Country-Sänger wie Lee Greenwood und seinem Publikum erscheint uns eine solche Einstellung nur logisch und konsequent. Greenwood tritt vorzugsweise in USA-Lederjacke und mit USA-Cowboyhut bei Veteranentreffen auf. Bei Trumps Amtseinführung bringt er den frischgebackenen Präsidenten mit seinem größten Hit »Proud to be an American« (auch bekannt als »God bless the USA«) zum Mitsingen. Weniger naheliegend ist für unsere Begriffe, dass auch die schwarze R & B-Königin Beyoncé, halb so alt wie Greenwood, seinen Song performt, gerne zum Nationalfeiertag am 4. Juli. In Pathos steht sie dem alternden Countryhelden in nichts nach. Das macht nur Sinn, wenn man sich vergegenwärtigt, dass es beiden Künstlern und ihren Fans explizit um die »Nation« geht, nicht den Staat. Letzterer steht in Beyoncés Fall als Afroamerikanerin für institutionalisierten Rassismus, und ganz allgemein in den Augen der meisten Bürger/innen für Bürokratie, Vorschriften und die Beschränkung der individuellen Bewegungsfreiheit. Ersteres, die Nation, ist das Gegenteil, die gelebte Idee der Freiheit. Gleichzeitig auf beinahe magische Weise ein Verbund, der gegen alle Wahrscheinlichkeit zusammengehalten wird. Jedenfalls schien dies bis vor einiger Zeit so zu gelten.

Was heißt es, Amerikaner zu sein?

Drei Jahrzehnte ist es her, dass der amerikanische Sozialphilosoph Michael Walzer einen mittlerweile berühmten Essay über seine Landsleute veröffentlichte. Walzer fragte damals mit dem Titel: *What does it mean to be an American?* Lange Jahre später bei einem gemeinsamen Mittagessen in Princeton, wo Walzer lehrt, lacht er herzhaft über sein damaliges Ansinnen, die Bewohner der USA zu vermessen, wie er es ausdrückt. Seine Selbstironie, in der deutschen Wissenschaft oft schmerzlich vermisst, wirkt befreiend. Bedrückend wird es jedoch, wenn man Walzers Antworten auf die Frage, was es Anfang der 1990er noch bedeuten konnte, »Amerikaner« zu sein, mit heute vergleicht.

Das Wesen Amerikas, so Walzer damals, liege weniger darin, seine Bewohner zu einer Einheit zu verschmelzen. Statt ineinander aufzugehen ginge es darum, sich zusammenzubinden. Das Groß-siegel der Vereinigten Staaten bildet genau diese Idee ab. *E pluribus unum,* aus Vielen Eines, heißt es auf dem Band, das der Weißkopf-seeadler im Schnabel hält. Entscheidend aber ist, was das Wappen-tier in den Krallen hält: Ein Bündel Pfeile. Alle zeigen in die gleiche Richtung, und doch sind es einzelne Pfeile, klar voneinander zu unterscheiden. Das Individuelle bleibt erhalten, das Verbindende kommt hinzu. Nach Walzer »beweist man sein Amerikanisch-sein, indem man friedlich mit allen anderen ›Amerikanern‹ zusammen-lebt«, also dadurch, dass man zustimmt, »die soziale Vielheit zu res-pektieren«. Diesen Gedanken haben Donald Trump und seine Ge-folgschaft pervertiert.

Ohne jeden Beweis unterstellte Trump schon Jahre vor seiner eigenen Kandidatur dem damaligen Präsidenten Obama, nicht in den USA geboren zu sein. Als gebürtiger Kenianer sei er unrechtmäßig im Amt. Was nach Verfassungsargument klingen soll, ist schlicht Rassismus. Im Kern soll ein Mensch wegen seiner Herkunft aus der Gemeinschaft der Nation ausgeschlossen werden. Wer so argumentiert, nutzt aus, dass das Wort »amerikanisch« bis heute unscharf ist. Man sieht das auch daran, dass »amerikanisch« keine ethnische Gruppe ist, die vom Zensus der Vereinigten Staaten anerkannt wird. Die Kategorie kommt nicht vor. Stattdessen verweist »amerikanisch« einfach auf die Staatsbürgerschaft, die mit einer Reihe von geteilten Grundwerten einhergehen soll. Walzer bemerkt, dass diese Grundwerte – wie Freiheit, Gleichheit, Republikanismus – deshalb ständig durch Symbole und Zeremonien bekräftigt werden müssen. Sie alle, der Eid auf die Flagge, der 4. Juli und anderes mehr, seien am Ende »eher erfunden als ererbt«. Unterm Strich seien »die Flagge und das Gelöbnis gewissermaßen alles, was wir haben«. Lapidar fasst der Soziologe zusammen: »Amerikaner haben nicht viel über eine gemeinsame oder gemeinschaftliche Heimat zu sagen.«

Tatsächlich gibt es im Englischen kein Wort, dass direkt unserem »Heimat« entspricht. Natürlich existieren die Begriffe *motherland* und *fatherland,* doch geht es hierbei um das Land der Vorfahren. Das liegt bei allen Amerikanern (mit Ausnahme der Ureinwohner) nun mal außerhalb der USA, und so denken viele Amerikaner bei »fatherland« zunächst an TV-Serien, in denen Nazis mit lustigem deutschen Akzent vorkommen. Das Wort »homeland« wiederum gibt es im amerikanischen Englisch offiziell erst seit seiner Aufnahme ins Webster Wörterbuch Anfang der 70er-Jahre. Heute verbinden Amerikaner den Begriff mit dem Homeland Security Act von 2002 und damit Sicherheitskontrollen am Flughafen, aber nicht mit »ihrer« Heimat. Diese begriffliche Unschärfe, die Tatsache, dass es wenig Konkretes gibt, an dem man sich als Bürger festhalten kann, rechtfertigt in keiner Weise den derzeit erstarkenden Nationalismus und Rassismus. Aber das Phänomen erklärt in Teilen, warum beides landesweit um sich greift. Warum manchen verirrten Patrioten die eigene Nation als wackeliges Konstrukt erscheint, das jederzeit zusammenbrechen kann. Und das vermeintlich mit allen Mitteln gestärkt werden muss.

Dieser Ansatz ist grundfalsch. Er ist leider auch nicht neu. Schon vor dreißig Jahren gab es laut Walzer diejenigen, die das »eine Amerika« über alles andere stellen wollten. Immer sei der »Konflikt zwischen dem Einen und den Vielen ein stets gegenwärtiges Kennzeichen des amerikanischen Lebens«, und diese Tradition reicht mindestens bis in die Mitte des 19. Jahrhunderts zurück. Damals richteten sich Kampagnen gegen deutsche Einwanderer und vor allem deren Ansinnen, amerikanische Staatsbürger zu werden. Die Deutschen hatten keinen guten Ruf, sie galten als störrisches Völkchen, nicht am Kontakt mit den anderen interessiert und traditionsverhaftet. Ganze Dörfer in Minnesota, wo bis heute vier von zehn Bewohnern deutsche Vorfahren haben, sprachen weiterhin deutsch. Man machte keinen Hehl daraus, wie sehr man sich anderen Einwanderergruppen, wie den Iren, überlegen fühlte. Der Konflikt war unvermeidlich, denn, so Walzer, »von Beginn an beanspruchten die Anglo-Amerikaner ganz selbstverständlich, ihre eigene Kultur sei das beste Fundament«. Die Lage hat sich längst entspannt, heute genießt die Brauerei August Schell in New Ulm einen hervorragenden Ruf.

Leider kann von Entspannung gegenüber der schwarzen oder hispanischen Minderheit keine Rede sein. Walzer meinte, Anfang der 90er-Jahre noch wenig Nativismus festzustellen, also Widerstände gegen Zuwanderung und die Ansprüche von Minderheiten seitens der Mehrheit. Diese Aussage war schon damals zweifelhaft. Heute ist sie unhaltbar. Nur ein schockierendes Beispiel aus jüngster Zeit sind die Unruhen von Charlottesville, Virginia. Im August 2017 marschieren hunderte Rechtsextreme durch die Stadt, töten eine Gegendemonstrantin und verletzen zwanzig weitere. Später verurteilt Präsident Trump Gewalt »auf vielen Seiten«, ohne die rechtsextremen Aggressoren klar zu benennen. Der Hass an diesem Tag richtet sich vor allem gegen Juden, Schwarze und arabisch-stämmige Menschen, aber letztlich gegen alle, die nicht der Vorstellung der Demonstranten vom ›weißen Amerikaner‹ entsprechen. Es ist kein Zufall, dass extremistische Verbrechen dieses Typs dermaßen offen zutage treten. In erheblichem Maße bereitet der Präsident selbst hierfür den Boden. German-American, Swiss-American, Austrian-American: Der Bindestrich, so Walzer, funktionierte lange Zeit »eher wie ein Pluszeichen«. Das mag für die hier Genannten noch immer so sein. Für African-Americans, Mexican-Americans oder Somali-Americans (wie die von Trump mehrfach angegriffene Kongressabgeordnete Ilhan Omar) ist das Pluszeichen zu einem Minuszeichen geworden. Sie werden in Trumps Amerika aufgrund ihrer Herkunft und/oder Hautfarbe mehr denn je stigmatisiert.

»Amerikaner« zu sein, heißt für die Mehrheit konservativer Wähler weiß, christlich und europäischer Abstammung zu sein. 57 Prozent sehen das in einer Umfrage des NORC Center for Public Affairs Research von 2017 so. Sie stehen – schon rein demografisch gesehen – auf verlorenem Posten. In 25 Jahren werden Weiße landesweit in der Minderheit sein; die größte und am schnellsten wachsende Minderheit sind Hispanics. Auch in dieser Umfrage zeigt sich die nostalgische Verklärung der späten 50er- und 60er-Jahre, als weiße Europäer noch über 80 Prozent der Zuwanderer ausmachten. Das ist ein Grund, warum heute die Fernsehserie *Mad Men* solche Erfolge feiert. Ältere Menschen brauchen hierzu kein Kabelfernsehen; sie erinnern sich noch gut an diese Situation ihrer Kindheit. Jetzt, im Rentenalter, erleben sie, wie die Gruppe weißer europäischer Zuwanderer nurmehr auf 14 Prozent kommt. Häufig leben diese Menschen auf dem Land, wo die ethnische Durchmischung ohnehin nicht mit den Großstädten zu vergleichen ist. Latinos stellen in Los Angeles beinahe 50 Prozent und schon seit 30 Jahren die Mehrheit gegenüber den Weißen. In San Francisco ist ein Drittel der Menschen asiatischer Herkunft. Der Kontrast zu Maine, Vermont oder West Virginia könnte schärfer kaum sein.

America First

Im Frühjahr 2017 besuche ich einen amerikanischen Bekannten in Texas. Als Willkommensgeschenk überreicht er mir eine feuerwehrrote Baseballkappe, darauf in weißen Großbuchstaben *Make America Great Again*. Mein Gastgeber ist mexikanischer Abstammung, er wohnt in Austin, einer links-liberalen Insel inmitten des konservativen Ozeans, den der Lone Star State darstellt. Er grinst, und wir wissen beide, dass unsere Freundschaft diese Episode überstehen wird. Noch wenige Monate zuvor hätte ich Trumps Wahlkampfverkaufsschlager nicht erstehen können, selbst wenn ich gewollt hätte. Vor dem Urnengang läuft dies in den USA unter Wahlkampffinanzierung, und die ist Ausländern verboten. Wahrscheinlich wäre es ohnehin schwierig geworden. Für die MAGA-Kappe gab es zwischenzeitlich Lieferengpässe, so hoch war die Nachfrage.

Die Kappe verrät uns: Erstens, Trump hat neben gold noch eine zweite Lieblingsfarbe (man besehe sich hierzu auch seine überlangen Krawatten). Zweitens, er ist ein Marketinggenie. Drittens, er hat den spezifisch US-amerikanischen Nationalismus durchschaut und bedient ihn wie kein Zweiter. Trump wusste genau, dass die MAGA-Kappen von den Bildungseliten der Ost- und Westküste, von der *New York Times,* von NPR und CNN lächerlich gemacht würden. Dass ihre Träger sich – zurecht – auf der Straße, im Seniorentreff und umso mehr auf dem Hochschulcampus würden anhören müssen, sie unterstützten einen autoritären, rassistischen Populisten. Einen Schaumschläger, der sie mit seinen Versprechen zum Narren halte. Und Trump wusste, dass diese Kritik keinerlei Einsicht, sondern das genaue Gegenteil auslösen würde. Als hätte sie ihn in seinem Vorgehen bestätigen wollen, bezeichnete Hillary Clinton zwei Monate vor der Wahl Trumps Anhänger als einen Haufen Bedauernswerter *(a basket of deplorables).* Nur Tage später tauchen auf Trumps Kundgebungen T-Shirts mit dem Slogan »Ich bin stolzes Mitglied der Bedauernswerten« auf. Nicht erst jetzt, doch jetzt ein für allemal, ist klar: US-amerikanischer Nationalismus besteht aus erstens der Glorifizierung der eigenen Stärke und zweitens der Betonung der eigenen Größe.

Ein starkes Amerika ist in den Augen der Trumpianer eines, das am Nationalfeiertag eine riesige Militärparade abhält. Der 4. Juli ist ein patriotischer Tag, aber eigentlich kein Anlass für aggressiven Nationalismus, eher eine einzige große Ansammlung von Barbecues und Gartenfesten. Die »Show ihres Lebens«, die der Präsident seinem Volk per Twitter versprochen hatte, wird am Ende knapp 100 Millionen Dollar Steuergelder kosten. Patriotismus und Nationalismus verschmelzen vor aller Augen zu einer bombastischen Inszenierung. Amerika »wieder großartig zu machen«, ist mehr als ein dünner Spruch. Es ruft das mythische Bild einer Nation hervor, die einst groß war (im Englischen steht *great* für »groß« und »großartig«). Nur: Wann soll das gewesen sein? Was war so großartig? Hier bleibt der Slogan vage, dafür betont Trump bei jeder Gelegenheit, dass Amerika aus eigener Kraft zur alten Größe zurückkehren könne. Die Nation gestaltet ihr Schicksal – das ist Musik in den Ohren der Nationalisten. Leicht erliegen sie der autoritären Versuchung, denn Demokratie ist ihnen zu mühsam. Sie wünschen sich Ordnung und klare Führung in einer komplexen, schnelllebigen und unübersichtlichen Welt. Das war vor 200 Jahren nicht anders als heute. Damals hieß der Präsident Andrew Jackson, heute eines von Trumps Vorbildern. Jackson war ein rassistischer xenophober Nationalist. Er trieb vor seiner Amtszeit die Ermordung der indianischen Bevölkerung Floridas voran. Später sorgte er für die zwangsweise Umsiedelung aller Indianer in Gebiete westlich des Mississippi. Seiner Meinung nach standen sie der Ausbreitung der amerikanischen Nation im Weg.

Alleine seit dem Ende des Zweiten Weltkriegs, also in Trumps Lebenszeit, haben drei weitere Nationalismus-Wellen die USA überspült. In den frühen 50er-Jahren Joe McCarthys antikommunistische Hexenjagd gegen das liberale Establishment. In den 90er-Jahren der rechtskonservative, antidemokratische Nationalismus von Pat Buchanan und seinen Anhängern. Seit etwa anderthalb Jahrzehnten der Nationalismus heutiger Prägung, für den zunächst die Tea Party stand, später die Bewegung um Trump. Dessen späterer Chefstratege Steve Bannon hatte nicht umsonst durchgehend von einer

»Bewegung« gesprochen, soll heißen: einer Machtaneignung jenseits etablierter Parteikanäle. Die populistischen Umtriebe münden am Ende in die Wahl Trumps. Damals ein Schock, haben sie heute eine unheimliche Gewöhnung erfahren. Und wirken bis jetzt im Weißen Haus, wenn auch Bannon selbst von Trump längst gefeuert wurde. Der Präsident verträgt niemanden neben sich, doch er hat deswegen keinen Anlass, vom bewährten Vorgehen abzulassen. Im Wahlkampf 2020 lautet sein Slogan *Keep America Great,* sinngemäß »Lasst uns Amerika grossartig halten«. Man fragt sich: Fällt den Strategen um Trump – Kellyanne Conway, Stephen Miller, Brad Parscale – nichts Besseres ein? Und muss dann konstatieren: Es gibt wenig Besseres für ihre Zwecke. Der Spruch greift alles auf, was sich beim letzten Mal bewährt hat. Dann suggeriert er, dass es so weitergehen kann bzw. wird – auch in diesem Fall lässt das Englische Raum für Auslegungen. Eindeutig hingegen der unerschütterliche Glaube an die eigene Stärke.

Für alle, die es noch plastischer brauchen, veröffentlicht Trump im November 2019 bei Twitter eine Fotomontage. Zu sehen ist der Präsident als Boxer im Ring, den Weltmeistergürtel um die Hüften, der Oberkörper muskelbepackt. Unten Rocky, oben Trump. Erneut lässt der Spott der Kritiker nicht lange auf sich warten. Scheinbar haben sie aus Hillary Clintons PR-Panne nichts gelernt. Trumps Anhänger feiern den Präsidenten für sein Selbstlob. Für sie steht er für ein starkes Amerika. Als Kritiker Fotos einstellen, die wenig schmeichelhaft Trumps wahre Konstitution erkennen lassen, werden sie online aufs Übelste attackiert (harmlos noch die Bezeichnung als »liberale Weicheier«, in manchen Kreisen der USA ein doppeltes Schimpfwort). Der Kult um Trump ist mächtig. Seine Gegner hingegen, Politiker, Aktivisten, Journalisten, müssen sich an der Realität messen lassen. Daher trifft sie ihre Kritik an Trumps Prahlerei wie ein Boomerang. Etwa, wenn dieser davon erzählt, wie gut seine Mauer in Colorado vorankomme – das allerdings keine Grenze mit Mexiko, sondern nur mit dem US-Bundesstaat New Mexico hat. Wer Fehler wie diese protokolliert, wird im Trump-Lager als Buchhalter beschimpft. Kleinkarierte Bürokraten aus

Washington D. C. sind es vermeintlich, die der wahren Stärke Amerikas und einer mutigen Vision seiner Größe mutwillig im Wege stehen.

Neben der Glorifizierung der eigenen Stärke gehört zum amerikanischen Nationalismus also unbedingt die Betonung der eigenen Größe. Hiermit ist ganz explizit auch Größe im Wortsinn gemeint. Jeder, der einmal in den USA Urlaub gemacht hat, kann mit Beobachtungen aufwarten, die bei uns Zentraleuropäern nur Kopfschütteln hervorrufen. Die reichste Industrienation der Welt leistet sich bis heute ebenso undichte wie unpraktische Schiebefenster, drollige Drehtürknöpfe und enorm schadensanfällige oberirdische Hochspannungsleitungen, auch dort, wo diese während der jährlichen Hurricane Season regelmäßig vom Wind heruntergerissen werden. US-Highways kennen Abfahrten rechter- wie linkerhand der Straße, woran man sich als Europäer gewöhnen muss. Dafür müssen sich die Einheimischen in dieser und vielerlei anderer Hinsicht nicht umgewöhnen. Ihr Land ist gigantisch. Ein Vorteil, den viele Amerikaner zu schätzen wissen. Ein einziger Urlaub kann Skifahren in Alaska, Rodeo in Oklahoma und Delphinschwimmen in Florida umfassen, alles in der gleichen Sprache und Währung und ohne Reisepass. Die enorme kulturelle Vielfalt der Metropolen New York, Chicago und Los Angeles findet ihre Balance in den Weiten Wyomings und New Mexicos, wo sehr viel Raum für den Einzelnen zur Verfügung steht. Montana ist größer als Deutschland und hat dabei weniger Einwohner als Köln. Nicht von ungefähr also stellt Größe in den USA das oberste Qualitätskriterium dar. Häufig werben Motelketten damit, riesige – und nicht etwa schön eingerichtete oder gut ausgestattete – Zimmer zu bieten. Bei Starbucks kann der Kunde zwischen large, extralarge und XXL wählen, kleine Mengen gibt es schlicht nicht (dafür die Monstereinheit ›trenta‹, die einem einen knappen Liter Eiskaffee zuteilwerden lässt).

Größe wird, wie wir gesehen haben, eben auch sehr schnell zu Großartigkeit umgedeutet. Von hier ist es dann nur ein kleiner Schritt dazu, andere, die weniger groß sind, auch weniger großartig zu finden. Der übersteigerte Nationalismus des Trumpschen Amerika lässt sich in zwei Worten zusammenfassen: America First. Vielen von Trumps Anhängern ist nicht bewusst, dass ihr Präsident diesen Spruch nicht erfunden hat. Das ist keine Entschuldigung. Generell ist es keine gute Idee, laut irgendetwas zu skandieren, von dem man nicht weiß, woher es stammt. Es ist aber in Teilen eine Erklärung dafür, warum Menschen einstimmen, wenn Trump auf seinen Kundgebungen »America First« in den Saal ruft. Wieder und immer wieder. Sie wollen damit ausdrücken, dass ihr Land heutzutage wieder an erster Stelle stehen soll. Denn vermeintlich ist es in letzter Zeit allzu oft von anderen Ländern über den Tisch gezogen worden. Vor knapp einhundert Jahren freilich war der Slogan das Motto von US-amerikanischen Sympathisanten des Nationalsozialismus. Mitglieder des America First Committee hatten sich zunächst gegen eine Beteiligung der USA am Zweiten Weltkrieg gewandt. Ihr Zorn traf Franklin Delano Roosevelt schon zuvor, denn die Wirtschafts- und Sozialreformen des Präsidenten erschienen ihnen als verkappter Kommunismus und damit durch und durch unamerikanisch. Nun befürchteten sie, FDR werde sich und das Land in den »europäischen Krieg« hineinziehen lassen. Als Strippenzieher agierten hierbei vermeintlich internationale Bankiers, ein unverhohlen antijüdisches Klischee. Sprecher des America First Committee war schon bald nach der Gründung Charles Lindbergh, ein Visionär der Luftfahrt. Und ein glühender Hitler-Anhänger und pathologischer Antisemit.

Rassismus: Das hässliche Gesicht der Nation

Wenige Länder dieser Erde haben in den letzten fünfzig Jahren einen derart rapiden ethnischen Wandel durchlebt wie die Vereinigten Staaten von Amerika. Der Wandel dauert an. Innerhalb der nächsten fünfundzwanzig Jahre wird sich das Land in eine sogenannte *majority-minority nation* verwandelt haben. Das bedeutet, dass zahlreiche Amerikaner miterlebt haben werden, wie die weiße Bevölkerung gegenüber der *Summe* der Minderheiten im Land nicht

mehr die Mehrheit stellt. Eine weiße Farmerin in Iowa oder ein weißer Fischer in Maine blicken heute auf eine Kindheit um 1970 zurück, die sie praktisch ausschließlich unter ihresgleichen verbracht
haben. Satte 88 Prozent der US-Bevölkerung waren damals weiß.
Wenn die beiden um 2045 herum in Ruhestand gehen, werden
Weiße nur mehr knapp die Hälfte der Amerikaner ausmachen. Ein
Viertel zählen dann zu den Hispanics, Afroamerikaner und Asiaten
kommen zusammen auf gut 20 Prozent. Bei allen Zahlen handelt es
sich um konservative Schätzungen der seriösen Brookings Institution von 2018. Natürlich kann man dennoch fragen, ob die Kategorie »Mehrheit-Minderheit« heutzutage noch Sinn macht, blickt
man etwa auf die Giganten Texas und Kalifornien. Zusammen weisen die beiden bevölkerungsreichsten Staaten der USA 70 Millionen
Einwohner auf. Texas war schon vor einer Dekade *majority-minority*
Staat. In Kalifornien stellen Hispanics die größte Bevölkerungsgruppe (39 Prozent), noch vor den Weißen (38 Prozent). In New
Mexico, das im Westen von Texas liegt, hat beinahe jeder Zweite
hispanische Wurzeln. Die Bevölkerung dieser drei Staaten relativ zu
den Weißen zu vermessen, ist schlicht nicht mehr zeitgemäß.

Wem dieses Argument zu abstrakt erscheint, der muss sich nur
die Lage der genannten Bundesstaaten vergegenwärtigen. Alle drei
grenzen an Mexiko. Damit wird der demografische Wandel in den
Augen der weißen Bevölkerung von einer abstrakten Beobachtung
zu einer sehr konkreten Erscheinung. In einer fatalen Übersprungs-
handlung verbindet sich in den Köpfen der Menschen die Frage der
Bevölkerungszusammensetzung direkt mit der Frage nach der
Sicherung der Grenzen. Trumps Gerede von der »schönen großen
Mauer« trifft hier auf weit offene Ohren. Nicht wenige unter den
Älteren, aber auch Jüngere im Schul- und Studienalter, haben sich
mit einem schweren Fall von *white anxiety* infiziert: der Angst der
Weißen vor dem Bedeutungsverlust und damit dem Verlust ihrer
Privilegien. Wie anderswo auch zeigt sich der Konkurrenzkampf ge-
rade unter den Schwächsten von seiner härtesten Seite, bringt die
eigene Abstiegsangst das Hässlichste im Menschen hervor. Das rassistische Beharren auf der *white supremacy,* der vermeintlich natür-

lichen Überlegenheit der weißen Ethnie, wird von Demagogen wie Trump weiter bestärkt. Bis heute hat er sein menschenverachtendes Bild vom mexikanischen Einwanderer als Vergewaltiger nicht zurückgenommen.

Der Präsident hat im ganzen Land Apologeten, die seine Lehre unter die Menschen bringen. Nur ein, wenn auch besonders krasser, Fall unter vielen: Der selbsterklärte »härteste Sheriff Amerikas«, Joe Arpaio, lässt in Arizona eine Art Sträflingslager errichten, eine Zeltstadt unter freiem Himmel. Menschenrechtsorganisationen kritisieren sein Vorgehen von Anfang an scharf, Trump hält durchgehend seine schützende Hand über ihn. Auch dann noch, als Arpaio Menschen bereits beim Anfangsverdacht auf illegale Einreise verhaften und durch Schäferhunde überwachen lässt, die auf deutsche Kommandos abgerichtet sind. Was plump erscheint, geht letztlich auf ebenso plumpe wie gefährliche Grenzüberschreitungen zurück, die Trump bereits Jahre vor seiner Kandidatur immer wieder vorgenommen hatte. So lancierte er ab 2010 wiederholt das haltlose Gerücht, der damalige Präsident Obama sei nicht in den USA geboren und damit illegal im Amt. Trump nahm seine Unterstellung auch dann nicht zurück, als Obama seine Geburtsurkunde vorlegte. Später, als Trump selbst ins Rennen um die Präsidentschaft gegangen war, brauchte er lange für eine halbherzige Distanzierung vom bekanntesten Neonazi der USA, dem Ex-Ku-Klux-Klan-Mitglied David Duke. Wiederum später, Trump ist ein halbes Jahr im Amt, seine oben erwähnte dreiste Verharmlosung der Rechtendemonstration in Charlottesville, Virgina. Wiederholt verbreitet das Staatsoberhaupt über Twitter Verschwörungstheorien des neurechten Internet-Trolls Jack Posobiec, die Liste nimmt kein Ende. Vor diesem Hintergrund muss klar sein: Trump handelt aus Überzeugung, er ist ein glasharter Rassist.

Gleichzeitig ist dem skrupellosen Populisten jedes Mittel recht, sich seiner Unterstützer zu versichern. Ende Mai 2020 wird der Afroamerikaner George Floyd bei einem Polizeieinsatz in Minneapolis brutal zu Tode gequält. Der weiße Polizist Derek Chauvin kniet neun Minuten lang auf dem Hals seines am Boden liegenden Opfers, das wegen angeblichen Falschgeldbesitzes festgenommen werden sollte. Chauvins Kollegen verhindern, dass Außenstehende eingreifen. Ein kaltblütiger Mord, der landesweit Erinnerungen an die Misshandlung von Rodney King bei einer Polizeikontrolle in Los Angeles dreißig Jahre zuvor wachruft. Vielen Demonstranten steht die Verzweiflung ins Gesicht geschrieben: Ist »Black Lives Matter« noch immer nur eine Floskel in Amerika, wird sich je etwas an Rassismus und Polizeigewalt ändern, so fragen sie sich. Kann beim Präsidenten ihres Landes tatsächlich ein BLM-Schriftzug auf der Straße vor dem Weißen Haus oder später vor dem Trump Tower mehr Empörung hervorrufen als ein rassistischer Mord? Bei einigen schlägt das Entsetzen in Zorn um, Unruhen brechen in allen großen Städten des Landes aus. Wieder andere nutzen den Aufruhr, um Chaos zu stiften. Sie wollen Amerika brennen sehen, das Schicksal Floyds ist ihnen gleichgültig. Es kommt zu Plünderungen und willkürlicher Zerstörung, in einer Nacht stehen Teile der historischen St. John's Kirche unweit des Weißen Hauses kurzzeitig in Flammen. Die Nationalgarde rückt aus, vierzig Städte, darunter die Hauptstadt, verhängen nächtliche Ausgangssperren. Es wäre dies der Moment, in dem ein besonnenes Staatsoberhaupt einer Nation angesichts klaffender Risse den Glauben daran vermittelt, dass sich diese Risse unter dem Zutun aller wieder schließen lassen. Obama hatte einst bei der Trauerfeier für die Opfer des Attentats von Charleston *Amazing Grace* angestimmt. Trump droht nun den Plünderern auf Twitter mit Erschießung; schnell ist für ihn der Feind ausgemacht: Anarchisten, die Antifa und die Mainstreammedien zögen das großartige Land in den Abgrund. Schließlich am 1. Juni ein kurzer Tweet mit eindeutiger Botschaft: »NOVEMBER 3RD«. Soll heißen: Wer am dritten November für den amtierenden Präsidenten stimmt, stimmt für Recht und Ordnung. Das himmelschreiende Unrecht an Floyd ist innerhalb weniger Tage zu einem Mittel zum Zweck im Wahlkampf verkommen.

Fest steht, dass Trump nicht nur ins Amt gewählt wurde, weil seine Basis Angst um den Arbeitsplatz, vor sinkenden Löhnen und steigenden Preisen hat. Natürlich spielt das eine Rolle, aber es ist nicht die ganze Wahrheit. Vielen Trumpianern geht es – in Teilen erschreckend unverblümt – darum, die Hierarchie zwischen den ethnischen Gruppen der US-Bevölkerung zu restaurieren. Sie also wieder in den Zustand zurückzuversetzen, der lange Jahre ihres Lebens Bestand hatte. Hartnäckig hatten sie die Emanzipationsbestrebungen der Minderheiten im Land ignoriert, doch 2008 kommt das an ein Ende. Der Damm ist gebrochen, mit Barack Obama zieht der erste Schwarze ins Weiße Haus ein. Um das Bild vom Anfang des Kapitels aufzugreifen: Bis zu diesem Zeitpunkt war letztlich die Hierarchie zwischen den Ethnien gleichbedeutend mit der »Eintrittskarte« nach Disneyland. Noch in den 70er- und 80er-Jahren, und diese Zeit erinnern viele Trumpwähler sehr gut, war alleine schon die weiße Hautfarbe quasi das Zugangstor zur Sicherheit der Mittelklasse. Zu Hypotheken und Kreditwürdigkeit, zu soliden Schulen und durch die Regierung unterstützten Bildungsprogrammen. Hingegen Drogen- und Alkoholsucht, familiäre Gewalt, alleinerziehende Mütter: Natürlich auch unter Weißen nicht unbekannt, doch wurden diese gravierenden Probleme in der Wahrnehmung kategorisch den Minderheiten, und dabei vor allem den Schwarzen, zugeordnet. Heute sieht die Welt anders aus. (Relative) Sicherheit durch weiße Hautfarbe – ein Relikt der Vergangenheit. Nicht zuletzt die Opioid-Krise ist sogar primär ein weißes Problem. An diesem Punkt vermengen sich Nostalgie und die aggressive Verneinung der eigenen Verantwortung für die heutige Lage zu einer gefährlichen Mischung.

Das Leben in Disneyland – das war lange Zeit ein durch und durch weißes Privileg. Und somit selbst bei unterschiedlichen finanziellen Voraussetzungen ein exklusives Vergnügen. Soll heißen: Der Bandarbeiter bei Ford kann seinen Wagen aufgrund der Firmenzugehörigkeit etwas günstiger erstehen als der normale Kunde, aber er besitzt im Unterschied zum Ford-Vorstand keinen Firmenwagen. Beide erleben die Fahrt nach Disneyland und den Aufenthalt dort auf unterschiedliche Weise. Und doch haben beide gemeinsam, dass sie zur privilegierten weißen Bevölkerung gehören. Schwarzen begegnen sie im Park über Jahrzehnte allenfalls als Wartungs- und Reinigungskräfte. Mit Obamas Sieg bekommen die Minderheiten der USA, allen voran die afroamerikanische Minderheit, symbolisch gesprochen Eintrittskarten zum Park ausgehändigt; ja, einer der ihren steigt sogar unvermittelt zum Direktor der Anlage auf. Exit polls, Umfragen, die am Wahltag 2016 unmittelbar vor den Wahllokalen durchgeführt werden, legen nahe, dass viele Trump-Wähler vor allem eine Motivation haben: Sie stimmen für den weißen Kandidaten, um den schwarzen Präsidenten symbolisch ungeschehen zu machen. Um den ursprünglichen Zustand wiederherzustellen, Amerika wieder »great« zu machen. Schon während des Wahlkampfjahres hatten über 40 Prozent der Amerikaner – und 60 Prozent der weißen Arbeiterklasse – in Umfragen angegeben, »reverse discrimination« als ein echtes Problem anzusehen, soll heißen: die vermeintliche systematische Benachteiligung der Weißen.

Trump hat den Rassismus nicht erfunden. Er konnte während seiner Kandidatur und danach vielmehr auf rassistische Unterströmungen vertrauen, die im Verlauf der vergangenen hundert Jahre in beiden Parteien immer wieder starke Verwirbelungen bis an die Oberfläche verursacht haben. Der demokratische Präsident Woodrow Wilson, aus dem Südstaat Virginia stammend, führte im Militär und den Bundesbehörden die Rassentrennung wieder ein, die seit dem Bürgerkrieg nicht mehr gegolten hatte. Mitte des 20. Jahrhunderts verloren die Demokraten den Süden an die Republikaner, nicht zuletzt weil es zunehmend letztere übernahmen, die als Knebelung verschriene »political correctness« zu attackieren. Ende der 60er-Jahre trieb der konservative Präsidentschaftskandidat Richard Nixon das Kalkül auf die Spitze. Seine Southern Strategy zielte darauf ab, sich die Wählerstimmen der alten Konföderiertenstaaten des Südens über das Anfachen rassistischer Vorurteile zu sichern. Der geistige Urheber dieser perfiden Strategie, Alabamas Gouverneur George Wallace, kandidierte selbst mehrfach für das Amt des Präsidenten, war aber chancenlos. Wallace, ein prototypischer Rassist, trat noch Mitte der 70er-Jahre offen für die

Rassentrennung ein. Solche Worte wird man von Trump nicht hören. Aber natürlich weiß er genau, was es für manche Südstaatler bedeutet, wenn er an Glanz und Gloria des alten Südens appelliert. Beherrscht der Präsident das *dog whistling* doch wie wenige: Wie bei einer Hundepfeife sind die wirklich entscheidenden Frequenzen nur für bestimmte Ohren wahrnehmbar. Diese Ohren aber wissen genau, was hier zu hören ist. Trump hat es im Gegensatz zu Wallace bis ganz nach oben geschafft. Und so steht zu befürchten, dass auch andere nach ihm den mit rassistischen Obertönen versehenen Trumpismus als Erfolgsrezept begreifen.

Kaum mehr zu übertreffen vor diesem Hintergrund der Zynismus, mit dem Trump im Wahlkampf 2016 um schwarze Wählerstimmen wirbt. Was zum Teufel, so der Kandidat wörtlich, hätten sie denn zu verlieren, wenn man sich klarmache, wie elend das Leben der schwarzen Gemeinde in den USA mittlerweile sei? Offenbar mehr als genug, so scheinen die schwarzen Amerikaner zu denken, und geben Trump am Ende nur klägliche 8 Prozent ihrer Stimmen (im Juli 2020 sind es gar nur mehr 5 Prozent, obwohl Trumps Wahlkampfteam das Programm »*Black Voices for Trump*« ins Leben gerufen hat). Dafür kann er 57 Prozent der weißen Stimmen für sich gewinnen.

Unabhängig von diesen Zahlen, die Momentaufnahmen aus dem Spätherbst 2016 darstellen, schreitet die demografische Entwicklung der USA voran. Die Zukunft des Landes ist nicht weiß. Das ist für jeden zu erkennen, der es sehen will und bereit ist, das riesige Land auch außerhalb von Idaho, Wyoming und North Dakota in den Blick zu nehmen. Genau diese Bereitschaft aber geht vielen Menschen ab, die sich unter ihresgleichen im Trump-Lager eingerichtet haben. Beleg hierfür sind nicht zuletzt die heftigen Auseinandersetzungen um das Denkmal für Robert E. Lee in Charlottesville. Lee auf seinem Pferd Traveller ist der Inbegriff des Südstaatengentlemans. Vor allem aber ist er der legendäre General, dessen zahlreiche Siege im Bürgerkrieg von 1861–65 beinahe der Konföderation des Südens den Sieg gebracht hätten. Aber eben nur beinahe. Am Ende gewinnen die Unionstruppen des Nordens, die Konföderation wird aufgelöst, die Sklaverei abgeschafft. Seitdem trauern viele im Süden der *lost cause,* der mythenumwobenen »verlorenen Sache« nach. Lee auf seinem Pferd im Herzen der »lebenswertesten Stadt der USA« ist einer von vielen Pilgerorten geworden. Auch für zahlreiche rechtsradikale Bewegungen. In deren Augen steht der alte Süden in erster Linie für *white supremacy,* die genetisch bedingte Überlegenheit der weißen Rasse. Als das Denkmal Lees im Sommer 2017 demontiert werden soll, kommt es zu gewalttätigen Auseinandersetzungen, zahlreichen Verletzten und einer Toten.

Gut zwei Jahre früher hatte ein rechtsradikaler Attentäter in Charleston neun Afroamerikaner während der Andacht in einer Kirche erschossen. Auch er ein fanatischer Anhänger der *white supremacy* und der Konföderation, der Monate vor seinem Anschlag die US-Flagge verbrennt. Hier zeigt sich die Disneyland-Nostalgie von ihrer bestialischen Seite, formt sich der Wunsch nach der Welt von gestern in aller kompromisslosen, menschenverachtenden Härte. Natürlich machen diese Radikalen, die für ihre Vorstellung über Leichen gehen, nur einen kleinen Teil der Masse aus. Übersteigerter Nationalismus, offener Rassismus, das Erzwingen einer Welt mit zementierten Hierarchien zwischen den Ethnien: Nur wenige gehen so weit, doch diese wenigen kennen keine Grenzen. Wer sie in ihrem Tun bestärkt und gar anstachelt, wie es Trump in seinem hemmungslosen Populismus immer wieder tut, trägt Mitverantwortung. Umgekehrt ist auch wahr: Trumps populistische Plattitüden fallen derzeit auf fruchtbaren Boden, durchtränkt von einer Mischung aus Nostalgie, Nationalismus und Rassismus. Und gedüngt mit dem wirkmächtigsten aller Dünger: Dem Gefühl, zu kurz gekommen zu sein. Fatalerweise ein Gefühl, das mühelos Realitäten verdrängen kann.

Zwischen Wahrnehmung und Wirklichkeit

In Amerika kann man innerhalb eines Tages aus der sprichwörtlichen Metropole in die sprichwörtliche Mittelstandsgemeinde hinein- und wieder hinaus und zurück in die Metropole fahren. Drei

Autostunden von New York entfernt liegt Middletown, Pennsylvania. Das Städtchen hat knapp 10 000 Einwohner. Auswanderer aus der Pfalz waren schon Mitte des 18. Jahrhunderts bei der Gründung dabei. Der heutige Bürgermeister ist womöglich ein Nachfahre der Pfälzer; er heißt James H. Curry III, da er schon der Dritte in seiner Familie ist, der diesen Namen trägt. Auch sonst legt Middletown viel Wert auf Tradition und Ordnung. Die Straßen werden regelmäßig gekehrt und im winzigen Zentrum gibt es eine von Afghanistankrieg-Veteranen betriebene Brauerei. Außerdem wie an vielen Orten dieser Art überall in Amerika eine schmiedeeiserne Town Clock, die nach allen vier Richtungen die Zeit anzeigt und den Veteranen des ersten Weltkriegs gewidmet ist.

Die Fassade ist gepflegt, doch dahinter ist vieles morsch. Mitte des 19. Jahrhunderts war Middletown ein wichtiger Verladeort der Holz- und Eisenindustrie. Heute ist es landesweit dafür bekannt, Ende der 70er-Jahre nur haarscharf einem atomaren Super-GAU im nahegelegen Kernkraftwerk entgangen zu sein. Seitdem ist nicht mehr wirklich viel passiert. Gegenüber der Brauerei liegt das einzige Café des Ortes, die allermeisten Gäste sind im Rentenalter. Damit liegt Middletown im Trend; nach einer Schätzung des PEW Research Center wird sich der Anteil der Älteren an der US-Bevölkerung bis 2050 mehr als verdoppeln. Dennoch – oder gerade deswegen – kann man sich des Eindrucks nicht erwehren, dass die kleine Stadt den Anschluss verpasst hat. Die Nation verändert sich rasant, während Landesteile wie dieser aus der Zeit gefallen scheinen. Ein kleiner Rundgang bestätigt den Eindruck aus dem Café: praktisch alle Bewohner sind weiß, es gibt kaum Afroamerikaner und keine Asiaten oder Latinos. Entgegen der Erwartung hat Hillary 2016 das Dauphin County, in dem Middletown liegt, (wenn auch knapp) gewonnen. Ein Sieg für die Demokraten, traditionell die Partei der Minderheiten. Alle umliegenden Bezirke aber sind Trumpland. Hier holte der spätere Präsident teils fast 80 Prozent der Stimmen. Dass hier Hoheitsgebiete so nah beieinanderliegen, ist aufschlussreich.

Im Durchschnitt verdient ein Haushalt in Middletown nur gut die Hälfte des Landesdurchschnitts, ca. 35 000 US-Dollar. Aber es

gibt in der Stadt und ihrer Umgebung ebenso wie den angrenzenden Counties auch die statistische Familie mit zwei Kindern,
die auf über 60 000 Dollar kommt. Das Phänomen ist kein spezifisch amerikanisches. Fast alle fortgeschrittenen Industriegesell-
schaften – etwa auch Schweden – sind ungleicher geworden. In
den Vereinigten Staaten allerdings ist die Ungleichheit stärker und
schneller gewachsen als anderswo. Das reichste 1 Prozent des Landes vereinnahmt heute wieder mehr als 20 Prozent des Natio-
naleinkommens – das entspricht dem Niveau von vor der Wirtschaftskrise der 1930er-Jahre. Das astronomische Vermögen der
Superreichen ist aber im Alltag der Menschen kein Vergleichsmaß-
stab. Man registriert natürlich, wenn der Nachbar ein Eigenheim
samt Pool und zwei Pick-ups vorzuweisen hat. Erstaunlicherweise
sind die teils erheblichen Unterschiede innerhalb ein- und derselben Straße oder eines Städtchens wie Middletown aber nicht
das Hauptproblem für viele hier. Im Gegenteil, oft wird die Diffe-
renz als Motivation angesehen. Wirkliche Magenschmerzen verursacht den Menschen, dass sie den Eindruck haben müssen, harte
Arbeit bringe sie nicht mehr voran. Ein Credo der Mittelschicht –
»meine Kinder werden es besser haben als ich« – ist hohl geworden.
Stattdessen korreliert im ländlichen Pennsylvania das Einkommen
der Söhne mit dem der Väter. Die Lösung der Misere trauen immer
weniger Menschen den etablierten Parteien zu. Und so wenden
sich Amerikaner aller Gehaltsklassen von ihnen ab – und selbsterklärten »Zerstörern des Systems« wie Trump zu. Middletown
steht beispielhaft für das ländliche Amerika, wo 2016 diejenigen
mit *mehr* als 50 000 Dollar Jahresgehalt zu 49 Prozent für Trump
stimmen, und nur zu 47 Prozent für Clinton. Anders ausgedrückt:
Die Gräben verlaufen zwischen Glaubensgrundsätzen, nicht primär zwischen Geldbeuteln.

Pennsylvania hat den Ruf, eine Diva zu sein. Der Staat ist notorisch wankelmütig, was seine politischen Präferenzen angeht. Auch
2020 wird er eine entscheidende Rolle spielen und hart umkämpft
sein. Aus dem Kurzporträt Middletowns ergeben sich für den Swing
State (tatsächlich trifft es der Ausdruck toss-up state, also »Münz-

wurf«-Staat besser, so willkürlich erscheint das Wahlverhalten bisweilen) zwei wichtige Erkenntnisse: Erstens, die Löhne lassen hier mit Sicherheit zu wünschen übrig, doch sprechen wir noch immer von der Mittelklasse. Und es ist eben auch die Mittelklasse, die auf den Populismus Trumpscher Machart anspringt, nicht nur die Verzweifelten ganz am Ende der Skala der Gesellschaft. Zweitens, viele halten gerade deswegen zu Trump, weil sie dafür von der liberalen Politik- und Medienelite an der Küste lächerlich gemacht werden. Noch Anfang 2020 reißt CNN-Moderator Don Lemon zusammen mit seinen Gästen Witze über die geografische Ignoranz vieler Trump-Fans. Ob Lemon richtig liegt, ist unerheblich, er hat der Trump-Kampagne den perfekten Wahlwerbespot geliefert. Man fühlt sich fatal an Hillarys Kommentar über den »Haufen Bedauernswerter« erinnert.

Ein Kampf gegen Windmühlen?

Der amerikanische Journalist Walter Lippmann, ein Seismograf seiner Zeit, schreibt in seinem Buch *Public Opinion* von 1922, dass die Herausforderung für jede Demokratie in einer scheinbaren Nebensächlichkeit besteht: Wir Menschen basieren unsere Entscheidungen auf »Bilder in unseren Köpfen«. Es sind Abbildungen der Wirklichkeit, die wir für uns konstruieren. So finden wir uns besser zurecht. In den allermeisten Fällen verlassen wir uns dabei auf unser Bauchgefühl. Die Faktenlage ist nachgeordnet. Diese Einsicht, von Lippmann vor fast genau einem Jahrhundert festgehalten, ist Teil der Antwort auf die eingangs gestellte Frage: Warum fällt der Populismus heute auf derart fruchtbaren Boden? Zieht man die bloßen Zahlen – Einkommen, Kaufkraft, Inflation, Darlehenszinsen – zurate, kommt man zum Ergebnis, dass sich die Menschen tatsächlich oftmals eher abgehängt *fühlen* als dass sie abgehängt *sind*. Kein Zweifel, es sieht für die amerikanische Mittelschicht in weiten Teilen nicht gerade rosig aus. Mancherorts verschärft sich die

Lage, sind ganze Familien zum Umzug gezwungen. Dennoch ist die Anziehungskraft populistischer Parolen nicht rein ökonomisch begründet oder erklärbar. Sondern entscheidend damit, dass sich in einer PEW Research Umfrage von 2015 dreiviertel aller Amerikaner zur Mittelschicht zählen. Hiermit geht die feste Annahme einher, sich ein Leben in der Disneyland-Existenz leisten zu können. Sodann trifft ein Stereotyp auf die harte Wirklichkeit, der es nicht mehr standhält. Die Reibung ist zu groß. Das Ergebnis: Frust und Trotz. Der Wille, es »denen in Washington« (ein Trump-Zitat aus der Zeit nach der Wahl, als er bereits im Weißen Haus residiert) heimzuzahlen.

Hieran schließt sich eine zweite Frage an: Ist der Populismus heutiger Prägung somit eine Variante, wie sie womöglich nur in den USA entstehen konnte? Zumindest, so lautet die Antwort, haben wir es mit einer typisch amerikanischen Variante zu tun. Anderswo wäre sie so nicht ohne weiteres denkbar. Denn obwohl Trump in den Jahren 2015 und 2016 dort, wo es wirtschaftlich prekär zugeht, viel Zuspruch erhalten hat, ist dieser Zuspruch auch später konstant geblieben. Derzeit geht es der Wirtschaft landesweit gesehen gut; die Arbeitslosigkeit ist historisch niedrig, die Löhne steigen langsam, es gibt neue Handelsabkommen. Die ökonomische Misere, die Menschen dazu verleitet, bei Populisten einfache Antworten zu suchen – sie ist hier nicht der entscheidende Faktor, unabhängig von der gravierenden Delle, die Corona derzeit verursacht.

Gleichzeitig ist für viele gefühlt der Lack ab, der Glanz alter Zeiten verblasst. Die Versuchung, die Vergangenheit zu verklären, ist in Amerika schon immer hoch. Eine Nation, als ideale Gesellschaft konzipiert, erlebt den Abgleich mit der Realität schnell als schmerzhaft. Die nostalgische Überhöhung, die Menschen dazu verleitet, bei Populisten einfache Antworten zu suchen – durchaus ein wichtiger Faktor. Hierzu gehört die historische Aufladung der Nation, der amerikanische Gründungsmythos: Die leuchtende Stadt auf dem Hügel, an der sich die Welt ein Beispiel nimmt. Jedes Kind kennt die dazu gehörigen Heldenepen: Die ersten Siedler, die mit der *Mayflower* unter enormen Strapazen den Atlantik überquerten.

Die Pfadfinder der Wildnis an der Siedlungsgrenze nach Westen, unsterblich gemacht in James Fenimore Coopers Lederstrumpf-Saga. Der Aufstand gegen die britische Kolonialpolitik 1773 in Boston, als Aktivisten kistenweise Tee von den Schiffen ins Hafenbecken warfen. Die Vereinigten Staaten von Amerika – ein am Reißbrett entworfenes Gegenmodell zur englischen Krone, zur Obrigkeit, zur staatlichen Gängelung. Ausgerechnet im *land of the free* ist die Versuchung zum Nationalismus beständig gegeben.

Schließlich das tragische Phänomen des grassierenden Rassismus in dem Einwanderungsland unseres Planeten schlechthin. Nirgendwo sonst wird der helle Schein des Individualismus so dermaßen zelebriert wie im selbsterklärten Land der Freien, Anziehungspunkt für unterschiedlichste Hoffnungen und Lebensentwürfe. Gerade in der großen Freiheit liegt aber auch die Gefahr der Intoleranz, fällt die Schattenseite des Individuellen besonders düster aus. Die Mitglieder der amerikanischen Gesellschaft leben vielerorts nicht miteinander, sondern vielmehr nebeneinanderher. Aus der Ferne werden Klischees gepflegt, die Menschen in streng nach Ethnien getrennten Welten gegenseitig aufrechterhalten. Ihr Präsident sorgt dafür, dass sich diese Welten weiter voneinander entfernen, wenn er die Stadt Baltimore als rattenverseuchtes Chaos, Oakland am anderen Ende des Landes als gefährlichste Stadt der Welt beschimpft. In ersterer sind zwei Drittel der Bevölkerung afroamerikanisch, in letzterer Weiße eine Minderheit unter vielen. Gleichzeitig gibt es in allen Metropolen des Landes Stadtteile, deren Betreten für Weiße zu bestimmten Zeiten nicht ratsam ist, seien es die New Yorker Bronx, die South Side von Chicago oder große Teile von South Los Angeles. Oft fehlt einfach das Korrektiv der Begegnung, um Vorurteile abzubauen und rassistischen Hass zu lindern. Manches Mal schwingt auf Seiten der weißen Bevölkerung das perverse Argument mit, schwarze, hispanische und andere Minderheiten gefährdeten das große und großartige Experiment Amerika, die Vollendung der auserwählten Nation. Allzu leicht flüchtet man sich vor den hochkomplexen Fragen unserer Zeit in die übermäßig einfachen Antworten des Populismus.

Diese Entwicklungen zurückdrängen zu wollen, erscheint manchmal wie der sprichwörtliche Kampf gegen Windmühlen. Nicht zuletzt, weil die Rahmenbedingungen für einen solchen Kampf heutzutage ungünstiger denn je erscheinen. Informierte Bürger und Bürgerinnen laufen weniger Gefahr, platten Parolen auf dem Leim zu gehen. Voraussetzung hierfür ist jedoch, dass die Kommunikationskanäle einer Nation verlässlich funktionieren. Dass sich aus der Kommunikation gewonnene Informationen in verlässliche politische Prozesse übersetzen. Und dass diese Prozesse in geschützten, transparenten und lösungsorientiert funktionierenden Räumen, sprich: Institutionen, ablaufen. Seriöse mediale Berichterstattung, sowohl in ihrer klassischen Form (Print, TV, Radio) als auch in Form neuer sozialer Medien, ist das eine. Effektive politische Prozesse – auf kommunaler, auf Landes- und Bundesebene – sind das andere.

Leider ist zu Beginn des dritten Jahrzehnts im neuen Jahrtausend keiner dieser Faktoren mehr für selbstverständlich zu erachten. Stattdessen sind alte und neue Gewalten in der ältesten Demokratie der Welt in einen immerwährenden Kampf untereinander verstrickt. Dabei sollte für beide die Bevölkerung das Ziel aller Anstrengungen sein, schließlich umfasst die Bevölkerung die Konsumenten der Medien und die Wählerschaft. Doch treten einzelne Medienvertreter wie auch Politiker so auf, als stünden sie in der Bevölkerung dem Gegner gegenüber, weniger dem Verbündeten in einer Demokratie. Natürlich schlägt medialen wie politischen Gestaltern auch viel Hass entgegen, müssen sich diese immer häufiger vor Übergriffen schützen. Unterm Strich bleibt vielerorts eine feindlich anmutende Auseinandersetzung. Eine schwere Hypothek für jede vitale Öffentlichkeit. Denn am Ende gilt: Demokratie fußt entscheidend auf Bildung. Bildung im Sinne politischer Informiertheit wird verlässlich nur über ein demokratisches System garantiert. Das eine bedingt das andere. Informierte Bürger nehmen am öffentlichen Meinungsbildungsprozess teil. Sie sind den Argumenten der anderen Seite gegenüber zumindest aufgeschlossen und bereit, zuzuhören. Konsens in allen Dingen ist weder realistisch noch notwendig. Es geht darum, miteinander im Gespräch zu bleiben. Doch wie die Menschen hinter ihren mentalen Mauern erreichen? Wer sollte einen solches dauerhaftes »Gespräch der Öffentlichkeit« miteinander und übereinander moderieren? Ist hierzu überhaupt noch jemand bereit?

Der Kanarienvogel in der Goldmine

Wem all das zu abgehoben erscheint, der mache sich klar, dass in den USA längst auch radikale Alternativen diskutiert werden – die radikale Folgen hätten. Ein Vorschlag besteht darin, die weniger Gebildeten ganz einfach auszuschließen. Wählen darf dann nur noch, wer nachweist, ausreichend informiert zu sein. Ein klarer Verfassungsbruch, im Grunde der Diskussion nicht würdig. Doch diejenigen, die ohnehin nicht zur Wahl gehen, zucken bei dieser Aussicht mit den Achseln, und dies nicht nur in den USA. Grund genug klarzustellen, dass ihre Ignoranz zwei Ursachen hat: Zum einen kennen sie diese Welt nicht anders. Sie entscheiden sich dagegen, wählen zu gehen, könnten aber jederzeit, wenn sie denn wollten. Man leistet sich quasi den Luxus des Nicht-Teilnehmens, stünde aber nicht vor verschlossenen Türen, sollte man die Meinung ändern. Zum anderen leben die Politikverweigerer in der Illusion, weil sie die Politik ignorierten, sei ihr Leben von der Politik nicht betroffen. Diese Vogel-Strauß-Taktik hat schon so manchen Vogel das Leben gekostet, denn natürlich schert sich der Löwe nicht darum, ob der Strauß den Kopf im Sand hat oder nicht.

Ginge es nach dem aktuellen Staatsoberhaupt der ältesten existierenden Demokratie der Welt, der demokratische Diskurs im Land würde über kurz oder lang verdorren. Viele Beobachter innerhalb wie außerhalb der USA verwechseln dabei noch immer die ständige – auch mediale – Aufregung um Trump herum mit einer lebendigen Diskussionskultur. Der Präsident setzt Themen, und er legt Schneisen. Alternativen kommen kaum vor und müssen von außen mühsam in die Debatte eingebracht werden; sie können dann nur noch als Ergänzungen gelten, als nachgeschobene Alternativen oder korrigierende Elemente. Selbst in Abgrenzung zu Trumps teils ungeheuerlichen Aussagen stehen sie somit immer in Relation dazu, sind nicht mehr eigenständige, autonome Statements. Vor diesem Hintergrund erscheint es nur logisch, den Fehler im System zu suchen. Wer wäre nicht versucht, mindestens der Hälfte der US-Amerikaner die Fähigkeit zu kritischer Distanz, zu autonomem Denken zumindest teilweise abzusprechen? Wer beginnt nicht am Qualitätssicherungsmechanismus einer Demokratie zu zweifeln, die ein solches Ergebnis möglich gemacht hat? Laut Freedom House stehen die Demokratien der Welt derzeit tatsächlich unter großer Belastung, wir haben es keinesfalls mit einem rein amerikanischen Problem zu tun. Vielmehr bewertet die Nichtregierungsorganisation (die überwiegend von der US-Regierung finanziert wird, deshalb das eigene Land aber keinesfalls milde bewertet) bereits für das Jahr 2016 nur noch 45 Prozent der untersuchten 195 Länder als »free« im Sinne etablierter Demokratien. Der Bericht 2020 stellt das vierzehnte Jahr in Folge fest, in dem weltweit die Freiheit zurückgeht – ein klarer Fall von *democratic backsliding*. Bis vor Kurzem noch als stabil eingestufte Kandidaten wie Ungarn mutieren laut Transformationsindex der Bertelsmann Stiftung zu »illiberalen Demokratien«. Polen, Mazedonien und andere zeigten »Tendenzen zum Durchregieren«; in der Corona-Krise des Jahres 2020 haben sich diese Tendenzen zu Gewissheiten verdichtet. Die Türkei rettet sich gerade eben noch auf das Prädikat »defekte Demokratie«. Alle hier genannten Staaten sind Zwerge auf europäischem Terrain angesichts des asiatischen Giganten China, der restriktiv-autokratische Politik mit einer vergleichsweise liberalen Wirtschaft verbindet. Peking ist mit diesem Modell erfolgreich, sofern man Erfolg ausschließlich nach wirtschafts- und geostrategischen Kriterien beurteilt und vor schweren Menschenrechtsverletzungen die Augen verschließt. Die beinahe einhelligen Prognosen seitens der westlichen Marktwirtschaften, dass dieser Ansatz zum Scheitern verurteilt sei, haben sich bisher nicht bewahrheitet. Washington sah sich während der Obama-Regentschaft gar gezwungen, das 21. Jahrhundert zu »Amerikas pazifischem Jahrhundert« auszurufen, um zumindest rhetorisch gegenzuhalten.

Ist die Demokratie also wirklich die einzig vernunftgebotene Option für das 21. Jahrhundert? In jedem Fall ist sie das geringste Übel, und schon deshalb unbedingt schützenswert. Ihr großer Wert ist immer noch, was James Surowiecki in seinem 2004 erschienenen Buch die »Weisheit der Vielen« genannt hat. Kollektives Wissen formt demnach Gesellschaften, Geschäftswelten und selbst ganze Nationen in einer Form, zu der Einzelne oder auch elitäre Kleingruppen nicht fähig sind. Gruppenentscheidungen sind Lösungsansätzen Einzelner oftmals (wenn auch nicht in jedem Fall) überlegen. Dies zumindest insofern, dass der Mehrheitswillen relativ gut abgebildet wird, selbst wenn der oder die Einzelne nicht zwingend ausreichend informiert sind. Wir neigen dazu, diesen wichtigen Punkt zu übersehen, weil wir nicht vom Prozess, sondern nur vom Ergebnis aus denken. Das Ergebnis des Mehrheitswillens kann aus unserer, unter Umständen sehr informierten, Warte durchaus mangelhaft sein. Sofort kommt einem eben Trumps Sieg oder auch die Brexit-Entscheidung der Briten in den Sinn, womöglich auch der jüngste Eurovision Song Contest (was versteht der Rest Europas schon von guter deutscher Musik?).

Doch sind es genau solche Überlegungen – oder auch nur die Tatsache, dass Menschen den Eindruck gewinnen, dass so gedacht wird –, die zum Wahlerfolg des Anti-Demokraten Trump beigetragen haben. Sein Sieg sollte uns eine Warnung vor den Gefahren derart elitärer Gedankenspiele sein, die das Fundament der Demokratie untergraben. Menschen brauchen die Möglichkeit, sich als Bürger zu artikulieren. Der Gang zur Urne ist nur eine Facette hiervon, wobei in der Wahrnehmung am Ende entscheidend ist, Herr/-in über die eigene Stimme zu sein. Am Wahltag jedes Mal aufs Neue frei abstimmen zu *können*. Kann ein Staat seinen Bürgern diesen Eindruck nicht vermitteln, wird es heikel: Die einen verweigern sich, die anderen machen ihre Stimme zu einer reinen Proteststimme gegen das Bestehende. Trotz aber fehlt jedes konstruktive Element.

Wahlen als bloßer Denkzettel, ein selbst-erklärter Anti-Politiker im höchsten politischen Amt, Bürger, die nach (!) dem Urnengang felsenfest überzeugt sind, Trump persönlich ins Amt gewählt zu haben: Was hat das mit der Weisheit der Vielen zu tun? Die Antwortet lautet: Diese Frage führt in die Irre. Meine Qualifikation als »guter« Staatbürger und also Wähler lässt sich nicht derart schematisch klassifizieren. Um den Blick vom Herbst 2016 auf den Herbst 2017 zu lenken: Ich kann vom Unterschied von Erst- und Zweitstimme bei der deutschen Bundestagswahl so wenig verstehen wie die meisten anderen Deutschen – und mir auf der Basis meiner Lebensklugheit dennoch ein respektables Leben aufgebaut haben. Ich kann nur eine leise Ahnung von den Details des Länderfinanzausgleichs haben – und im Privaten über ausgeglichene Finanzen verfügen. Und außerdem als Steuerzahler von Anfang an meinen Anteil zum Finanzausgleich geleistet haben. Kompetenzen dieser Art lassen sich nicht per Multiple Choice Test abfragen; Wissen besteht nicht ausschließlich aus politischer Informiertheit, schon gar nicht nach den willkürlich zusammengestellten Kriterien einer selbsterklärten Wissensjury.

Es mag manchem Beobachter schwerfallen, Menschen gegen ihre eigenen Interessen wählen zu sehen; am Ende gilt es dies in einer Demokratie aber auszuhalten. Und neue Methoden zu ersinnen, diese Menschen für den informierten Dialog (zurück-) zu gewinnen. Eine Gesellschaft, die nicht nur funktioniert, sondern lebendig und damit wandelbar ist, kann nur inklusiv sein. Wir haben es hierbei mit einem langwierigen und manchmal mühsamen, aber letztlich urdemokratischen Entscheidungsfindungsprozess zu tun. Der Wert deliberativer Demokratie liegt gerade darin, dass öffentliche Meinung nicht entschieden, sondern permanent neu ausgehandelt wird. Zum Wesenskern der Demokratie gehört nicht nur die Freiheit, eben beispielsweise in der Teilnahme am Wahlprozess und am öffentlichen Leben, sondern auch die Gleichheit. Ein von wenigen Privilegierten gesteuertes Ausschlussverfahren bedeutete Ungleichheit. Zudem ist es gefährlich, weil es die Ausgeschlossenen noch mehr gegen das System aufbringt. Entweder ziehen sich diese daraufhin zurück, wenden der Gemeinschaft den

Rücken zu und schwächen sie dadurch weiter. Oder – noch schlimmer – sie laufen zu den Feinden der Demokratie über, die den Vorschlaghammer an die tragenden Säulen unserer Gesellschaft ansetzen.

Eine Unterscheidung in Zugelassene und Nicht-Zugelassene kommt somit für die Demokratie generell und für die modernen Demokratien des 21. Jahrhunderts schon gar nicht infrage. Alles andere hieße, das Wesen der Demokratie zu konterkarieren und autoritären Phantasien den Weg zu ebnen. Umgekehrt bedeutet dies aber auch, die Schwächen des Bestehenden offen anzusehen und gründlich zu analysieren: Wie steht es um den Charakter der öffentlichen Debatte, wie sie über die Medien vermittelt und moderiert wird? Wie um die Funktionalität unserer politischen Institutionen? An mancher Stelle stehen grundsätzliche Justierungen an. Wir in Zentraleuropa haben das Glück, über die Demokratie in Amerika ungleich besser informiert zu sein als anders herum. Dieses Wissen sollten wir uns zunutze machen, um Fehler zu vermeiden, die andere vor uns begangen haben, und von dem zu profitieren, was sich anderswo bewährt hat. Es ist sicherlich keine gute Idee, die gleichen alten Stollen immer tiefer in den Berg zu treiben. Ein neuer Ansatz bedeutet mühsame Plackerei, der Stein der Jahrhunderte muss aufgeschlagen, neue Tunnel müssen gegraben werden. Doch in den alten Stollen drohen Gefahren, die wir schon zu lange nicht ernst genug nehmen. In den Kohlegruben West Virginias tragen die Kumpel bis heute einen Kanarienvogel im Käfig mit in die Erde hinunter. Sein Gesang begleitet sie bei der Arbeit. Verstummt der Vogel jedoch, sind alle gewarnt. Dann treten toxische Gase aus dem Gestein aus und es wird gefährlich. Es ist höchste Zeit, aus dem Tunnel heraus und an die frische Luft zu treten.

Wasserscheide

Alte und neue Medien, politische Institutionen, und die Demokratien des Westens

»This is an apple. Some people might try to tell you, that it's a banana.
They might scream banana, banana, banana!
You might even start to believe, it's a banana.
But it's not. This is an apple.«
– CNN Werbespot

Im Jahr 2015 steht für den *New Yorker* ein großer Umzug an. Die Redaktion des Magazins, bis dato am Times Square zu Hause verlegt ihren Stammsitz an die Südspitze Manhattans. Der *New Yorker* ist eine Institution. Auch die neue Adresse ist daher exklusiv: 1 World Trade Center, das höchste Gebäude der Stadt, erst ein Jahr zuvor fertiggestellt. Man bleibt hier gerne unter sich. Die Mieten für Geschäftsräume am Ground Zero wie zuvor am Times Square sind für Durchschnittsamerikaner unerschwinglich. Und auch den stolzen Preis von neun Dollar für eine schmale Zeitschrift voller Theaterkritiken, Galerieporträts und politischer Essays wollen oder können sich im heutigen Amerika längst nicht alle leisten.

Dennoch setzt der *New Yorker* 2018 immerhin eine knappe Million Exemplare alleine in den USA ab. Das heißt freilich umgekehrt, dass nur ein Bruchteil der 330 Millionen Amerikaner die Zeitschrift liest (oder überhaupt kennt). Folgt man den Worten des Gründers Harold Ross, so war der *New Yorker* allerdings schon damals, als er ihn 1925 aus der Taufe hob, »nicht für die alte Dame in Dubuque« gedacht. Dubuque ist eine Kleinstadt im ländlichen Osten Iowas, geografisch und gefühlt eintausend Meilen von der Ostküstenmetropole New York entfernt. Hier, am Westufer des Mississippi, gehen die Uhren anders als im Big Apple. Die Anzahl der *New Yor-*

ker Abonnenten dürfte überschaubar sein. Davon unbenommen kann Iowa für sich in Anspruch nehmen, Trump besser vorhergesehen zu haben als die journalistische Elite der Großstadt.

Traditionell werden hier im Herzen des Landes die ersten Vorwahlen der Parteien abgehalten. Bis auf drei Ausnahmen haben die Bewohner Iowas seit den 1960er-Jahren immer für den späteren Gewinner der Präsidentschaftswahl gestimmt. So hatte die sprichwörtliche alte Dame in Dubuque denn auch bei Trump 2016 ein Näschen. Und bekam in der Folge mehr Besuch von der Ostküste als je zuvor in ihrem Leben. So manche Forscherexpedition bricht im Frühjahr und Sommer 2017 ins Landesinnere auf, um dem Unerklärlichen auf die Spur zu kommen. Am Ende sind all die Reisen der Journalisten, Think Thanks und Politikberater nicht von Erfolg gekrönt. Sondern verkommen laut *The Atlantic* zu reinen »Safaris in Trumpland«: Begüterte Touristen von der Küste bestaunen die Einwohner im Landesinneren wie exotische Tiere, die ihnen letztlich nicht geheuer sind. Man bleibt sich fremd. Und trotz anfangs bester Absichten in herzlicher Abneigung verbunden. Man sei, so ein Bewohner im ebenfalls ländlichen Nachbarstaat Illinois, hier schließlich nicht in »Dumbassfuckistan«, wie die Besucher offenbar meinten.

Die Szene ist symptomatisch. Sie zeigt eines der Probleme auf, mit dem sich US-amerikanische Medien seit geraumer Zeit konfrontiert sehen: die Entfremdung von ihrem Publikum. Genauer: Die wachsende Distanz zwischen Sender und Empfänger. Die einen haben den Anspruch, landesweit ihre Leser-, Zuhörer- und Zuschauerschaft zu erreichen, die anderen reagieren nur mehr sehr spezifisch auf ganz bestimmte Senderquellen. Anderen trauen sie schlicht überhaupt nicht mehr. Entfremdung gründet auf Misstrauen, und sie geht einher mit einem massiven Glaubwürdigkeitsproblem: ein Teufelskreis. Doch ist dies nicht das einzige Problem. Vielmehr gesellen sich zu ihm drei weitere Probleme, die unmittelbar damit zusammenhängen. Erstens die teils kaschierte, immer häufiger aber offene und ungenierte Parteinahme einzelner Medienorgane. Dann die extreme Kommerzialisierung der Medien, die auf den Einfluss privater, gewinnorientierter Unternehmen zurückgeht.

Oder schlicht daher rührt, dass eine Vielzahl der Medien private, gewinnorientierte Unternehmen sind. Schließlich die uneingeschränkte und permanente Vermischung von Nachrichten und Unterhaltung, das sogenannte Infotainment. Alle vier Probleme sind mindestens in Teilen hausgemacht. Zusammengenommen addieren sie sich zu einem gravierenden Qualitätsmangel. Ernsthafte Konsequenzen für das Niveau der Berichterstattung bleiben nicht aus. Darunter leidet der Informationsgrad der Bevölkerung, wie wir sehen werden.

Selbstverständlich handelt es sich nicht um eine rein US-amerikanische Problematik. Auch die Medien anderer westlicher Industrienationen sind von jenen Problemen erfasst. Doch nimmt Amerika, die selbsterklärte Vorreiter-Nation, auch in dieser Hinsicht eine allerdings unrühmliche Paraderolle ein. In Deutschland, der Schweiz und anderen zentraleuropäischen Nationen schüttelt man nur den Kopf über das grelle Fox News, die Propagandaartikel auf Breitbart.com, die Verschwörungstheorien einer Laura Ingraham – oder? Tatsächlich sind die Grundlagen für solch merkwürdige Auswüchse der Medienwelt auch bei uns längst gelegt, man denke etwa an Plattformen wie *Tichys Einblick* oder die *Achse des Guten*. Doch wenn wir uns die vier Hauptprobleme der US-amerikanischen Medienlandschaft klarmachen, ist der Kurs hierzulande kein zwangsläufiger. Das Ruder lässt sich herumreißen.

Der Überlebenskampf der Altehrwürdigen

Anfang der 2000er-Jahre macht die *Washington Post* pro Jahr etwa 140 Millionen Dollar Gewinn. Die Zeitung ist in der Hauptstadt Pflichtlektüre, landesweit gibt sie zusammen mit der *New York Times* den Ton an. Die Chefredaktionen beider Zeitungen vereinen die Superstars ihrer Zunft, man hat exklusive Verbindungen ins Kapitol und Weiße Haus. Was die *Times* über Politik, über Wirtschaft, über die neueste Personalie in der Regierung schreibt, steht tags darauf in Lokalzeitungen im ganzen Land. Bei der *Post* arbeiten die Helden des investigativen Journalismus; vielen Menschen ist die goldene Ära der 1960er- und 70er-Jahre noch im Gedächtnis, damals, als die Printmedien sich einen Namen als kritischer und einflussreicher Gegenspieler zu den Mächtigen der Politik machten. In *Die Unbestechlichen* schlüpften Robert Redford und Dustin Hoffmann 1976 in die Rollen der Reporterlegenden Bob Woodward und Carl Bernstein. Der Film gewinnt vier Oscars und spielt das Zehnfache seiner Produktionskosten ein, weil Millionen Amerikaner ins Kino gehen, um Zeitungsjournalisten bei ihrer mühsamen Suche nach der Wahrheit zuzusehen.

Im Jahr 2009 macht die *Washington Post* über 150 Millionen Dollar Verlust. Die Finanzkrise trifft die Zeitung mit aller Wucht. Dies in einer Phase, als sie sich gezwungen sieht, ihre kostenpflichtige Druckversion um eine frei verfügbare Digitalversion im Netz zu ergänzen. Zu diesem Zeitpunkt lockt die *Huffington Post* schon seit vier Jahren mit kostenlosen Artikeln, Breitbart hat seine populistischen Fühler ausgestreckt. Das Kleinanzeigengeschäft, die bis dato wichtigste Einnahmequelle der *Washington Post,* bricht unaufhaltsam weg; Google und Facebook teilen sich die Beute auf. Zehn Jahre zuvor war an der Westküste Craigslist online gegangen und hatte sich in der Folge über das ganze Land verbreitet. In den Redaktionen der beiden Schlachtschiffe am anderen Ende des Landes sieht man düsteren Zeiten entgegen. Die Post reagiert schneller als die Times, es sind schmerzhafte Einschnitte: Alle inneramerikanischen Außenposten zwischen Ost- und Westküste werden geschlossen, viele Angestellte werden mit Abfindungen verabschiedet und noch häufiger einfach freigestellt. Landesweit halbiert sich innerhalb einer Dekade die Zahl festangestellter Journalisten, nur die Zunft der Bauern, Briefträger und Stromableser schrumpft in den USA noch schneller. Journalismus wird zum Risikoberuf, und das spricht sich herum. Bessere Chancen haben PR Spezialisten; tatsächlich kommen die Vermarkter von Inhalten bei den Zeitungen leichter unter als die Produzenten von Inhalten, und so gibt es heute sechs Mal so viele von ihnen (um die Jahrtausendwende war das Verhältnis noch 2:1).

Die radikalen Sparmaßnahmen, die zunehmend verzweifelten Versuche, die Verpackung zu verbessern: der Kampf scheint zu diesem Zeitpunkt aussichtslos. Wie wollen die Zeitungen in Sachen Aktualität gegen das Netz gewinnen? Auch in Deutschland oder der Schweiz kommt es selbst politisch interessierten Oberstufenschülern nicht mehr in den Sinn, eine Tageszeitung zu abonnieren. Man sucht sich das Originalvideo zum Skandal im Thüringer Landtag, zu Blochers jüngstem Interview bei YouTube, anstelle auf den nächsten Morgen zu warten. Erst in jüngster Zeit setzt sich in den Printredaktionen die Einsicht durch, dass das eigene Pfund in der informierten und reflektierten Einordnung von Geschehnissen liegt – ja, liegen muss. Die Lage bessert sich. Zur Wahrheit gehört aber auch, dass den Altehrwürdigen unter die Arme gegriffen wurde. Im Fall der Post durch den Amazon-Gründer Jeff Bezos, der die Zeitung 2013 kauft. Im Fall der Times durch den mexikanischen Milliardär Carlos Slim, der einen massiven Kredit gewährt (den die Times mittlerweile abgestottert hat). Auch der New Yorker und andere Polit-Magazine wie The Atlantic und Mother Jones sind auf dem Weg der Genesung. Sie setzen auf Abonnenten, die ihre Lektüre teils zu einem Drittel des Kioskpreises beziehen – ein Erfolgsmodell, das bis heute nicht in Deutschland angekommen ist.

Es hätte nicht so weit kommen müssen. Schon vor langer Zeit hatte sich im Printjournalismus eine gewisse Betriebsblindheit, gepaart mit der Überzeugung von der eigenen Reputation, breitgemacht. Insofern hat man erheblichen Anteil an der eigenen Misere. Als die Reporter der *Post* im Frühjahr 2017 auf die Dörfer und in die Kleinstädte der Rostgürtel-Staaten fahren, wo sich die Wahl entschieden hat, ist dies oftmals das erste Mal. Zuvor war ihnen der Weg aus Washington zu weit und einfach nicht lohnenswert erschienen. Bezeichnend das Cover der ersten *New Yorker* Ausgabe nach der Wahl im November 2016, ein Schrei des Entsetzens: »Oh Gott, bitte nicht! Nur das nicht! Im Ernst?!« Man kann einen solchen Standpunkt durchaus einnehmen. Viele Trumpianer brauchen – anders als Waylon und Betty – keinen anderen Grund für ihre Stimme, als den, es

»denen in D. C.« heimzuzahlen. Sie sind schlecht informiert, wollen nichts Genaueres wissen und mit Trump einfach jemanden, der als Zerstörer des Bestehenden agiert. Dennoch wollen diese Menschen nicht als Bewohner von Dumbassfuckistan abgestempelt werden. Der Eindruck, die informierte Elite rümpfe die Nase über sie, heizt die ebendieser Elite entgegengebrachten Vorbehalte nur noch weiter an. Damit wächst die Entfremdung. Und sinkt die Neigung, sich in einem seriösen – aber kostenpflichtigen, anspruchsvollen, zeitaufwändigen – Medium über den Lauf der Welt zu informieren. Ein Medium, das ohnehin ein ernsthaftes Glaubwürdigkeitsproblem bei diesem Teil der Bevölkerung hat.

Doch auch in der Breite der Bevölkerung stehen die »Altehrwürdigen« nicht gut da. Eine Gallup-Knight-Foundation-Umfrage von 2017 fördert zutage, dass im Verlauf der letzten Dekade sieben von zehn Amerikanern an Vertrauen in die Medien verloren haben; unter registrierten Republikanern sind es neun von zehn. Jeder sechste Amerikaner empfindet es als zunehmend schwierig, überhaupt informiert zu bleiben. Dabei verlassen sich nur Menschen im Pensionsalter noch mehrheitlich auf Zeitungen, von den anderen hat sich eine Großzahl bereits vom Printjournalismus verabschiedet. Oft verbunden mit dem Vorwurf, die Zeitungen nähmen keine klare Trennung von Bericht und Meinung mehr vor. Gänzlich außerhalb der Skala solcher Umfragen bewegt sich eine wachsende Anzahl an »inattentive skeptics«. Diese Menschen schauen pauschal skeptisch auf die Medien und wollen im Grunde nichts mehr mit deren Welt zu tun haben.

Tragischerweise waren einige dieser Skeptiker bis vor kurzem noch sehr medial Interessierte. Jahrzehntelang treue Abonnenten der *New York Times* oder des *New Yorker,* waren sie zuletzt nicht bereit, den »Stilwechsel« des Journalismus im 21. Jahrhundert mitzugehen. So drückt es eine ältere Dame aus, mit der ich im Café Lalo auf der Upper West Side im Frühjahr 2020 ins Gespräch komme. Sie trägt ein T-Shirt mit dem Schriftzug *Impolite Arrogant Women Make History,* erweist sich jedoch als sehr höflich und keinesfalls arrogant. Am Vorabend hat sie eine Wahlparty für Elizabeth Warren organisiert, »um ihr die Daumen zu drücken und in Ruhe über Politik zu reden«. Unsentimental gibt sie mir zu verstehen, dass die halsbrecherische Taktung der News ein Phänomen unserer Zeit sei, damit müsse auch ihre Generation zurechtkommen. Etwas ganz anderes aber sei es, dass die *Times* jüngst einen anonymen Meinungsartikel eines ranghohen Beamten der Trump-Regierung veröffentlicht habe. Mit einem online veröffentlichten Stück des *New Yorker* über die »Jugendsünden« Brett Kavanaughs könne sie ebenfalls nicht viel anfangen. Kavanaugh sei als Oberster Richter denkbar ungeeignet, menschlich gar eine Katastrophe, ein solcher Artikel über dessen Zeit als Yale-Student aber einfach »schlechter Stil«.

Texte ohne Autorenangabe, marktschreierische Porträts: Um mit der Konkurrenz unserer Zeit mitzuhalten, weichen die Schlachtschiffe des US-Journalismus Standards auf, die ihnen bisher den Kern ihrer Anhängerschaft gesichert haben. Ein schwerwiegender doppelter Fehler: So gewinnen sie keine neuen Leser hinzu, während sie alte Leser vergraulen. Denn wer Nervenkitzel will, findet davon mehr bei BuzzFeed, beim Drudge Report und der HuffPost. Wer gewissenhafte Recherche, Transparenz und Informationen aus erster Hand sucht, wird heimatlos. In jüngster Zeit haben *Times* wie *Post* die Gefahr erkannt, die ihnen endgültig zum Verhängnis hätte werden können – und bemerkenswert schnell dagegen gesteuert. »Nachrichtenpapier« (englisch *newspaper)* nimmt fortan ebenso digitale wie analoge Form an. Mit Erfolg: Die *Times* verzeichnet mehr Leser/-innen denn je. Die Planungssicherheit der alten Zeit ist jedoch dahin.

Die Krise der Altehrwürdigen ist bei Licht betrachtet eine Chronik verpasster Gelegenheiten und kostspieliger Fehlentscheidungen. Schon Anfang der 90er-Jahre hatten Mitarbeiter der *Post* dazu geraten, bei der sich abzeichnenden Entwicklung des Internets dabei zu sein und eine elektronische Variante der Zeitung zu konzipieren. Der Vorstoß verlief im Sande. Dann die Großchance beinahe anderthalb Jahrzehnte später: Die *Post* lässt 2005 die Möglichkeit verstreichen, mit einem 10 Prozent-Investment bei Facebook (das sich im ersten Jahr befindet) einzusteigen. Mit den Gewinnen aus dieser

Beteiligung wäre die Zeitung schon heute für das komplette 21. Jahrhundert abgesichert. Die *Times* entscheidet sich ähnlich kurzsichtig dagegen, bei Google Anteilseigner zu werden. Währenddessen lehnt die *Post* das Anliegen ihrer Starreporter John F. Harris und Jim VandeHei ab, einen Website-Ableger aufzuziehen; die beiden verlassen daraufhin die Zeitung und gründen 2007 Politico.

Trotz des Aufschwungs in letzter Zeit stehen die großen Traditionszeitungen der USA also auf ziemlich wackeligen Füßen. Doch haben sie ihren Weg ins 21. Jahrhundert, wenn auch verspätet, entschlossen angetreten. Die *Post* ist selbstbewusst genug, alle ihre Artikel online hinter einer Paywall zu verstecken; bei der *Times* ist nach einer Handvoll Gratislektüre Schluss. Über das letzte halbe Jahrhundert haben 500 Tageszeitungen in den USA ihr Geschäft eingestellt, alle übrigen ihren Umfang reduziert, Korrespondenten gekündigt, die Printversion abgeschafft, oder alles zusammen. Dennoch wird viele bald ihr Ende ereilen. Die Altehrwürdigen bestehen weiter, doch bleibt es ein Kampf ums Überleben. Ihre Suche nach der Wahrheit ist so mühsam wie eh und je, doch interessiert sich kaum noch jemand dafür. 2010 kommt *The Social Network* ins Kino. Der Film erzählt die Entstehungsgeschichte von Facebook. Auch er gewinnt drei Oscars wie *Die Unbestechlichen* dreieinhalb Jahrzehnte zuvor. Dieses Mal geht es nicht darum, einen Polit-Skandal aufzudecken. Sondern um einen nerdigen Harvard-Studenten, der im Jahr 2003 FaceMash programmiert, ein »hot or not« Spiel, in dem Studenten die Attraktivität ihrer Kommilitoninnen bewerten. Es geht um Meinung, nicht um Fakten. Fünfzehn Jahre später ist Mark Zuckerberg einer der zehn reichsten Menschen der Welt.

Von wegen ausgewogen: Talk Radio

Die beste Art und Weise, Amerika kennenzulernen, ist noch immer per Auto. Die Fahrt im Mietwagen erschließt viele Facetten des riesigen Landes. Darunter sind auch schmerzhafte, wie ich im Verlauf eines Selbstexperiments in West Virginia erfahren musste. Bei der Durchquerung des Bundesstaats auf dem Rückweg nach Washington bewegte ich mich durchgehend im Sendebereich von Radio WRNR, dem Platzhirsch in Sachen Talk Radio im Staat. WRNR sendet keine Musik. Stattdessen wird durchgehend geredet, auch die Werbeblöcke werden vom Moderator eingesprochen. Man parliert über Gott und die Welt (das ist wörtlich zu nehmen), und gerne und leidenschaftlich über Politik. Genauer: *gegen* Politik und diejenigen, die sie machen. So hält es auch Pat McAfee, DJ bei WRNR mit eigener Sendung und ehemaliger NFL-Profi. McAfee erklärt offen, »null Filter« zu haben. Er spricht zum »ganz normalen Amerikaner« (»the average Joe«), und das ziemlich erfolgreich. Viele Menschen in West Virginia und im angrenzenden Pennsylvania hören McAfee und seinen Kollegen stundenlang am Tag zu. Mir schmerzten nach über 90 Minuten die Ohren, doch hatte sich die Tortur gelohnt. Denn spätestens jetzt ist klar: Das Problem der Entfremdung von Sender und Empfänger bezieht sich in Amerika nur auf ganz bestimmte Medien. Die Altehrwürdigen des Printjournalismus haben schwer damit zu kämpfen, die Talk Radios nicht. Es lässt sich sagen: Das Vertrauen der Bevölkerung in die Medien ist einerseits ziemlich gestört, andererseits felsenfest.

Was paradox klingt, hängt ursprünglich mit der US-amerikanischen Spezialität Talk Radio zusammen, die hingegen in Zentraleuropa nie Fuß gefasst hat. Später breitet sich das Phänomen auch im TV aus; nicht von ungefähr kommen über die Jahre sämtliche Zugpferde bei Fox News vom Radio. Bill O'Reilly, Sean Hannity, Laura Ingraham: Sie haben als Radiomoderatoren angefangen, die ihr Publikum treffend einschätzen können. Volksnähe ist hier schon immer Trumpf. Pat McAfee kennt West Virginia wie seine Westentasche. Er weiß, welche Brücken marode, welche Schulen sanierungsbedürftig sind. Und dass dem angeblich so ist, weil die »edelgesinnten« Liberalen über ihren hochfliegenden Idealen die hart arbeitenden Amerikaner vergessen haben, wie er es ausdrückt. Man ist sich einig, Entfremdung ist hier nicht das Thema. Dafür hemmungslose politische Parteinahme. Talk Radio ist zu 90 Prozent erzkonservativ. Das eigentliche Problem liegt jedoch darin, dass subjektive Meinung als politische Einschätzung verkauft wird. Desinformation bis hin zur Diffamierung bekommt den Anstrich überzeugter Stellungnahme. Die Logik dahinter: Provokante Statements und Krawall binden Hörerschaft, und Krawall verträgt sich nicht mit einer differenzierten Beurteilung der Lage. Die Folge ist im besten Fall Unausgewogenheit, häufiger jedoch populistische Verzerrung einer komplexen Wirklichkeit. Die Lebensrealität der Menschen wird auf griffige Parolen reduziert, was dazu führt, dass deren Wahrnehmung verflacht. Wer täglich sechs Stunden WRNR hört, hat wenig Zeit und Lust, sich mit dem jüngst aus der Hauptstadt zugezogenen Nachbarn auseinanderzusetzen, der womöglich Washington nicht als Sündenpfuhl und Hillary nicht als wandelnde Katastrophe ansieht. Die Welt zerfällt in Teile; ihre Parzellierung wird in der täglichen Wiederholung zementiert. Das Gespräch zwischen den Lagern reißt ab.

McAfee, der DJ von Radio WRNR, ist ein großer Fan von Ronald Reagan. Das hat weniger mit dessen Hollywood-Karriere zu tun (damals durchaus ein Grund für viele Amerikaner, den Great Communicator zu wählen), sondern mit einer Entscheidung Reagans aus dem Jahr 1987. Damals schaffte die Regierung die Fairness Doctrine ab, das Gesetz zu ausgewogener Berichterstattung. Vierzig Jahre lang sollte so zuvor garantiert werden, dass über kontroverse Themen von öffentlichem Interesse in ausgewogener Art und Weise berichtet wird. Für die Kabelnetze hatte die Doktrin nie gegolten, weil diese privat finanziert und betrieben werden. Dennoch galt sie als Leitlinie, die allzu großen Exzessen entgegenstand. Ihre Abschaffung und der Aufbau des Medienimperiums Fox durch den australischen Tycoon Rupert Murdoch fallen zusammen, was sicherlich kein Zufall ist. Begründet hatte die Reagan-Regierung ihren Schritt mit dem zweifelhaften Argument, dass die forcierte Ausgewogenheit in einem riesigen Land voller Medien die öffentliche Debatte eher behindere als ihr helfe. Schließlich könne man sich immer auch über die Gegenseite und deren Meinung zu einer Sache informieren. Sollte dies die aufrichtige Motivation für die

Gesetzesänderung gewesen sein, handelt es sich um eine krasse Fehleinschätzung.

Die Folgen sind weitere dreißig Jahre später offensichtlich: Wer Fox sieht, meidet MSNBC. Wer sich von *Savage Nation* die Welt erklären lässt, kann in aller Regel deren liberales Gegenstück *Thom Hartmann* nicht ausstehen, und umgekehrt. Wer WRNR und andere Lokalsender konsumiert, verzichtet oftmals komplett auf landesweite Medienorgane, gleich ob es sich um den öffentlichen Radiosender NPR, PBS Fernsehen oder die *New York Times* handelt. Doch kann niemand den eigenen Horizont erweitern, ohne sich anderen Sichtweisen auszusetzen. Der kritische Diskurs versiegt, und das schlägt sich drastisch in Umfragen nieder, so etwa in einer Untersuchung des Pew Research Center vom Sommer 2018. Demnach können US-Bürger kaum mehr zwischen einem Tatsachenbericht und einem Meinungsstück unterscheiden, das schlicht die Überzeugungen und Werte desjenigen ausdrückt, der es verfasst hat. Die Trefferquote der Befragten ist nicht viel besser als im Lotto. Hinzu kommt, dass Konservative wie Liberale dazu neigen, das für »wahr« zu halten, was ihnen politisch zusagt. Es ist Fakt, dass »Immigranten, die sich illegal in den USA aufhalten, dennoch einige Rechte durch die Verfassung garantiert« sind. Konfrontiert mit dieser Aussage, erkannte nur die Hälfte, dass es sich nicht um die Meinung des Pew Research Mitarbeiters handelte. »Die Regierung ist fast immer verschwenderisch und ineffizient«; diese Meinungsaussage hielten immerhin fast ein Drittel für eine Tatsachenbeschreibung.

Es wäre zu einfach und damit ganz im Stil des Talk Radios, diesem für solch schockierende Erkenntnisse die alleinige Verantwortung zuzuordnen. Pew Research bemerkt an anderer Stelle, dass noch zu Beginn der 1960er-Jahre neun von zehn Artikeln der *Times* zu den Präsidentschaftswahlen als »deskriptiv« gelten konnten. Mitte der 70er-Jahre war bereits mehr als die Hälfte »interpretativ«, also wertend entlang bestimmter Überzeugungen. Tatsächlich ist es heute in den USA gang und gäbe, dass sich die großen Zeitungen bei den Wahlen für bestimmte Kandidaten aussprechen. Mit einem Text des Editorial Board entscheidet sich die *New York Times* im

Wahlkampf 2016 für Hillary (»aus Respekt vor ihrem Intellekt, ihrer Erfahrung und ihrem Mut«). Die *Washington Post* zieht wenig später nach und gibt dann auch explizite Empfehlungen für Kongresskandidaten ab. Das ist ebenso legitim wie legal. Aber es bestärkt den Eindruck einer zunehmend medienskeptischen Bevölkerung, zu »Stimmvieh« degradiert zu werden. Die *Times* registriert dies – und erklärt Anfang 2020 ihre Unterstützung für die Senatorinnen Elizabeth Warren und Amy Klobuchar; der Bruch mit der Konvention, so die Zeitung, bestehe darin, dass man sich dieses Mal für *zwei* Personen ausspreche. Dennoch achtet die *Times* im Einklang mit journalistischen Standards auf Ausgewogenheit in der Berichterstattung, auch wenn der derzeitige Präsident anderes behauptet. Interessenskonflikte bestehen, werden aber kommuniziert, etwa wenn sich Starkolumnist Thomas Friedman für Michael Bloomberg stark macht. Prompt folgt als Fußnote: Bloomberg unterstützt mit viel Geld ein Museumsprojekt von Friedmans Gattin. Diesem Pressevertreter ist die rote Linie bewusst.

Allzu häufig ist jedoch genau dies nicht mehr der Fall. Dann machen sich die Medien zum Megafon der Politik. Diese Rolle ist das Gegenteil ihres ursprünglichen Auftrags, nämlich der watch dog des Politikbetriebs zu sein. Den Wachhund zu geben, das heißt kritischer Beobachter, gewissenhafter Faktenchecker, hartnäckig Recherchierender zu sein. Stattdessen gibt man das Sprachrohr, im Amerikanischen mouthpiece genannt, was der Sache näherkommt als der deutsche Begriff. Als Mundstück der Macht degradieren sich manche Medienschaffende zu bloßen Verstärkern bestimmter Botschaften. Der ARD-Journalist Klaus Scherer, fünf Jahre lang USA-Korrespondent, benennt selbstkritisch die Dynamik seiner Branche: Oftmals verführe der »selbstauferlegte Mechanismus, immer etwas Neues zu bringen«, geradezu dazu, den Äußerungen Trumps nachzugehen. Schon bei dessen Vorgänger wurde viel personalisiert, dramatisiert, der »Kurvenverlauf« eines politischen Lebens überzeichnet. Obama, der »Wunderheiler, der übers Wasser laufen kann«, dann »der Gescheiterte, die Enttäuschung und Ernüchterung, obwohl er faktisch viel erreicht hat«. Immer gehe es um »einfach eine gute Geschichte, die sich gut erzählt«. Dieser Mechanismus relativiere die Erwartung an Berichterstattung, »die eigentlich nicht trendy sein sollte, sondern angemessen und sachgerecht«. Derartige Reflektion über das eigene Tun sucht man in weiten Teilen der US-Medienlandschaft heute vergeblich. Nicht überall sind die Auswüchse so extrem wie in den beiden nachfolgenden Fällen, die – dieses Argument kann man heute noch machen – so nur in Amerika entstehen konnten. Das muss allerdings nicht so bleiben.

Fox News: Trump TV

Ein Nachrichtensender bezieht ein Gutteil seiner Reputation aus seinen Verbindungen zur Macht: Wer aus den Regierungskreisen stellt sich zum Gespräch? Wie oft gibt es Exklusiv-Statements? In den ersten drei Jahren seiner Amtszeit hat Trump Fox News beinahe fünfzig Interviews gegeben. Der Starmoderator des Senders, Sean Hannity, hatte den Präsidenten alleine zehn Mal vor dem Mikrofon, ebenso oft wie die anderen drei großen Fernsehsender Amerikas zusammen. CNN geht bisher leer aus. Das Weiße Haus und Fox hingegen kooperieren derart eng, dass es schwierig sein kann, nachzuvollziehen, von wem bei einem bestimmten Thema der Impuls ausgeht, und wer diesen aufgreift. Besonders deutlich wurde diese Verflechtung während des Impeachment-Verfahrens gegen Trump. Doch schon seit dessen Amtsantritt verarbeitet Fox News täglich die (oftmals wenig) präsidialen Tweets. Trump, lange vor seiner politischen Karriere Dauergast bei Fox, revanchiert sich. Er verbreitet regelmäßig Fox-Tweets oder wahlweise auch Kommentare von Fox-Zuschauern weiter, als seien deren Sehgewohnheiten ein Qualitätsausweis.

Jedwede Tätigkeit bei Fox ist für den Präsidenten offenbar eine Jobempfehlung. Routiniert wechseln Moderatoren des Senders in hochrangige Regierungsposten bzw. – und für die Öffentlichkeit besser sichtbar – Mitglieder aus Trumps engstem Kreis zum Sender. Trumps ehemalige Pressesprecherin Sarah Sanders ist als Expertin bei »Fox & Friends« gefragt; Bill Shine, ehemals Vizepräsident bei Fox, mittlerweile stellvertretender *Chief of Staff* (vergleichbar dem deutschen Kanzleramtsminister) im Weißen Haus und außerdem für die Öffentlichkeitsarbeit zuständig. Seine Vorgängerin, Hope Hicks, hat nun den PR-Chefposten bei 21st Century Fox inne. Sean Hannity erzählt seinen Zuschauern gerne, dass er praktisch täglich mit dem Präsidenten telefoniert. Sein Kollege Lou Dobbs wurde bereits mehrfach per Telefon Regierungssitzungen zugeschaltet, um seine Einschätzung zu geben. Wenn man sich vor Augen führt, dass der Präsident bis zu 60 Prozent seiner Zeit im Weißen Haus mit »executive time« verbringt, was schlicht heißt, dass er diese terminfreie Zeit zur freien Verfügung hat und stundenlang fernsieht, erscheint einem die Einschätzung der Politikwissenschaftlerin Nicole Hemmer von der University of Virginia angemessen: Fox sei faktisch »Staatsfernsehen«. Vor allem aber ist die Verbindung ein lukratives Geschäftsmodell. Der Sender hat landesweit die meisten Zuschauer und geschätzte jährliche Einnahmen von 2.7 Milliarden Dollar. Aus Sicht Trumps ist er ein gigantischer kostenfreier Lautsprecher, der seine Basis auf dem Laufenden und die Republikanische Partei bei der Stange hält. Außerdem ist Fox quasi das Thermometer der Bevölkerung. An den Einschaltquoten und Zuschauerkommentaren (inklusive derer, die live zugeschaltet werden) lässt sich die »Betriebstemperatur« der Nation ablesen – und falls nötig kräftig anheizen.

Letztlich sind die Telefonate des Präsidenten, die nicht live im Fernsehen übertragen werden, wichtiger als seine – teils spontanen – Anrufe im Abendprogramm. Hinter den Kulissen tauscht sich Trump mit dem Gründer von 21st Century Fox, Rupert Murdoch, aus. Dann besprechen zwei Milliardäre das Geschäft der Macht. Die beiden verstehen sich: Beide sind Erben eines Familienimperiums, beide fühlten sich von den Eliten der Gesellschaft nie akzeptiert (Trump leidet bis heute daran, dass die New Yorker High Society ihn schmäht). Beiden geht es um Einfluss *per se,* ihr Eigeninteresse ist die einzige ideologische Konstante. Und beide wissen das Ressentiment der Bevölkerung gegen »die da oben« für ihre Zwecke zu nutzen.

Es ist eine win-win Situation. Trump wie Murdoch würden diese ohne zu zögern auflösen, sollte sie sich nicht mehr rechnen, doch das Gegenteil ist der Fall. Dem australischen Medienmogul ist es gelungen, mit Fox eine geradezu religiöse Anhängerschaft zu gewinnen. Murdoch ist klar, dass er die liberalen Hochburgen San Franciscos und der Upper West Side New Yorks nie für sich einnehmen wird. Doch darum geht es ihm nicht. Der harte Kern genügt, und dieser Kern – praktisch deckungsgleich mit der Trump-Basis – wird Tag für Tag verfestigt. In diesem Sinne sind weder Murdoch noch Trump »echte« Konservative. Vielmehr sind beide Nutznießer der Unzufriedenen, deren Frust, Wut und Ängste über ein sich veränderndes Land sie in eine Form gegossen haben: unter der Woche im Abendprogramm von Fox, am Wochenende auf den Massenkundgebungen Trumps. An dieser Gussform arbeiten beide schon viel länger, als es den Anschein haben mag. Trump liebäugelte jahrelang mit einer Kandidatur, bis der richtige Zeitpunkt für ihn gekommen war. Murdoch sagte dem *New Yorker* 1995 in einem Interview, die schlichte Wahrheit sei, »und wir Amerikaner geben das nicht gerne zu: autoritäre Gesellschaften können funktionieren«.

Die Sinclair Broadcast Group: Ein Riese, als Zwerg verkleidet

Eine der einflussreichsten Persönlichkeiten Amerikas ist den allermeisten Amerikanern völlig unbekannt. David D. Smith, dessen Äußeres so unscheinbar ist wie sein Name, ist Vorstandsvorsitzender der Sinclair Broadcast Group. Dem Unternehmen gehören knapp 200 Fernsehstationen im ganzen Land, jeden Tag kommen neue

hinzu. Sinclair hat im Verlauf der letzten Jahrzehnte sein Geschäftsmodell perfektioniert: Kleine und mittelgroße Sender werden systematisch aufgekauft und mit den Namen von Briefkastenfirmen versehen. Das Unternehmen an der Spitze zieht die Fäden, die einzelnen
Sender erscheinen für den Kunden jedoch als unabhängige Ein-
heiten. Es kommt vor, dass sich innerhalb einzelner Staaten bis zu
einem halben Dutzend Sinclair-Stationen finden. Nichts wird dem
Zufall überlassen. So waren im Jahr 2016 auffallend viele Ableger in
den wahlentscheidenden Staaten Florida, Pennsylvania und Ohio
vertreten. In Michigan bot Sinclair mindestens fünf Sender auf, die
aus Sicht der Zuschauer zueinander in Konkurrenz standen, was das
Vertrauen in ihre Berichterstattung erhöht – schließlich schienen sie
sich gegenseitig zu kontrollieren. Tatsächlich berichtete für alle fünf
Sender derselbe Reporter über die Präsidentschaftswahl. Der republikanische Spitzenkandidat Donald Trump, sein späterer Vize Mike
Pence und andere Größen der GOP gewährten ihm wiederholt Ex-
klusivinterviews.

Auf dem einen oder anderen Weg erreicht Sinclair somit beinahe 40 Prozent aller amerikanischen Zuschauer. Das sind Werte,
die sogar Rupert Murdoch erblassen lassen. Fox News kommt zur
Hauptsendezeit auf ein Publikum von ca. 2.5 Millionen. Doch
zwanzig Millionen US-Haushalte haben kein Kabel und verlassen
sich daher komplett auf lokale Sender. Terrestrisches Fernsehen,
dem der Geruch des 20. Jahrhunderts anhaftet, ist auch im 21. Jahrhundert für Sinclair eine höchst einträgliche Geschäftsgrundlage.
Und eine Bank, was das Vertrauen der Zuschauer in die Aus-
strahlungen angeht. Laut Pew Research verlassen sich 76 Prozent
der Bevölkerung auf das, was lokale Sender postulieren (womit sie
statistisch dem Fernsehen mehr vertrauen als ihrer Familie). Ein gewaltiger Wert, wenn man sich klarmacht, in welchem Ausmaß national operierende Medien wie CNN oder NPR mit Glaubwürdig-
keitsproblemen zu kämpfen haben.

David Smith ist ein glühender Anhänger Trumps. Die Parallelen
sind nicht schwer zu finden. Smith schert sich nicht um das, was er

abfällig politische Korrektheit nennt. Er misstraut Washington und plädiert, je nach Tagesform und Geschäftszahlen seines Unternehmens, für eine Beschränkung bzw. vollständige Abschaffung des Staates. Steuern sind des Teufels. Damit teilt Smith seine Weltanschauung mit dem Präsidenten des Staates und dem Präsidenten des »Staatsfernsehens«, doch während Rupert Murdoch zur Konkurrenz zählt, darf Smith auf Donald Trump zählen – jedenfalls meistens. Als Sinclair im Sommer 2017 mit der Tribune Media Company fusionieren und damit zur größten Medienanstalt der USA aufsteigen will, schrillen bei den Kartellwächtern die Alarmglocken. Die Verhandlungen ziehen sich hin; Trump spricht sich noch im Sommer 2018 offen für das Vorhaben aus, zuvor nennt er die Verzögerung »so traurig und unfair«. Am Ende platzt der Deal doch, was Smith nicht davon abhält, neue Geschäfte ins Auge zu fassen. Ein Jahr später kauft Sinclair den Kabelsenderverbund Fox Sports Networks von Disney. Anfang des Wahljahres zeichnet sich ein weiterer äußerst lukrativer Deal ab. Sinclairs geschäftsführender Präsident Chris Ripley verkündet unverhohlen, dass sein Unternehmen einen möglichst hohen Gewinn über Wahlwerbung einstreichen wolle, die 2020 »in einem womöglich noch nie dagewesenen Ausmaß« von den Kampagnen finanziert werde.

Fox News und die Sinclair Broadcast Group – auf unterschiedliche Art haben sie die verantwortliche Rolle der Medien als kontrollierende Instanz der Politik pervertiert, ja faktisch in ihr Gegenteil verkehrt. Zumindest solange der aktuelle Präsident im Amt ist, fahren sie damit gut. Zudem sie schwerlich übersehen können, wie es denen ergeht, die sich nicht zum Megafon des Weißen Hauses schrumpfen lassen wollen. Trump belässt es beileibe nicht bei seinen Twittertiraden. Vielmehr unternimmt die Administration alles, kritische Stimmen aus dem Spiel zu nehmen. Der Präsident erklärte schon in seiner allerersten Pressekonferenz CNN und Buzzfeed den Krieg; Fragen durch deren anwesende Reporter wurden erst gar nicht zugelassen. Seitdem werden beide Medienorgane, die *New York Times* und andere regelmäßig als Fake News verunglimpft, was fatal an

»Lügenpresse« erinnert. Beim Versuch, Kritiker in ihrer Glaubwürdigkeit herabzusetzen, kennt Trump keine Grenzen. So vergleicht er die mediale Berichterstattung in den USA mehrfach mit
Nazi-Deutschland. Die Lügenpresse, die zum Schuss auf ihn an-
setzt: Die geschmacklose Selbststilisierung als Opfer ist das eine,
doch gibt Trump mit solchen Aussagen auch rechten Verschwörungstheorien Raum. Schließlich kommt die Anschuldigung vom höchsten Mann im Staat. Der die Medien »den Feind des amerikanischen
Volkes« nennt und laut darüber nachsinnt, NBC und anderen
Sendestationen die Lizenz zu entziehen, nachdem sie kritisch über
ihn berichtet haben.

Andere Überlegungen gehen dahin, Amazon-Chef Jeff Bezos
mit kartellrechtlichen Klagen zu überziehen, bis dieser seiner Zeitung, der *Washington Post,* einen Maulkorb verpasst. Es geht noch
direkter: Trumps mittlerweile geschasster Chefstratege Stephen
Bannon, ein beinharter Ideologe, sagte Pressevertretern während
seiner Zeit im Weißen Haus mehrfach, sie sollten einfach »den
Mund halten und zuhören«. Schließlich eine für Trumps Verhältnisse geradezu subtile Variante: die wiederholt vorgetragene Absicht,
den Öffentlich-Rechtlichen nach und nach das Wasser abzugraben.
Zusammen mit dem National Endowment for the Humanities (zur
Förderung der Geisteswissenschaften) und dem National Endowment for the Arts (zur Förderung von Kunst und Kultur) be-
ansprucht die Corporation for Public Broadcasting ca. 750 Millionen Dollar pro Jahr. Das entspricht 0.1 Prozent des Gesamtbudgets.
Mit anderen Worten: Der Grund für eine Kürzung der Finanzen
liegt sicherlich nicht darin, dass die Mittel fehlen.

Big Business: Nachrichten als Geschäft

Angesichts des schockierenden Vorgehens der Trump-Regierung
kann man den Eindruck bekommen, die US-Medienlandschaft
hätte nur mit Restriktionen von rechts zu kämpfen. Doch weit ge-

fehlt. Ein anderer steinreicher Privatunternehmer mit politischen Ambitionen hat ebenfalls wenig Hemmungen. Michael Bloomberg, hauptberuflich Medienmogul und ab Ende 2019 für einige Monate im Präsidentschaftsrennen der Demokraten, gibt seiner Nachrichtenagentur Bloomberg News eine klare Linie vor. Chefredakteur John Micklethwait weist in einem Memo die 2700 Journalisten des globalen Unternehmens an, keine investigativen Recherchen zu Bloomberg zu betreiben, solange dieser in der Politik aktiv ist; die Leitartikel-Redaktion wird auf Eis gelegt. Man verhält sich deklaratorisch zumindest fair den anderen Demokraten gegenüber, weil auch zu ihnen nicht recherchiert wird, dennoch ist Bloombergs Ansage in Sachen Pressefreiheit ein Unding. Man fühlt sich an Berlusconis Italien erinnert. Schon Ende 2018 gibt Bloomberg ganz offen zu Protokoll, er wolle nicht, dass die Reporter, die er bezahle, schlecht über ihn schrieben.

Bloomberg, lange Jahre Bürgermeister von New York, ist laut Forbes-Rangliste von 2019 der neuntreichste Mensch der Welt. Sein Medienimperium weist weltweit über 19 000 Beschäftigte auf und ist in 120 Ländern vertreten. Schon für die kurze Zeit von Bloombergs Stippvisite in der Politik war die faktische Verschmelzung von erster und vierter Gewalt in seiner Person problematisch. Nicht weniger problematisch ist die enge Verflechtung seines Medienunternehmens mit der Wirtschaft. Die Wall Street hängt von den Informationen von Bloomberg TV derart ab, dass selbst manche Händler den Sender das »Gehirn der Wall Street« nennen.

An diesem Beispiel wird das dritte Problem US-amerikanischer Medien offenkundig: Die weitreichende Kommerzialisierung, die auf den Einfluss privater Unternehmen zurückgeht, die mit Nachrichten Geschäfte machen. Nicht immer ist dies so offensichtlich wie im Fall von Bloomberg News, oder bei MSNBC. Letzterer Sender gilt vielen seiner Anhänger als linksliberales Gegengift zu Fox News. Das ist in ideologischer Hinsicht wohl zutreffend, und die bekanntesten Gesichter bei MSNBC wie Rachel Maddow und Chris Matthews liegen tatsächlich im Dauerclinch mit ihren Gegenspielern bei Fox. MSNBC hat jedoch ein ähnlich gelagertes Problem, was die Konzernstruktur angeht: Es trägt den Computerriesen Microsoft (MS) schon im Namen, und damit die Geschäftsinteressen eines börsennotierten Giganten in den Genen. Erschwerend kommt hinzu, dass Microsoft als Konglomerat mit zahlreichen Tochtergesellschaften in alle möglichen gesellschaftlichen wie medienpolitischen Bereiche ausgreift, also auch dort involviert ist, wo man es nicht auf den ersten Blick erkennt. Immerhin kann man argumentieren, dass anhand des Namens MSNBC interessierte Konsumenten zumindest nicht im Dunkeln gelassen werden. Das ist nicht zu unterschätzen. So ist den meisten Zuschauern in Deutschland wohl nicht bewusst, dass sich die RTL-Gruppe (und damit indirekt auch VOX, n-tv, Radio Regenbogen und andere) zu dreiviertel im Besitz des Bertelsmann-Konzerns befindet.

Jeff Bezos und sein Konzern hingegen sind den allermeisten Amerikanern ein Begriff. Schon, weil neun von zehn Menschen in den USA den Preis eines Produktes auf Amazon recherchieren, und sehr häufig dieses Produkt dann auch auf der online-Plattform bestellen: 95 Millionen Amazon Prime Mitglieder gibt es alleine in den Vereinigten Staaten, das sind 60 Prozent aller Kunden im geschäftsfähigen Alter. Wenn diese Kunden sich das neue Kindle Fire oder Fire Tablet auf Amazon bestellen, ist die WashPost-App bereits installiert. Umgekehrt bekommen Amazon Prime Mitglieder einen erheblichen Rabatt auf ein Digital-Abo der *Post* – oftmals ohne zu wissen, welche Verbindung dahinter steht. Oder sich sicher sein zu können, wie die neu abonnierte Zeitung zu bestimmten Fragen berichten wird. Etwa dazu, wie der Kampf der Gewerkschaften um Lohnerhöhungen und soziale Absicherung bei Amazon einzustufen ist. Was davon zu halten ist, wenn sich der Gigant massiv gegen stärkere Unternehmensbesteuerung wehrt und dabei Druck auf Seattle ausübt, die Stadt, in der er seinen Hauptsitz hat. Oder umgekehrt, was es bedeutet, wenn Amazon sich von der Idee verabschieden muss, sein neues Hauptquartier HQ2 im New Yorker Stadtteil Queens anzusiedeln: Anwohner waren bei der Aussicht auf explodierende Immobilienpreise auf die Barrikaden gegangen. Kritiker bemängeln, diese Verweigerung würde die Stadt New York noch teuer zu stehen kommen, doch handelt es sich in jedem Fall um den Ausdruck einer lebendigen Zivilgesellschaft. Die nach wie vor den Anspruch hat, sich über die Welt um sie herum zu informieren. Und sich dabei in Teilen notgedrungen auf eine Zeitung verlassen muss, die sich ein 150 Milliarden Dollar schwerer Unternehmer für den Schnäppchenpreis von 250 Millionen Dollar zugelegt hat.

Bloomberg News, MSNBC, die *Washington Post:* Drei von vielen Beispielen für problematische Verzahnungen, die für den Verbraucher mal mehr und mal weniger offensichtlich sind. Zum Einen ist hiervon die Funktionsweise der demokratischen Öffentlichkeit betroffen. Meinungsbildungsprozesse, ohnehin höchst fragil, müssen sich frei entfalten können, sodass ihre Ergebnisse Akzeptanz finden – auch bei denen, die ursprünglich anderer Meinung waren. Sobald das Profitinteresse der »Spielmacher« dominiert, ist diese freie Entfaltung eingeschränkt. Da vieles wie oben beschrieben hinter den Kulissen abläuft, ist die Enttäuschung der Menschen, die Zeit und Energie in den Meinungsbildungsprozess investiert haben, umso höher, wenn Verbindungen am Ende doch offenbar werden. Zudem macht man es den Unzufriedenen dann allzu leicht. Sie können jederzeit die Legitimation eines Verhandlungsprozesses anzweifeln, schließlich war das Spiel durch die »Spielmacher« vermeintlich zu ihren Ungunsten beeinflusst.

Zunächst wirkt diese Konsequenz aus der Tatsache, dass Nachrichten zum Geschäft geworden sind, recht abstrakt. Sie ist es nicht. Sondern hat konkrete und womöglich fatale Effekte, wie wir im späteren Abschnitt zu den politischen Institutionen sehen werden. Wer sieht Vorgaben der Regierung oder Beschlüsse des Kongresses als verbindlich an, wenn man allzu leicht den Eindruck bekommen kann, vorab nicht objektiv informiert worden zu sein? Wer traut Bloomberg News zu, über die Fehltritte eines im Frühjahr 2020 zumindest zeitweise denkbaren Präsidenten Bloomberg zu berichten – auch, nachdem er sich längst wieder aus der Politik zurückgezogen hat?

Eine andere Konsequenz lässt sich schon jetzt konkret fassen. Nachrichten als Big Business, das bedeutet, dass es all diejenigen in der

Medienlandschaft schwer haben, die nicht profitabel sind. In Amerika gibt es wie bereits erwähnt einige den öffentlich-rechtlichen Sendern vergleichbare Medienanstalten wie NPR Radio und PBS (einer der wenigen nicht-kommerziellen TV-Senderverbünde). Im Unterschied zu Deutschland oder der Schweiz bekommen sie aber nur wenige staatliche Zuschüsse. Schon diese Gelder sind bei der Bevölkerung nicht unumstritten. Und so finanzieren sich NPR und PBS primär über Spenden. Sicherlich war die Finanzierung über Gebührenbeiträge seit jeher auch hierzulande nicht ausreichend. Zeitungen leben schon lange zu großen Teilen auch von Anzeigen und Mäzenen. Das Fernsehen verkauft Werbung. Doch sind für US-amerikanische Medien nicht-privater Natur die Ausgangsvoraussetzungen nochmals ungleich schwieriger. Sie hatten von Anfang an weniger Finanzen zur Verfügung und finden sich jetzt in der Zange zwischen den Erwartungen einer Umsonst-Konsum-Kultur und der neuen Konkurrenz der Sozialen Medien wieder. Wie so oft packt diese Zange in den USA früher und fester zu als in anderen westlichen Demokratien. Die Menschen sind schon länger als bei uns daran gewöhnt, Nachrichten umsonst zu bekommen. Sie sind schon länger damit vertraut, dass Nachrichten jederzeit und überall abrufbar sowie permanent aktualisiert zu sein haben. Sie sorgen sich weniger um Datenschutz und die rapide zunehmende Durchleuchtung ihres Privatlebens. Und seit dem unerhörten Aufschwung der Sozialen Medien und generell der digitalen Möglichkeiten bekommen die »Traditionellen« die Härten einer sich wandelnden Welt (noch) extremer zu spüren als es bei uns der Fall ist.

Es beginnt damit, dass heute ein hoher und zunehmend wachsender Anteil führender Politiker/-innen faktisch seine eigenen Medien produziert. Obama hat knapp 120 Millionen Follower bei Twitter und es weniger denn je nötig, auf einen Interview-Slot bei der *New York Times* zu warten. Alexandria Ocasio-Cortez zeichnet regelmäßig Podcasts auf, die bei YouTube massenhafte Verbreitung finden. Der texanische Senator Ted Cruz weiß, dass ihm selbst produzierte Werbespots mehr Unterstützung einbringen als ein Meinungsartikel in der *Washington Post*. Also verlegt sich Cruz im

Wahlkampf 2016 auf Macho-Populismus in seiner primitivsten Form und brät allen Ernstes Speck auf dem Lauf einer halbautomatischen Waffe, deren Magazin er leer ballert. Für Waffennarren, kernige texanische Fleischliebhaber und selbst ernannte Patrioten ist in dem kurzen Filmchen einiges geboten. Und das kommt an. YouTube meldet knapp 1.7 Millionen Klicks.

Der Kampf um das knappste Gut von allen

Dass sich mit Nachrichten ein Geschäft machen lässt, ist nicht neu. Durch den Einfluss des Big Business hat sich die Situation allerdings so zugespitzt, dass die oben genannten Faktoren unterm Strich für althergebrachte Medien existenzgefährdend sind. Das haben deren Verantwortliche erkannt und wie beschrieben auf eine sich wandelnde Welt reagiert. Immer im Raum steht die Versuchung, ebenfalls zu reinen Verkäufern von Meinung zu mutieren. Also der Kundschaft genau das zu bieten, was verlangt wird, anstelle sie wo nötig mit harten Wahrheiten zu konfrontieren. Eine informierte Öffentlichkeit ist kein Gemüsemarkt, wo Spinatliebhaber nur Spinat kaufen, und wer Blumenkohl mag, nur nach Blumenkohl Ausschau hält und diesen auch ganz vorne in der Auslage findet, weil der Verkäufer über die Vorliebe Bescheid weiß. Genau so aber begreifen private Profitunternehmer im Medienmarkt ihre Rolle. Der von den Öffentlich-Rechtlichen bekannte Informationsauftrag steht hintenan. Ihnen geht es vielmehr darum, möglichst viel zu verkaufen. Und möglichst viel von der begehrten Währung Aufmerksamkeit einzustreichen. Dafür ist immer mehr Beteiligten jedes Mittel recht.

Die mediale Sensationsmacherei, in den USA immer schon groß betrieben, rotiert im Wahljahr 2020 in eine neue Dimension. Nur durch das Vergrößerungsglas der Presse wird die Mensch gewordene Peinlichkeit Donald Trump überlebensgroß. Jede seiner Absurditäten wäre genau nur das, nicht minder abstoßend, genauso falsch und genauso hetzerisch – aber vernommen von lediglich ein paar tausend Ohrenpaaren in der Provinz des Mittleren Westens, wo Trump dieser Tage wieder vermehrt auftritt, bevor ihn im Frühjahr die Corona-Krise ausbremst. In der Vergangenheit konnte man davon ausgehen, dass die *Cedar Rapids Gazette* oder das *Sioux City Journal,* Auflage 40 000, Statements von Politikern wie Trump am Folgetag nochmals aufgewärmt hätten. Doch letztlich wäre der Leserschaft wohl die nächste Landwirtschaftsmesse oder das Abschneiden der Basketball-Mannschaft der Winnebago High School wichtiger. Dank YouTube jedoch hat etwa eine Rede Trumps aus dem letzten Wahlkampf in Fort Dodge, einem verschlafenen Städtchen im Herzen Iowas, mittlerweile über eine Million Aufrufe und 6000 Kommentare erzielt.

Neben der Sensationsheische ist auch die Industrialisierung durch die Medien atemberaubend. Industrialisierung hier verstanden als massenhafte Vernetzung und Normierung der Konsumenten. Unter diese Rubrik fällt auch die Inszenierung des TV-Debattenreigens; schon Anfang 2020 hatten sich die demokratischen Anwärter/ -innen nicht weniger als zehn Mal zur Debatte auf der Fernsehbühne eingefunden. Jedes einzelne Event ist durchchoreografiert wie ein Konzert von Beyoncé. Eine gut geölte Maschinerie ist streng entlang der Fähigkeiten der Konsumenten (genau so werden die Zuschauer von denjenigen bezeichnet, welche in den Fernsehstudios Regie führen) organisiert. Die einzelnen Wortbeiträge der Kandidat/-innen sind im Schnitt nicht länger als acht Sekunden. Das entspricht der durchschnittlichen Aufmerksamkeitsspanne des Menschen im 21. Jahrhundert (ein Goldfisch schafft neun Sekunden). Soweit eine Studie, die ausgerechnet der Software-Konzern Microsoft durchgeführt hat; demnach geht unsere Konzentrationsschwäche u. a. auf starke Smartphone- und Social Media Nutzung zurück. Um den Zuschauer (hier bewusst genau so bezeichnet) bei der Stange zu halten, setzen die Medien folglich auf: Sensationsmacherei. So schließt sich der Kreis.

Umso lauter, umso besser: Aufmerksamkeit um jeden Preis

Januar 2017: Der frisch vereidigte Präsident verliert keine Zeit. Direkt beim Einzug ins Weiße Haus lässt Donald Trump die Vorhänge seines Vorgängers durch schwere goldene Gardinen ersetzen. Trump hat ein Faible für Gold, wie jeder unschwer erkennt, der die Eingangshalle des Trump Tower in New York betritt. Hier, auf der 5th Avenue gleich südlich des Central Parks, hatte der Hausherr seinen Wahlkampf begonnen. Von hier aus wollte er das Land regieren. Ein Umzug ins Weiße Haus kam für Trump lange Zeit nicht infrage. Gerüchten zufolge nicht zuletzt deswegen, weil er seinen Nachnamen nicht an der Außenfassade anbringen durfte.

Das Andenken an Barack Obama und dessen acht Amtsjahre auszulöschen, ist Trumps erklärtes Ziel, daraus hat er im Wahlkampf keinen Hehl gemacht, und es ist ein Großteil seiner Motivation im Kampf gegen Joe Biden vier Jahre später. Die Reform der Gesundheitspolitik, die Neuregelung der Einwanderung, die Begrenzung beim Kohleausstoß – diese und andere Errungenschaften will Trump ab Tag eins im Amt zurücknehmen. Doch Politik braucht Zeit. Nichts ist schneller und eindrücklicher als die Macht der Bilder. Trump weiß das, er ist ein Produkt der Medienwelt. Und er ist einer ihrer größten Strippenzieher. Seine Reality-TV Show *The Apprentice* hat ihn landesweit bekannt gemacht. Die Sendung ist eine einzige große Kulisse, die Wirklichkeit vortäuscht. Für Trump ist das Oval Office, das Büro des Präsidenten, lediglich ein weiteres Studio: Einer von vielen Orten, die nüchtern-pragmatische Politik seines Vorgängers hinter der Hochglanzfassade verschwinden zu lassen.

Vielleicht nie zuvor in der amerikanischen Geschichte hat sich eine derart unheilvolle Allianz entsponnen wie diejenige zwischen Präsident Trump und Teilen der Medienlandschaft. Die gute Nachricht dabei ist, dass selbstredend nicht alle US-Medien diese Verbindung eingegangen und tatsächlich viele an der Herausforderung sogar gewachsen sind. Die bedenkliche Nachricht hingegen ist, dass die Art und Weise, wie sich ein Spitzenpolitiker und führende Medienorgane des Landes gefunden haben, nicht auf die USA beschränkt bleiben muss. Vielmehr ist dies ein aktuelles Beispiel dafür, wo westliche Demokratien – die wirtschaftlich passabel bis gut dastehen, also zunächst stabil wirken – anfällig sind. Und welche dramatischen Folgen für das demokratische Gefüge einer Nation die Wahl eines Medienprofis ins höchste Staatsamt haben kann.

Möglich wurde dies letztes Endes auch durch ein viertes Defizit der heutigen Medien neben der Entfremdung vom eigenen Publikum, der Parteilichkeit und der Kommerzialisierung: Infotainment. Dieser Kunstbegriff steht für die uneingeschränkte und permanente Vermischung von Information und Entertainment, von Nachrichten und Unterhaltung. Die Aufmerksamkeit der Konsumenten ist der höchste Preis, den es einzuheimsen gilt. »Preis« ist wörtlich zu nehmen, denn die US-Medien sind ein durch und durch gewinnorientiertes System. Wie bereits im Falle von Fox News und der Sinclair Broadcast Group deutlich geworden sein dürfte, geschieht die Vermengung von Informationspflicht, Showgeschäft und Business-Interessen immer häufiger ohne Rücksicht auf den Wahrheitsgehalt. Das ist ein anderes Kaliber als in Deutschland oder der Schweiz. In beiden Ländern kann man Bedenken anmelden, ob Neutralität und Ausgewogenheit in der Breite der Berichterstattung gewahrt sind und geschützt werden. Auch die Zusammensetzung des deutschen Rundfunkrats nach Parteien und ihrer Vertretung im Parlament birgt Risiken. Transparenter geht es in der Delegiertenversammlung der schweizerischen Radio- und Fernsehgesellschaft SRG zu. Doch wer letztlich wo und warum im Sessel der Führungsgremien sitzt, ist für Außenstehende jeweils schwer nachvollziehbar. Mit den neu auftrumpfenden Parteien am rechten Rand ist die Gefahr politischer Einflussnahme sprunghaft angestiegen. Trotzdem kann man über Konstellationen dieser Art in den Räten zumindest öffentlich streiten. In der Regel darf man davon ausgehen, dass der Anspruch der Ausgewogenheit bei den meisten Beteiligten ernst gemeint und dementsprechend bei Programmentscheidungen präsent ist. In den USA hingegen geben sich die Einen keine Mühe mehr, ihre Propagandafunktion zu verhehlen (Fox), während die Anderen den Konsumenten gezielt einen kompetitiven Markt der Medien und damit Streit der Meinungen vorgaukeln (Sinclair). In der Summe kann man sich einer derart einseitigen Berichterstattung in weiten Teilen des Landes nur mehr schwerlich erwehren. Hierzu bedarf es für die Tapferen eines Abonnements mindestens einer überregionalen Zeitung, ergänzt um Politmagazine verschiedener Ausrichtung, also etwa *The New Republic* oder *Mother Jones* links der Mitte und *The American Conservative* oder *National Interest* rechts der Mitte. Das kostet Zeit und Geld. Viele können oder wollen in mindestens eines oder beides nicht (mehr) investieren.

Vor diesem Hintergrund entwickelt sich die heutige unheilvolle Allianz zwischen zweiter und vierter Gewalt prächtig. Faktisch ist es die perfekte Symbiose. Trumps *The Apprentice* ist reines Showgeschäft, das seriöses Businessleben simuliert. Der Thrill einer Dschungel-camp-Überlebens-Show bildet den Anstrich zur konstruierten Geschäftswelt samt ihrer Politik, also ihren Strategien, ihren Finten und Manövern. Trump ist nicht der Urheber dieses Konstrukts, könnte es aber durchaus sein, wenn man sich ein Zitat aus *The Art of the Deal* besieht. Schon 1987 – dem Jahr, in dem Reagan die *Fairness Doctrine* abschafft – heißt es dort: »Die Leute wollen daran glauben, dass etwas das Größte, das Beste, das Spektakulärste ist. Ich nenne es ›wahrhaftige Übertreibung‹. Eine arglose Form der Überhöhung – und gleichzeitig eine sehr effektive Form der Eigenwerbung.«

Am Nasenring durch die Manege

The Apprentice wird im Verlauf der vierzehn mit Trump abgedrehten Staffeln zum Goldesel für NBC, Trump selbst zu einer Ikone für Erfolg im Land der unbegrenzten Möglichkeiten. Dann beschließt der Mann, der das Gesicht der TV-Serie ist, ins Präsidentschaftsrennen einzusteigen. Als er seine Kandidatur verkündet, beschimpft Trump mexikanische Einwanderer rassistisch, weshalb ihn NBC feuert. Den Rassisten kümmert der Bruch mit dem Sender wenig, er will in die Politik. Einen Bruch mit seiner Vorgehensweise jedoch beabsichtigt er keine Sekunde lang. Den Kontakt zum Produzenten von *The Apprentice,* Mark Burnett, lässt Trump nie abreißen, später wird dieser die Amtseinführung choreografieren. Burnett spricht statt von »Reality TV« lieber von »Dramality«, einer Mischung der englischen Begriffe für Drama und Realität. Offen gibt er zu, dem Publikum eine gezielt bearbeitete, selektive Darbietung von Wirklichkeit zu servieren, Verzerrungen eingeschlossen. Burnett verkauft den Amerikanern Trump als Galionsfigur; die Geschichte des unerhört reichen Erfolgsmenschen mit dem grandiosen Riecher fürs Geschäft hat mit der tatsächlichen Realität des seriellen Pleitegängers Trump wenig zu tun. Trump aber wird damit, in den Worten der Schriftstellerin Fran Lebowitz, zur »Vorstellung einer armen Person dessen, was eine reiche Person ausmacht«. Es läge an den Medien als kritische vierte Gewalt, die Täuschung zu entlarven. Wie wir gesehen haben, sind jedoch große Teile von ihnen mit sich selbst beschäftigt, während andere sich aus Profitgier und Machtstreben zu Trumps Komplizen machen. Ab diesem Zeitpunkt führt er sie am Nasenring durch die Manege der Öffentlichkeit.

Wie aber sollen sich Medienkonsumenten einen kritischen Überblick verschaffen, wenn die Medien selbst in Teilen nicht mehr souverän agieren? Ein amerikanisches Sprichwort besagt: *The empty can rattles the most.* Die leere Dose klappert am lautesten. Eigentlich erkennt also der kritische Beobachter bzw. Zuhörer, wenn sein Gegenüber Inhaltsleere mit Getöse zu überdecken versucht. Und generell sollten Menschen in der Lage sein, die oben skizzierten Defizite der US-Medienlandschaft zu identifizieren und deren Arbeit entsprechend kritisch aufzunehmen. Doch genau dieser kritische Blick geht im Informations-Overkill der Medien verloren. Es fällt in heutiger Zeit schwer, sich einen Überblick zu verschaffen, sich wachen Auges und mit der gebotenen Distanz mit dargereichten Informationen auseinanderzusetzen. Manche können nicht mehr zwischen Original und Fälschung(en) unterscheiden. Manche gewöhnen sich an die Drastik des Geschehens und stumpfen ab. Wieder andere werden von der Flut der Reize und Bilder erschlagen und klinken sich aus.

Man muss all das tragisch finden, denn die Medien verlieren ihre Adressaten auf der einen Seite, während sie auf der anderen ihre ureigene Funktion vernachlässigen: die Politik zu kontrollieren, für Transparenz zu sorgen, Fakten zu prüfen, Druck aufzubauen, wenn es um Themen, um Dringlichkeiten geht. Oftmals sind sie im besten Fall noch korrigierende Nacharbeiter, Aufarbeiter des Taktes, den ihnen Trump vorgibt. Dabei ist klar: Reaktion auf die Agenda eines anderen ist keine Aktion. Inhalte und Richtung, Tempo und Taktung der Debatte gibt der Demagoge im Weißen Haus vor. Er verschiebt Maßstäbe, testet Grenzen aus. Die Medien berichten eifrig, auch darüber, was es für die eigene Gesundheit bedeuten kann, sich bei einer Trump-Rally seinen Anhängern entgegenzustellen. Nämlich: Schlägereien, Tumulte, blinde Zerstörungswut. Trump heizt gezielt an, spielt derzeit mit den Medien wie kein Zweiter. Das gelingt, weil jenen Selbstreflexion oder gar Selbstkorrektur in hohem Maße abgehen. Zu groß ist die Angst vor dem eigenen Bedeutungsverlust. Stattdessen nehmen Fernsehanstalten, Rundfunkhäuser und Zeitungsredaktionen gemeinsam mit dem Provokateur eine Eskalationsstufe nach der anderen. Allesamt können sie sich nicht von ihrer Natur lösen, Informationsverstärker zu sein. Einschaltquoten, Zuhörerzahlen und Klicks sind das Maß der Dinge; der Businessman Trump hat dies früh erkannt, weit vor seiner Zeit in der Politik. Mit skrupelloser Raffinesse arbeitet er mit den Bandagen der Medien, nimmt ihnen das Vergrößerungsglas aus den Händen, nur um ihnen ein Kaleidoskop zurückzugeben: Das ist Sensationsmacherei und Instrumentalisierung par excellence.

Nun könnte man meinen, die Medien erkennen diese Mechanismen ihrer eigenen Arbeit bei Trump wieder – und stellen sich dagegen: Doch das tun sie nicht. Trump wendet ebenjene Mechanismen derweil munter an. Im Grunde verkauft der selbst ernannte Dealmaker nun den Medien ihr eigenes Produkt zurück: Ein doppeltes an-der-Nase-Herumführen, was die Inhalte und was die Produktion der Inhalte angeht. Mancherorts können die Medienschaffenden ihre eigene Kapitulation dabei nur schwer erkennen, denn Trump ist ihr

Spiegel, agiert wie sie, nach den gleichen Gesetzen. Kein Wunder: Er kommt aus den Medien und weiß um die dortigen Funktionen. Am Ende gelingt es der vierten Gewalt nicht, eine kritische Distanz zum Geschehen einzunehmen. Die Folge ist Kontrollverlust: Der Wahrheitsgehalt von getätigten Aussagen wird nicht mehr geprüft, ein Politiker, der bei der Lüge ertappt wird, nicht mehr zur Rechenschaft gezogen. Die Kontrolle »im Nachhinein« ist dahin. Kontrolle müsste aber eigentlich auch Kontrolle »im Vorhinein« heißen, also: einen Aufstieg wie den Aufstieg Trumps vorherzusehen, davor zu warnen. Auch das ist nicht passiert, und es sagt Einiges über die Entfremdung der Medien von ihrem Publikum aus, über die in diesem Milieu vorherrschenden Wirkprinzipien Parteilichkeit, Kommerzialisierung und Unterhaltungszwang. Wie gut – bzw. fatal gut – Trumps Agieren mit der Funktionsweise des Massenmediums Fernsehen korrespondiert, zeigt sich 2016. Hillary Clinton war – und dies nicht erst zu diesem Zeitpunkt – bei den Demokraten praktisch gesetzt. Die TV-Debatten und Town Hall Diskussionen machten letztlich nicht den Unterschied aus, auch Bernie Sanders war für sie eher lästig als gefährlich. Trump hingegen hätte ohne TV-Debatten und andere TV-Live-Auftritte niemals die Nominierungskrone der GOP sein Eigen nennen dürfen. Er weiß das, und macht im Frühjahr 2020 seine täglichen Corona-Pressekonferenzen faktisch zu Wahlkampfauftritten, während Joe Biden mit dem Mut der Verzweiflung aus dem Keller seines Hauses in Delaware sendet. Andererseits weiß Biden ebenso gut wie Trump: Sieben Monate – die Zeitspanne bis zu den Wahlen Anfang November – sind in der Politik eine halbe Ewigkeit. Und so kommt es, dass Trump, der im März landesweit noch durchschnittlich 7 Prozent Vorsprung auf sämtliche demokratischen Kandidat/-innen hat, Ende Juni gegenüber dem mittlerweile gekürten Spitzenkandidaten der Demokraten satte 9 Prozent zurückliegt.

Ist Trump deshalb schon jetzt »Toast«, wie die *New York Times* fragt? Nicht unbedingt, wenn das Land in der zweiten Jahreshälfte einen Weg aus der Corona-Krise findet, die zu Beginn der ersten Jahreshälfte niemand hatte kommen sehen. Nicht unbedingt, wenn

Biden nicht schon bald mehr Enthusiasmus unter seiner Anhängerschaft entfachen kann, etwa über die kluge Wahl einer Vizepräsi-
dentschaftskandidatin. Sollten die Wahlen jedoch zu einem Refe-
rendum über die Amtszeit Trumps werden, ist durchaus denkbar,
dass der selbsterklärte starke Mann an der Spitze des Staates nicht
mehr aufzubieten hat als ein kraftloses Stück Weißbrot - und verliert.

Die umfassende Macht der Sozialen Medien

Die Passhöhe von Wolf Creek in den Rocky Mountains von Colorado befindet sich auf fast 11 000 Fuß, das entspricht etwa 3300 Meter.
Rechts und links des Highway 160 wachsen erstaunlich viele Bäume.
Die Waldgrenze liegt ungleich höher als in den Alpen: Der Breiten-
grad von Wolf Creek entspricht dem von Sizilien. Hier oben zeigt
eine überdachte Schautafel die kontinentale Wasserscheide an. Davor
symbolisiert eine in den Boden eingelassene metallene Markierung
die *Great Divide.* Östlich der Linie fließen alle Flüsse in den Atlantik,
westlich davon sucht sich das Wasser seinen Weg in den Pazifik.

Die Amerikaner sprechen von einem *watershed moment,* einem
Moment der Wasserscheide, wenn mit einem einschneidenden Er-
eignis oder einer tiefgreifenden Veränderung fundamentale Konsequenzen langfristiger Natur einhergehen. Im Jahr 2004 betritt Facebook das Feld, ein Jahr später YouTube, im Jahr darauf Twitter.
2007 folgt tumblr, 2009 WhatsApp, 2010 Instagramm, 2011 Snapchat, die Reihe ließe sich fortsetzen. Alle diese Portale können in
ihrer Entstehung einem »Geburtsjahr« lediglich innerhalb der letzten gut anderthalb Jahrzehnte zugerechnet werden. Sie erblicken
das Licht der Öffentlichkeit und lassen diese beinahe unmittelbar in
neuem Licht erscheinen. Ein ungeheurer wechselseitiger Effekt, der
in dieser Form und im gleichen Maße nicht den traditionellen Medien und ihrer Entstehung zugerechnet werden kann. Als Ende der
1920er-Jahre das Fernsehen in Deutschland Premiere feierte, mögen
das Überraschungsmoment und die Neugier der Menschen vergleich-

bar gewesen sein. Reichweite, Verbreitung und Auswirkungen, seit die Sozialen Medien Anfang der 2000er-Jahre auftreten, gehören jedoch ab Tag eins einer anderen Dimension an. Dies umso mehr, wenn man sich klarmacht, dass die hier genannten Beispiele sämtlich Gründungen der westlichen Hemisphäre sind. Im asiatisch-chinesischen Raum finden sich weitere Giganten wie QZone (gegründet 2005), WeChat (2011) und TikTok (2016).

Somit können wir einerseits von einer Wasserscheide sprechen: Mit Bezug auf die sich rasch entwickelnde und flächendeckende Präsenz sozialer Medien, mit Blick auf ihre dominierende Position gegenüber herkömmlichen Medien (die *New York Times* betreibt eine Facebook-Seite und einen Twitterkanal, doch keines der beiden Unternehmen käme auf die Idee, ein Druckmedium nach dem Vorbild der *Times* einzuführen), auch was die vergleichsweise plötzliche qualitative Veränderung des öffentlichen Diskurses betrifft. Positiv gewendet haben mehr Menschen Zugang dazu, gibt es keine räumlichen oder zeitlichen Beschränkungen. Jede/-r, der über Internetzugang verfügt, kann mit einer potenziell unbegrenzten Menge anderer Gedanken austauschen, darunter auch in der gesellschaftlichen Hierarchie Höherstehende wie führende Politiker oder Filmstars. Negativ gewendet radikalisiert sich dieser Gedankenaustausch zunehmend. Viele lassen sich von der Anonymität des Internets dazu verführen, sämtliche (Höflichkeits-)Konventionen aufzugeben. Andere gehen deutlich weiter und verbreiten insbesondere auf Facebook über Jahre offen Hassrede. Erst im Herbst 2019 schiebt der Europäische Gerichtshof dem einen Riegel vor und urteilt, dass der Portalbetreiber – auch von nationalen Gerichten – verpflichtet werden kann, Inhalte aktiv zu suchen und zu löschen.

Andererseits jedoch trifft es der Begriff »Wasserscheide« nicht ganz genau, denn obwohl sich seit Beginn dieses Jahrtausends ein neues Medium hinzugesellt hat, werden in diesem Medium großteils Inhalte verhandelt, die auch zuvor schon relevant waren: Fragen zu Krieg und Frieden, zur Gleichbehandlung der Geschlechter, zum Umweltschutz, zur Ernährung, zur Glitzerwelt Hollywoods und zur (vermeintlichen) Banalität des eigenen Alltags. Durch die neuen, gewaltigen digitalen Kommunikationskanäle werden zwar durchaus auch neue Ideen, aber eben längst nicht nur neue Ideen gespült. Dennoch ist das Bild der Wasserscheide zutreffender als das hierzulande gerne gewählte Bild der »Wachablösung«: Denn nach wie vor fließt das Wasser der Ideen durch die Flussbetten unserer Gesellschaft, allerdings zunehmend auseinander. Wasser, das vom Wolf Creek Pass Richtung Pazifik fließt, ändert nie mehr die Richtung, es entfernt sich mit jedem Moment immer weiter vom Atlantik, und umgekehrt. Ähnlich wird die Distanz zwischen den Konsumenten der sozialen Medien und den Konsumenten der traditionellen Medien größer. Die Wasser-Analogie ist auch in anderer Hinsicht ergiebig: Tatsächlich kann einem die Wucht der Sozialen Medien, ihre faktische Unverzichtbarkeit in unserer Zeit, nur fünfzehn Jahre nach ihrer Erfindung, wie ein gewaltiger Strom erscheinen, nicht aufzuhalten, alles mitreißend in seinem Sog. Ein Sog, der uns alle zum Mitschwimmen zwingt, um nicht unterzugehen. Ein Sog im Sinne der Reichweite und Allgegenwart sozialer Medien, ihrer Realitätsformungsmacht und ihres Einflusses auf den politischen Prozess. Alle Faktoren haben unmittelbare Auswirkungen auf das Selbstverständnis aller westlichen Gesellschaften. Letzteres zeigt sich heute gerade darin, ob man für sich den Anspruch einer qualitativ hochwertigen Medienlandschaft wahrt, die von professionellen Journalisten bespielt wird – und eben nicht von tmz.com, express.de oder t-online.de.

Ein Referenzpunkt für alle und alles

Am ersten Sonntag im Februar herrscht in Amerika Ausnahmezustand. Schon unter der Woche davor bricht der Bier- und Tiefkühlpizzaverkauf Rekorde. Denn Jahr für Jahr stehen sich an diesem Tag die beiden besten American Football Teams im Super Bowl Finale gegenüber. Als im Frühjahr 2020 die Kansas City Chiefs die

San Francisco 49ers niederringen, sind alleine in den USA 100 Millionen Zuschauer live dabei. Gewaltige Zahlen, die das Fernsehen nur selten verbucht. Es sei denn, Donald und Hillary duellieren sich. Ihre TV-Debatten aus dem Jahr 2016 gehören mit einem durchschnittlichen Marktanteil von 36 Prozent zu den quotenstärksten Übertragungen aller Zeiten. Etwa 120 Millionen Amerikaner schalten damals zu (Optimisten lesen hieraus ab, dass Politik selbst einem Großsportereignis den Rang ablaufen kann). Doch handelt es sich um eine Momentaufnahme, nicht die Regel. Zahlen in dieser Größenordnung verbuchen auf Dauer nur die Sozialen Medien. Ex-Präsident Obama vereint auf Twitter über 120 Millionen Follower, statistisch gesehen also mehr als jeder dritte Nutzer des Netzwerk-Diensts. Seit Obamas Amtszeit stehen Social Media im Vordergrund der politischen Kommunikation. Sie bilden zudem den Hintergrund der Kommunikation, sind für Sender wie Empfänger Verstärker, Diskussionsplattform und Referenzpunkt in einem. Die Vorteile eines kostenfreien Megafons, dessen Batterien nie zur Neige gehen, hat auch Obamas Nachfolger früh erkannt. Trump kommt auf rund 84 Millionen Follower und liegt damit abgeschlagen hinter Popstar Katy Perry oder Fußballer Cristiano Ronaldo – dafür aber deutlich vor CNN oder der *New York Times,* wie der Präsident gerne herausstreicht. Deshalb bedeutet es für ihn ein handfestes Problem, als der Kurznachrichtendienst Ende Mai 2020 erstmals zwei seiner Tweets einem Faktencheck unterzieht – und durchfallen lässt. In typischer Manier eskaliert Trump den Konflikt sofort und droht, via Twitter, damit, sein Twitter-Konto zu schließen. Tage später unterschreibt er ein Dekret, nach dem Online-Dienste nicht mehr wie bisher vor Strafverfolgung geschützt sein sollen, also für Nutzerinhalte haftbar gemacht werden können (hiervor hatte sie bisher die sogenannte »Section 230« bewahrt). Kaum anzunehmen, dass Trump freiwillig auf seinen online-Lautsprecher verzichtet, schon gar nicht im Wahljahr 2020. Doch ebenso wenig ist zu erwarten, dass sich Twitter so klar wie faktisch nötig von einem seiner prominentesten Nutzer distanziert, dazu profitieren beide Seiten zu sehr voneinander.

Die schiere Reichweite und Allgegenwart der Sozialen Medien verleitet dazu, sie als Referenzpunkt für alle und alles anzusehen. Social Media sind im Privat- wie Berufsleben präsent, wir konsultieren sie zur Information, zur Kommunikation, zur Steuerung von Kooperationsprozessen aller Art. Wir lassen uns von ihnen zu Geschäfts- und Geschenkideen inspirieren, niemand muss alleine bleiben: Es gibt die Facebook-Gruppe der Haiku-Liebhaber in Hannover und der Veganer von Lugano, und alles Erdenkliche dazwischen. Das ist je nach Ansicht schauerlich oder amüsant, doch gefährlich wird es in einem anderen Fall: Wenn Menschen ein gewinnorientiertes Unternehmen wie etwa Facebook oder YouTube als seriöse Nachrichtenquelle verstehen. Laut einer Pew Research Umfrage vom Mai 2019 ist dies mittlerweile bei 43 Prozent der Amerikaner der Fall, was Facebook betrifft. Gleichzeitig gibt bereits ein Jahr zuvor mehr als die Hälfte an, nicht zu verstehen, warum bestimmte Posts in ihrem Newsfeed auftauchen, andere hingegen nicht. Allerdings haben satte 63 Prozent damit überhaupt kein Problem. Dreiviertel aller Facebook-Nutzer sind sich nicht bewusst, dass das Unternehmen eine Liste über ihre Interessen und Charaktereigenschaften führt. Doch selbst unter denjenigen, die darüber im Rahmen der Umfrage ins Bild gesetzt werden, sieht nur etwa die Hälfte einen Anlass, ihrer Nutzerverhalten zu ändern.

Zum Vergleich: Wir gehen aufs Landratsamt, um Baugenehmigungen einzuholen, Liegenschaften zu klären oder Auskünfte zum Gesundheitsschutz in der Coronakrise zu erhalten. Die Vorstellung, hierfür auf einen privaten Anbieter umzusteigen, der ganz gezielt bestimmte Information lanciert und andere zurückstellt, der unsere Anfrage analysiert und abspeichert, um uns dann mit gezielter Werbung auf Korn zu nehmen, je nachdem, welches Unternehmen ihm für diese Daten die höchste Summe zahlt, erscheint uns absurd. Genau dies aber akzeptieren wir, wenn wir Facebook wie eine öffentlich-rechtliche Einrichtung des Rundfunkwesens begreifen. Eine Einrichtung, die als digitale Plattform »nichts vergisst« und es weder mit dem Datenschutz noch mit dem Schutz der Daten vor dem Zugriff Dritter allzu genau nimmt. Die Eigenschaft des Internets, Nutzerdaten potenziell unbegrenzt zu speichern und dem Urheber die Löschung dieser Daten schwer bis unmöglich zu machen, je nachdem, wie weit ihre Verbreitung vorangeschritten ist: Auch Präsidententochter Ivanka Trump hat diese Erfahrung machen müssen, nachdem ihr Vater sie mit zum G20 Gipfel im japanischen Osaka nahm. Ivanka ging offenkundig davon aus, Bilder von ihr neben dem französischen Präsidenten Macron, der IWF-Direktorin Lagarde und anderen würden ihren Markenwert steigern. Doch ihr Auftritt 2019 wird zum Fremdschäm-Moment und bis heute finden sich unter dem Twitter-Hashtag #unwantedivanka teils spöttische, teils hämische, und auch jede Menge ehrverletzende Kommentare hierzu.

»Was, zur Hölle, ist Wasser?«

Der Schriftsteller David Foster Wallace, 2008 viel zu früh verstorben, gab des Öfteren eine kleine Geschichte von zwei jungen Fischen zum Besten. Die beiden leben in einem großen Fluss. Jeden Tag drehen sie die gleiche Runde in ihrem Revier, sie kennen die anderen Fische, jeden Stein und jede Schlingpflanze. Eines Tages grüßt sie freundlich ein alter Fisch, der ihnen entgegen schwimmt: »Guten Tag, wie ist das Wasser heute?« Die beiden grüßen zurück und schwimmen weiter, bis es der eine nicht mehr aushält und seinen Kumpanen fragt: »Was, zur Hölle, ist Wasser?«

Allzu leichtfertig nehmen wir an, alles über die Welt zu wissen, und laut Wallace nehmen wir darüber die Beschaffenheit der Welt nicht wahr. Sein Bild lässt sich auf die digitalen Medien unserer Zeit übertragen. Ihre Welt ist für viele von uns gleichbedeutend mit der Welt als Ganzes geworden. Anders ausgedrückt: Digitale Medien umgeben uns derart und in derartigem Ausmaß, dass wir uns keinen anderen Begriff mehr von der Welt machen können. Diese Macht der Social Media, unseren Realitätsbegriff zu formen, kann schwerwiegende Konsequenzen haben. Zum einen sorgen Social Media beinahe unwillkürlich für eine Verzerrung der Wahrnehmung, die quasi in ihren Funktionsmechanismus eingebaut ist (dies gilt nur bei ausschließlicher Nutzung). Zum anderen haben Social Media Unternehmen ein zentrales Interesse daran, die Wahrnehmung ihrer Nutzer innerhalb bestimmter Bahnen verlaufen zu lassen.

Als konkretes Beispiel für ersteren Fall muss die Kampagne von Bernie Sanders gelten. Noch im Februar 2020 brennen die Demokraten vermeintlich für Bernie (»Feel the Bern!«, so der beste Slogan des Wahljahres), das Feuer an der Basis lodert, er gilt als Favorit auf die Nominierung zum Spitzenkandidaten. Mitte März liegen seine Chancen gegen Biden in Schutt und Asche. Was ist passiert? Die Unterstützung für linksliberale Ideen ist in der Demokratischen Partei nicht annähernd so hoch, wie es den Anschein hatte. Die Wählerschaft ist älter und sowohl weniger gebildet als auch weniger interessiert an politischer Bildung, als es die Bernistas vermutet hatten. Unter *moderate,* gemäßigt, verorten sich die meisten Demokraten. Nur weniger als ein Viertel von ihnen bezeichnet sich als »sehr liberal« (im Sinne von sozialdemokratisch), als es die Wahlkabinen verlässt. Der »Sozialist« Sanders ist für sie eine helle Flamme, die den Blick anzieht, an der man sich aber nicht die Finger verbrennen will. Zu spät gelangen Sanders und Gefolgschaft zu dieser Einsicht; sie haben sich der Kraft ihrer Bewegung (Bernie spricht explizit von einem *»movement«)* eben primär über die sozialen Medien versichert. Und zwar auch, weil viele von ihnen – eine Parallele zur Trump-Basis – den herkömmlichen Medien nicht über den Weg trauen. Letztere haben vermeintlich ein allzu großes Interesse an der Erhaltung des Status Quo, sind daher einem selbsterklärten Revolutionär gegenüber voreingenommen. Das Resultat: sich abzeichnende Warnungen, dass es Bernie in der Breite der Bevölkerung an Unterstützung fehlen könnte, bleiben unter der Wahrnehmungsschwelle gerade vieler junger Unterstützer. Ihre Gruppe hält sich vorzugsweise über die Nachrichtenkanäle der Sanders-Fans Alexandria Ocasio-Cortez, Rashida Tlaib und Ilhan Omar auf dem Laufenden.

Der Rabbit Hole Effect der sozialen Medien

Der zweite Fall, die gezielte Steuerung der Realitätswahrnehmung der Nutzer, hat zwei Ausprägungen. In der naheliegenden Variante geschieht dies aus schnödem Profitdenken. Je höher der Reiz für die Wahrnehmung des Nutzers, desto länger verweilt er auf dem digitalen Kanal. Und desto länger ist er folglich für spezifisch zugeschnittene Werbung empfänglich. In ihrem Gewinnstreben unterscheiden sich Social Media Unternehmen nicht vom Gebrauchtwagenhändler am Stadtrand. In der Methode schon. Anders als im Autohaus gibt es praktisch keine Begrenzung des Angebots. Entscheidend ist jedoch der *rabbit hole effect:* Ähnlich der kleinen Alice im Wunderland fallen wir bei einem Besuch auf YouTube mit jedem Klick tiefer in den Kaninchenbau hinab. Mit jedem aufgerufenen Video tun sich zwanzig weitere am Seitenrand auf. Algorithmen sorgen dafür, dass immer neue, zunehmend extreme Reize gesetzt werden. Wer auf die Highlights des Super Bowl Finales 2020 aus ist, bekommt sofort auch Videos wie »übelste Verletzungen im Football« und »Hooligans außer Rand und Band« serviert. Ein nicht endender Tunnel, der nur mehr in immer andere Gänge führt. Schnell geraten so das eigentliche Ziel der Recherche und die vorgesehene Route aus dem Blick; auch ist nicht mehr klar, wie man eigentlich an dem Punkt angelangt ist, an dem man sich momentan befindet (was so manche Nutzer in der Kommentarspalte offen zugeben).

Eine zweite Variante ist ebenso naheliegend, aber womöglich weniger offensichtlich. Hier wird die Wahrnehmung der Nutzer sozialer Medien aus ideologischen Gründen gezielt in eine bestimmte Richtung geleitet. Stephen Bannon, der später eine Zeitlang Trumps Chefeinflüsterer sein wird, verkündet bei der Gründung von Breitbart News, den etablierten Medien »den Garaus machen« zu wollen. Er beschreibt sich selbst als Frontkämpfer in einem epischen Krieg, passend hierzu heißt sein täglicher Podcast bei YouTube »Bannon's War Room«. Entgegen des martialischen Titels geht Bannon in seiner Gefechtszentrale allerdings eher subtil vor. Doch die Intention ist perfide. Er verkauft seinem Publikum das, was der Late Night

Talker und Comedian Stephen Colbert treffend »truthiness« genannt hat: Die Überzeugung, etwas sei wahr, weil es sich intuitiv wahr *anfühlt,* selbst wenn die Fakten, die Logik oder einfach der gesunde Menschenverstand dagegensprechen.

Colbert prägte den Begriff eine Dekade, bevor Trump ins Rennen um die Präsidentschaft ging. Doch erscheint es zuweilen, als hätte er dessen Agieren im Amt damals schon vorhergesehen. Trump jedenfalls geht regelmäßig so vor. Entgegen der verbreiteten Darstellung ist er kein chronischer Lügner. Sondern ein »Bullshitter«, wie es der Princeton-Philosoph Harry Frankfurt ohne Umschweife ausdrückt. Frankfurt meint, dass Trump unterschiedslos, je nach Situation, Wahrheiten, Lügen oder auch Halbwahrheiten zum Besten gibt. Es geht ihm einzig darum, wie er den gewünschten Effekt erzielt. Soziale Medien wie Twitter eignen sich für Bullshitting in fataler Weise, denn es gibt keinen Filter, den ein Statement durchlaufen muss, keine Redaktionskonferenz, keinen Faktencheck, keine Korrekturlesung. Ein Knopfdruck, und die Aussage ist in der Welt. Dort bleibt sie auch dann, wenn sie nachgewiesen falsch ist. So säte Trump auch auf Twitter über Jahre und bis kurz vor seinem Wahlsieg Zweifel, ob Präsident Obama in den USA geboren und daher überhaupt rechtmäßig im Amt sei. Noch im Sommer 2016 – Obama hatte seine Geburtsurkunde bereits lange zuvor öffentlich gemacht – hegten laut einer NBC Umfrage 72 Prozent der registrierten Republikaner diesbezüglich Misstrauen.

Leben in der Matrix

Es ist das letzte Jahr vor der Jahrtausendwende, vor dem *watershed moment.* Der Computerhacker Neo lebt ein trostloses Leben. Seine Wohnung, sein Arbeitsplatz, seine gesamte Welt ist eine computergenerierte Simulation, die Matrix. Für Neo und die anderen in ihr lebenden Menschen ist diese Simulation nicht von der Realität zu unterscheiden. Bis Morpheus, der Kopf der Aufständischen, die die

Matrix von außen bekämpfen, Neo kontaktiert. Er klärt ihn über die Täuschung auf. Der Rest ist bekannt: Neo entscheidet sich gegen die blaue und für die rote Pille und kann fortan wieder zwischen Illusion und Wirklichkeit trennen.

Rückblickend erscheint der erste Teil des Science-Fiction Kultfilms *The Matrix* – der bei seiner Premiere 1999 für Furore sorgte – geradezu unheimlich weitblickend. Denn der gewaltige Sog digitaler Medien sorgt in unseren westlichen Demokratien neben den oben skizzierten Problemen für ein weiteres Phänomen. Es ist tückisch und damit hochproblematisch. Obwohl von ebenso gewaltigen Ausmaßen wie der Sog, der es hervorruft, ist dieses Phänomen für uns Bürger dieser Demokratien nur schwer auszumachen. Womöglich sorgt gerade seine Größe dafür, dass wir es kaum überblicken und damit durchschauen können. Seit dem Wasserscheide-Moment zu Beginn der 2000er-Jahre und dem Siegeszug der Sozialen Medien hat ausgehend von der digitalen Welt eine stetig anwachsende Überformung der analogen Welt um uns herum stattgefunden. Die Entwicklung dauert bis heute an, ein Ende ist nicht absehbar, eine Reduzierung erscheint ausgeschlossen. Keanu Reeves, der in *The Matrix* die Figur des Neo spielt, zeigte sich damals fasziniert von der Kraft digitaler Effekte, die ihm »sehr real« erschienen. Eigentlich hätte die Rolle Will Smith spielen sollen. Zwanzig Jahre später, 2019, tritt Smith in *Gemini Man* gegen eine jüngere, computergenerierte Kopie seiner selbst an. Es ist unmöglich, sie vom Original zu unterscheiden.

Die große Errungenschaft westlicher Demokratien ist der öffentliche Aushandlungsprozess, in dem sie sich ständig befinden. Wir sind zurecht stolz auf die Meinungsbildung in der Auseinandersetzung. Sie ist in den Worten der US-Philosophin Jean Bethke Elshtain bisweilen »verfahren und chaotisch«. Doch Teil davon zu sein definiert unser Selbstverständnis als souveräne Demokraten. Die Debatte als unser höchstes demokratisches Gut in die digitale Arena der Sozialen Medien zu verlegen, sollte somit viel Gutes für sich haben – und schlicht unserer Zeit angemessen sein. Lässt sich das so pauschal sagen? Wir haben keinen Morpheus, der uns auf der offenen Hand die Pille der Erkenntnis reicht. Ironischerweise ist das Bild aus *Matrix* übrigens ausgerechnet in rechtskonservativen und rechtsradikalen Kreisen beliebt, allerdings mit einer ganz anderen Auslegung. Hier zählt man sich zu den Aufgeklärten, die die rote Pille genommen und damit die angeblich naive Liberalität der politisch Moderaten und Linken hinter sich gelassen haben. Dabei sind es genau jene rechten Kreise, die sich für Verschwörungstheorien in den Sozialen Medien besonders anfällig zeigen, also faktisch immer wieder aufs Neue zur blauen Pille greifen.

Es mag zunächst etwas dramatisch erscheinen, zu behaupten, der »Westen« sei auch in dieser Hinsicht nicht mehr existent, also in seiner ursprünglichen Formgebung und Wertigkeit einer Arena für die aufgeklärte Debatte unserer Gesellschaft über sich selbst. Unbestritten befinden sich die westlichen Demokratien jedoch in einem grundlegenden Umwälzungsprozess, was das alte Ideal des durch rationale Argumente bestimmten Diskurses angeht. Die voranschreitende Umwälzung ist mit hohen Risiken verbunden. Vordergründig ist ihre Verlagerung in die digitale Arena lediglich die zeitgemäße Fortsetzung des Modells, das einst für unseren Teil der Welt aus der Aufklärung hervorging. Tatsächlich jedoch geht mit der Verlagerung eine qualitative Veränderung durch den Einfluss der Sozialen Medien einher. Eine häufig geäußerte Einschätzung, wir hätten den Diskurs *gerade* über seine Verlegung in die Sozialen Medien optimiert, greift mit Sicherheit zu kurz. Ist die Tatsache, dass potenziell jede und jeder mit allen anderen jederzeit über jedwedes Thema in Austausch treten kann, für sich genommen schon eine Garantie für mehr Demokratie? Oder liegt gerade in der allgegenwärtigen Verfügbarkeit einer unbegrenzten Menge an Informationen ein Risiko hinter allen faszinierenden Chancen verborgen? Gefährdet die Digitalisierung also nicht zuletzt wegen der »Pest der Desinformation« die Demokratie, wie der Medienwissenschaftler Stephan Russ-Mohl warnt? Diesen Eindruck kann man bekommen, wenn man sich die folgende, einigermaßen skurrile Episode besieht, die Hillary Clinton im Wahlkampf 2016 widerfährt.

Hillary und der »Korb der Bedauernswerten«

Kaum jemand im Wahlkampf 2016 zweifelt die Fachkenntnis der Hillary Clinton an. Hingegen zählt Einfühlungsvermögen, so meinen selbst manche aus ihrem Team, nicht zu ihren Stärken. Zwei Monate vor der Wahl tritt Clinton den Beweis an – und ein großes Loch in ihre Präsidentschaftsbewerbung (wie sie 2017 in ihrem Buch *What Happened* zugeben wird). Bei einer Spendenveranstaltung steckt sie – rhetorisch – die Hälfte der Trump-Unterstützer in den *basket of deplorables,* den »Korb der Bedauernswerten«. Gemeint sind die Rassisten, Sexisten, Homophoben und Fremdenfeinde im Trump-Lager. Unzweifelhaft sind diese vorhanden. Viele von ihnen vereinen alle genannten Eigenschaften in sich. Vor allem aber fühlen sie sich zu kurz gekommen, im Leben, in der Anerkennung durch die Gesellschaft, im Vergleich zu den vermeintlich privilegierten Minderheiten. Sie empfinden sich als bedauernswert. Und machen sich Clintons verächtlichen Kommentar zu eigen. Nur wenig später tauchen die ersten T-Shirts bei Trump-Rallys auf: »Stolzes Mitglied bei den Bedauernswerten«. Aus der Abwertung ist ein positiv konnotierter Begriff geworden, zumindest in dem Sinn, dass sich die Gemeinten den Begriff angeeignet und voller Trotz zu einer Auszeichnung umgedeutet haben. Rasend schnell verbreitet sich die Idee unter dem Hastag #basketofdeplorables in den Sozialen Medien. Viele Nutzer geben freimütig an, nicht zu wissen, was es mit dem Begriff eigentlich auf sich habe, dennoch aber »einfach dabei sein zu wollen«.

Die kreative Umdeutung einer kritischen Aussage zu einer Wertschätzung kann man originell finden. Erfunden haben sie jedoch nicht die selbststilisierten Opfer der Trump-Bewegung, sondern Minderheitenbewegungen, die sich damit von der Opferrolle emanzipieren, die ihnen die Mehrheitsgesellschaft tatsächlich zuschreibt. Wenn sich nun Trumpianer dieses Vorgehen von Menschen abschauen, auf die sie oftmals herabsehen, entbehrt dies nicht einer bösen Ironie. Wirklich besorgniserregend ist jedoch, was daraus folgt. Denn schon bald bildet sich eine ideologisch verhärtete, von außen kaum mehr zugängliche Gruppe der »Bedauernswerten«. Dazuzugehören, bedeutet für sie, die eigenen rassistischen, sexistischen und fremdenfeindlichen Vorurteile zu pflegen. Clinton und ihre liberale Gefolgschaft abzulehnen, die sich für etwas Besseres halten. Kurz: sich im Korb der Bedauernswerten einzurichten, wo man unter seinesgleichen ist. So scheint es, doch wie so oft täuscht der Eindruck im Netz. Die Mitglieder im Club der Bedauernswerten haben sehr viel weniger gemein als sie denken: manche verdienen doppelt so viel wie andere, manche verstehen sich als wiedergeborene Christen, anderen ist die Kirche ein Dorn im Auge. Manche schrecken nicht davor zurück, den Neonazis von Charlottesville beizupflichten, was andere aus tiefstem Herzen ablehnen.

Doch derartige Unterschiede sind im virtuellen Raum der Sozialen Medien nicht immer zu erkennen. Stattdessen dominiert die Abgrenzung nach außen, hieraus speist sich die eigene Identität. Nach innen etabliert sich schrittweise ein Diskurs, der in seiner eigenen digitalen Welt parallel und dann zunehmend disparat zum Diskurs verläuft, den sich Demokraten und Republikaner auf den politischen Bühnen der Nation liefern. Die »Bedauernswerten« fühlen sich nur noch unter ihresgleichen gehört, und sie sprechen fortan nur noch zu ihresgleichen. Für alle anderen ist die Türe zu. Schon, weil sie als Nicht-Eingeweihte die Symbolik der Bewegung nicht entziffern können. So taucht im Umfeld der *Deplorables* häufig *Pepe the Frog* auf, eine Cartoon-Figur, die lustig daherkommt, aber schon länger zum Maskottchen der Alt-Right und *white supremacy* Bewegung mutiert ist.

Der Frosch Pepe ist nur eines von vielen Memes, die – wie auch Bilder, Videos, Musikbotschaften und anderes – unter den »Bedauernswerten« eine gefühlsmäßige Bindung, ein Gefühl der Zusammengehörigkeit, herstellen. Sie helfen dabei, sich in einer »imaginären Gemeinschaft« verbunden zu fühlen, wie sie Benedict Anderson in seinem klassischen Konzept der *imagined communities* beschreibt. Andersons gleichnamiges Buch erschien 1983, lange vor dem Internet. Der Politikwissenschaftler von der Cornell Universität arbeitete zur *Erfindung der Nation,* so der deutsche Buchtitel.

Demnach pflegen Mitglieder einer Nation die Vorstellung ihrer Gemeinschaft, obwohl sie faktisch 99 Prozent der anderen Mitglieder niemals kennenlernen werden. Vor dem Auseinanderfallen bewahrt wird die Nation daher über alle bestehenden Differenzen hinweg nur durch ihre imaginäre Zusammengehörigkeit. Der (Ver-)Bindung mit anderen muss man sich immer wieder in ritualisierten Abläufen vergewissern. Mehr als anderswo gilt dies für die USA, eine ebenso große wie heterogene Nation, die bei Licht betrachtet nur durch sehr dünne Fäden zusammengehalten wird. Kein Wunder, dass das Singen der Nationalhymne und der Eid auf die Fahne solchen Raum einnehmen, bei jeder Gelegenheit ein Gründervater zitiert und das eigene Land als *God's own country* beschworen wird.

Interessanterweise funktioniert Andersons Konzept ebenso im digitalen Raum unserer Zeit. Nach Hillarys Aussage bildet sich unter den »Bedauernswerten« eine »Trump-Nation«: Menschen, die sich über die Schmach durch die Eliten zusammenfinden. Die ihr Gefühl der Kränkung in die Rechtfertigung ummünzen, den selbsterklärten Zerstörer der Eliten ins Weiße Haus zu wählen. Tatsächlich stellt die Welt der Sozialen Medien eine Extremform dessen dar, was Anderson einst für die analoge Welt diagnostiziert hatte. Das digitale Medium macht den »Raumfaktor« (wie viel und was bekommt man voneinander mit, je nachdem, wie groß die Distanz untereinander ist) praktisch obsolet. Der »Zeitfaktor« ist ebenfalls hinfällig, denn der Abruf und das Senden von Informationen ist in Echtzeit, ohne jede Verzögerung, möglich. Alle können sich jederzeit und von überall über ihre Smartphone einklinken und sich als Teil der Bewegung fühlen. Der Eindruck, sich als Gleichgesinnte und Gleichgestellte zu begegnen, ist ungleich stärker als in der analogen Welt, es gibt wenig Kontext, der das korrigieren könnte. Praktisch unmittelbar entsteht somit eine starke Gruppenidentität, mit der sich alle Teilnehmenden fast automatisch identifizieren. Zwar ist die Gruppe, deren Mitglied man ist, nicht annähernd so stabil, wie es ihren Mitgliedern mitunter scheint. Die Ränder sind ausgefranst und nicht abgesichert gegen radikale Besucher von rechts außen.

Letztere sind den Mitgliedern im Zentrum in vielen Fällen nicht willkommen. Doch ist da gleichzeitig dieses schwer greifbare, aber intensive Gefühl der Kameraderie, die Überzeugung, im gleichen Boot zu sitzen – bzw. in diesem Fall im gleichen Korb.

Hillary Clinton versuchte sich später in Schadensbegrenzung. Sie erläutert ihre Aussage und entschuldigt sich mehrfach – auf Twitter. Anders, so war ihrem Social Media Team schnell klargeworden, war der Imageschaden nicht aufzuhalten. Freilich bleibt das Wort vom »Korb der Bedauernswerten« dennoch in der Welt. Dafür sorgt schon Twitter selbst. Auch Clintons Klarstellung, wie zuvor die Bewegung der *Deplorables,* die sie unabsichtlich ausgelöst hatte, passiert innerhalb des Systems und seiner Funktionslogik. Ein weiterer Twitterstrang ist entstanden, er verzweigt sich bis heute und treibt im Vorlauf zur Wahl 2020 neue Zweige aus. Betrieb auf den Kanälen ist im Sinne des Unternehmens, zunächst einmal unabhängig vom Inhalt. Unzweifelhaft gehört neben Trump daher Twitter zu den Gewinnern der Kontroverse. Ganz konkret auch im finanziellen Sinn: Das Vermögen von Jack Dorsey, der den Kurznachrichtendienst vor nicht einmal einer Dekade gründete, wird auf 2.3 Milliarden Dollar geschätzt.

Zustimmung vom Band?

Selbstverständlich ist Hillary Clinton nicht nur Opfer. Finanziell gesehen ist sie zwar, im Vergleich zu Dorsey, auch als mehrfache Millionärin ein kleiner Fisch. Doch was politische Beziehungen und die strategische Nutzung von Kommunikationsmitteln anbelangt, zählt Hillary zu den ganz Großen. Sie weiß genau, dass Twitter so aufgebaut ist, dass ihr und anderen sehr bekannten Namen eine systematische Bevorzugung gewährt wird. Die Twitter-Präsenz der Stars hat mehr Gewicht als die des Durchschnittsbürgers, denn Stars fungieren für das Unternehmen als Verteiler. Ein System aus Algorithmen »belohnt« Tweets von Clinton, Obama, Trump, Ronaldo und

Katy Perry mit Top-Positionen auf der Twitter-Leiste, wodurch mehr Menschen diese Tweets registrieren, als es regulär der Fall wäre, sie anschließend re-tweeten usw. Das widerspricht zentral dem egalitären Image der Plattform, mit dem Twitter wirbt.

Überhaupt ist der betont basisdemokratische Anstrich, den sich die Plattform gibt, mit Vorsicht zu genießen. Ja, jedermann und jedefrau kann sich einen Account anlegen und mitmischen, Voraussetzung dafür ist lediglich ein Internetzugang. Allerdings mischen die Allermeisten unwillkürlich dort mit, wo gerade am meisten passiert. Und das ist alles andere als zufällig. Die sogenannten *trending topics* sind teilweise über Algorithmen gesteuert, welche bestimmte Aspekte bevorzugen, andere auf der Relevanzleiste nach hinten verschieben, z. B. weil man weiß, dass Menschen am Tag X auf das Thema Y besonders ansprechen (Stichwort: Valentinstag). Mit anderen Worten: Längst nicht alle Trends auf Twitter entstehen auf »natürliche« Art und Weise aus sich selbst bzw. der faktischen Relevanz der Thematik heraus.

Ähnlich gilt: Kommentare mit Wertung sind (wie im »richtigen« Leben auch) interessanter für andere als rein beobachtende Statements. Also überwiegen erstere, denn sie werden via Algorithmus bevorzugt und scheinen schneller und länger auf der Twitterleiste auf als ihre nüchternen Pendants. Umgekehrt sorgt diese Logik dafür, dass Nutzer ihre Aussagen unwillkürlich kontroverser, sensationsheischender, mehr ad hominem formulieren, als es eigentlich ihrem Naturell entspricht. Sie entscheiden sich tendenziell gegen »objektiv, neutral, fair« und stattdessen für »kontrovers, wertend, polemisch«, weil damit die Chancen steigen, ein Echo in der Twitter-Community zu erzeugen. Man fühlt sich an *Manufacturing Consent* erinnert, Noam Chomskys und Edward S. Hermans Klassiker zur Funktionslogik der US-Massenmedien. Das Buch erschien 1988, also vor Beginn der kommerziellen Nutzung des Internets Anfang der 90er-Jahre. Chomsky und Herman behaupten darin, die Medien stellten unter ihren Nutzern eine grundlegende Zustimmung zum System geradezu »fabrikmäßig« her (daher der Begriff »Manufaktur« im Titel). Wer Medien konsumiert, akzeptiert ihre Struktur und Funktionsweise als gegeben, und zwar deshalb, weil einem die Medien die *Illusion* der freien Wahl vermitteln. Jeder ist frei zu entscheiden, welchen der knapp 200 Fernseh-Sender der Sinclair Broadcast Group er einschaltet, doch ist zu diesem Zeitpunkt längst an höherer Stelle grundsätzlich entschieden worden, was es überhaupt zu sehen gibt.

Um Missverständnissen vorzubeugen: Es geht nicht darum, Soziale Medien in Bausch und Bogen zu verdammen. Im Gegenteil, sie können eine wichtige Funktion für die Demokratien des 21. Jahrhunderts erfüllen. Sie können dies in einem Ausmaß tun, das zur Jahrtausendwende noch nicht vorstellbar war. Und sie tun es heute in einem Ausmaß, das es nicht nur der Generation der Millenials unmöglich macht, sich eine Welt ohne Social Media überhaupt noch vorzustellen. Allerdings sollte klargeworden sein: So wie die Sozialen Medien funktionieren, können sie das Beste an der öffentlichen Debatte verstärken. Sie können aber auch die Schwächen jedweden öffentlichen Diskurses ins Extrem treiben. Bildlich ausgedrückt: Zum Leidwesen des Autors wird das eigene Gitarrenspiel nicht einfach dadurch besser, dass der Verstärker bis zum Anschlag aufgedreht wird.

Buridans Esel: Die Malaise der politischen Institutionen

Stellen Sie sich einen Esel vor, der sich eines Morgens in seinem Stall genau mittig zwischen einem duftenden Haufen Stroh und einem Eimer frischen Wassers wiederfindet. Eine komfortable Situation (für einen Esel), sollte man meinen. Laut des Philosophen Jean Buridan wird das Tier jedoch an ihr verzweifeln. Denn der Esel kann sich nicht entscheiden, wohin er sich wenden soll. Erst Stroh und dann Wasser? Oder doch lieber umgekehrt? Er verharrt somit in der Mitte und stirbt schließlich an Hunger und Durst. Das

Gleichnis stammt aus dem Frankreich des 14. Jahrhunderts. Doch fühlt man sich an die politischen Institutionen Amerikas im 21. Jahrhundert erinnert. Regierung, Kongress, Gerichtsbarkeit, die Akteure des politischen Systems der USA in ihrer Gesamtheit: hin- und hergerissen, unfähig, rationale Entscheidungen zu treffen, von Tag zu Tag mehr geschwächt – schon bald existenzbedroht ...?

Es ist ein Dilemma, in das man sich – im Unterschied zum Esel – selbst manövriert hat. Und aus dem sich das demokratische System letztlich aus eigener Kraft wird befreien müssen, um nicht in der Autokratie zu enden. Das erscheint durchaus machbar. Gute Voraussetzungen hierfür sind gegeben. Allerdings war dies auch schon zuvor der Fall: Ein reiches Land voller Ressourcen und starkem Binnenmarkt, ein hoher Bildungsstandard, Anziehungspunkt für die klügsten Köpfe aus aller Welt, von Krieg auf eigenem Boden seit über zwei Jahrhunderten verschont. Was also ist passiert, was hat zu Lähmung und Kraftlosigkeit der Politik geführt?

Wie wir gesehen haben, ist die Vierte Gewalt, die Medien, der- zeit mit großen Umwälzungen und Schadensbegrenzung beschäf- tigt. Sie kann den drei Gewalten Legislative, Exekutive und Judika- tive nicht im nötigen Umfang mit konstruktiver Kritik zur Seite stehen. Denn das würde die Demokratie als Ganzes stabilisieren. Diese Schützenhilfe wäre angesichts zunehmend selbstbewusst auf- tretender populistischer Akteure, die teils offen gegen das beste- hende demokratische System agitieren, dringend geboten. Hinzu kommt, dass die Abwehrkräfte der Demokratie in Parlament, Re- gierung und Rechtswesen aktuell nicht so abrufbar sind, wie es an- gesichts der Entwicklungen der Fall sein müsste. Dafür gibt es in allen drei Bereichen zu viele Baustellen. Die Folge ist allzu oft Handlungsunfähigkeit. Ergebnisse bleiben aus, das Vertrauen der Menschen in die Institutionen schwindet. Ohne Vertrauen haben demokratische Institutionen aber keine Autorität, mit der sie effek- tiv handeln und Ergebnisse erzielen können. Ein Teufelskreis.

Eine derart verfahrene Situation in der ältesten existierenden Demokratie der Welt ist eine schlechte Nachricht für das demo- kratische Staatengefüge der westlichen Welt als Ganzes. Auch in dieser Hinsicht muss man konstatieren: Den »Westen« gibt es nicht mehr, insofern als dass bei seinem mächtigsten Vertreter ein einstmals funktionierendes Institutionengebilde von innen heraus ausgehöhlt ist. Gewaltenteilung und gegenseitige Kontrolle, die Abschirmung gegen profitgesteuerte Infiltration nach außen, die Abbildung des Wählerwillens nach innen: All dies ist im heutigen Amerika nur mehr bedingt gegeben. Wir anderen westlichen Demokratien sollten die verfahrene Lage in den USA genau analysieren. Sie ist als Warnung zu verstehen, alles daran zu setzen, dieselbe Entwicklung bei uns abzuwenden. Angesichts der wuchtigen Dynamik in den USA fragt man sich unwillkürlich, welche Impulse zu einer echten Trendwende führen könnten. Denn gegenwärtig haben die politischen Institutionen gleich mit drei Problemkomplexen zu kämpfen.

Erstens, sie sind zahnlos. Um sich gegen die von außen auftretenden Interessen zu wehren, bedarf es einer stabilen Verteidigung. Die Belagerung ist permanent und massiv. Doch gibt es in der Mauer große Lücken, die von außen wie von innen hineingeschlagen worden sind. Jenseits davon steht die Lobby-Industrie der großen Unternehmen, innerhalb aber auch oftmals ihre Vertreter, die den kurzen Weg in die Berufspolitik nehmen. So bedarf es nicht einmal des Mauerbruchs. Die berüchtigte Drehtür *(revolving door)* zwischen Politik, Wirtschaft und Medien wird nach allen Seiten permanent durchschritten. Hinzu kommen die populistischen Bewegungen unserer Zeit, welche die Schwachstellen im Institutionengebilde nutzen und darauf aus sind, es zu zerstören. Die feindliche Übernahme der Demokratie mit den Mitteln der Demokratie ist machbar und sehr real. Gegenüber dieser fatalen Möglichkeit gibt sich die Demokratie derzeit nicht so wehrhaft, wie es nötig wäre.

Zweitens, die politischen Institutionen sind hoffnungslos veraltet. Sie funktionieren nicht effektiv und können somit auch ihre gesamtgesellschaftliche Verantwortung nicht wahrnehmen, wie es angezeigt wäre. Kein Wunder, denn sie stammen aus einer anderen Zeit; die Richtlinien der US Constitution sind über 230 Jahre alt. Sie stammen zudem aus einem anderen Land; damals lebten im schmalen

Gürtel der 13 Gründerkolonien an der Ostküste nur etwas über zwei Millionen Menschen. Philadelphia, damals die größte Stadt auf dem Kontinent, hatte rund 35 000 Einwohner, viele kannten den Senator ihres Staates persönlich. Heute vertritt die kalifornische Senatorin Kamala Harris statistisch gesehen 20 Millionen Menschen. Freilich haben beide Kammern des Kongresses noch nie wirklich adäquat die Zusammensetzung der Nation wiedergegeben. In der Gründerphase blieben ganze Bevölkerungsgruppen explizit ausgeschlossen. Heutzutage garantieren über Jahrzehnte etablierte, privilegierte Zugänge zur Macht, dass bestimmte Interessen im Kräfteverhältnis systematisch überwiegen. Hierfür sorgen schon die antiquierten Mechanismen des Wahlsystems, wie wir noch sehen werden.

Drittens folgt aus den ersten beiden Aspekten, dass die politischen Institutionen in den Augen der Bevölkerung kaum mehr vertrauenswürdig sind. Tatsächlich ist das System nicht nur in weiten Teilen selbstblockierend, sondern geradezu mit Sollbruchstellen versehen. Den Gründervätern darf die beste Absicht unterstellt werden; sie wussten, was die Konzentration der Macht in einer Person bedeutet und suchten dies in der Neuen Welt zu verhindern. Das Experiment Amerika sollte ohne einen König auskommen, und so wurden Präsident und Kongress einander gegenübergestellt. Niemand konnte 1789 die politische Dynamik von 2020 voraussahnen, doch trifft in unserer Zeit nun eben ein starres System auf eine sich dynamisch wandelnde Welt. Die Folge ist allzu oft Stillstand in der Systemblockade (im Amerikanischen: *gridlock*). Man denke nur an die regelmäßige Stilllegung des gesamten Staatsapparats (der *shutdown,* seit Mitte der 70er-Jahre 20 Mal ausgerufen). Oder daran, welche Zeit und Energie in das endlos erscheinende Drama der Impeachment-Anklage gegen Donald Trump gesteckt wurde, die dringend anderswo benötigt würde.

»Daten sind das neue Öl«: Die Macht der Tech-Giganten

Die neue Firmenzentrale von Apple sieht von oben aus wie ein gigantisches Raumschiff. Der 2017 eröffnete, ringförmige Bau wurde von Stararchitekt Norman Foster entworfen und für fünf Milliarden US-Dollar mitten ins Silicon Valley gepflanzt. Geld spielt offenkundig keine Rolle. Wenn man vor der verglasten Außenfassade steht, lässt sich die enorme Dimension des Gebäudes nur erahnen. Auf einem dreiviertel Quadratkilometer kommen unter anderem ein ganzer Park und ein unterirdisches Auditorium mit 1000 Sitzplätzen unter. Es fehlt nicht an Hedonismus. Firmentempel wie dieser zeigen, warum mittlerweile oft vom »Silicon Versailles« die Rede ist. Wie es um das Selbstverständnis der Tech-Giganten bestellt ist. Und wie mächtig die Branche geworden ist. Ihre Lobby hat am anderen Ende des Landes, in Washington D. C., enormen Einfluss. Doch auf einer tiefer liegenden Ebene sind das gesamte politische Institutionengefüge und seine Abläufe fundamental auf die Kommunikationstechnologie der digitalen Riesen angewiesen. Keine Bevölkerungsumfrage erfolgt mehr ohne digitale Methoden, keine Auswertung der Datenmenge ohne Algorithmus. Kein Abgeordneter im Kongress mehr, der seinen Wahlkampf ohne Facebook bestreiten kann. Ein Staatsoberhaupt, das sich blind auf Twitter als Kommunikationskanal verlässt.

Wenn wir von der politischen Macht der Tech-Branche sprechen, ist also einerseits der konkrete Einfluss auf einzelne Gesetzesvorhaben gemeint. In vielen Fällen ist alleine das wirtschaftliche Gewicht schon Argument genug. Silicon Valley hat entscheidenden Anteil daran, dass die kalifornische Wirtschaft mit einem BIP von 2.5 Billionen US-Dollar die sechststärkste der Welt ist, noch stärker sind nur die USA als Ganzes, China, Japan, Deutschland und Großbritannien. Dabei unterscheidet sich die junge Digitalwirtschaft in ihrem Wesen von älteren Industriezweigen: Es geht nicht mehr primär um die Spezialisierung auf ein einzelnes Produkt wie

Keilriemen oder Transistoren. Auch geht es nicht mehr darum, ein Massenprodukt besser herzustellen als die Konkurrenz, wie sich beispielsweise etwa Telefunken und Loewe im deutschsprachigen Fernsehgerätemarkt lange Zeit gegenüberstanden. Ziel ist es vielmehr, das gesamte Informations- und Versorgungsnetz, in dem sich alles andere abspielt, über digitale Kommunikationswege abzudecken.

Andererseits bedeutet politische Macht, die politische Entscheidungsfindung einer Nation (mit) zu formen, und damit die Funktionsgrundlage unserer Demokratie. Eng verwandt dieser Macht ist die Fähigkeit der Tech-Giganten, sich der politischen Kontrolle entziehen zu können, wenn es darauf ankommt. Ein besonders eindringliches Beispiel hierfür ist die Farce, zu der sich die Anhörungen Mark Zuckerbergs vor dem amerikanischen Kongress im Frühjahr 2018 entwickelten. Gut zwei Jahre später wird das EU-Gericht in Luxemburg Steuer-Nachforderungen gegenüber Apple in Höhe von 13 Milliarden Euro annullieren; eine schwere Niederlage für die EU-Kommission, welche die Forderung 2016 gestellt hatte. Doch bereits der Auftritt des Facebook-Chefs auf dem Kapitolshügel in Washington 2018 war eine Demonstration der Macht – und gleichzeitig Ausdruck der Hilflosigkeit der Legislative. Thema: ein Skandal erster Güte. Gleichzeitig ist von Anfang an klar: Der gesamte Staatsapparat ist auf Wissen und Leistungen der Tech-Branche angewiesen und kann es sich schlicht nicht leisten, diese Verbindung abreißen zu lassen. Auch nicht, wenn Facebook ein Datenleck von 87 Millionen Accounts zu verantworten hat, abgeerntet durch die politischen Berater von Cambridge Analytica. Hieraus wurde systematisch Profit geschlagen, auch um politische Kampagnen in den USA, Großbritannien und anderswo passgenau auf Zielgruppen zu modellieren. Bei Zuckerbergs Auftritt vor dem Kongress kommt auch die Verbindung von Cambridge Analytica und der Datenanalyse-Firma Palantir ans Licht. Letztere unterhält in großem Umfang Kooperationsverträge mit dem Pentagon und polizeilichen Behörden in den USA.

Die Cambridge Analytica Episode bedeutet für den Facebook CEO ein Imageproblem (von kurzer Dauer), finanziell hat sie für ihn keine Folgen. Der 36-jährige Zuckerberg – geschätztes Vermögen laut *Forbes* derzeit 70 Milliarden Dollar – ist Mitglied im Club der Tech-Milliardäre, dem auch Jack Dorsey (Twitter), Jeff Bezos (Amazon), Larry Page (Google) und Bill Gates (Microsoft) angehören. Es ist nur fair anzumerken, dass Gates schon vor einer Dekade *The Giving Pledge* ins Leben gerufen hat. Eine philanthropische Kampagne, deren superreiche Mitwirkende – u. a. Zuckerberg, aber auch der deutsche SAP-Mitgründer Hasso Plattner und der Schweizer Unternehmer Hansjörg Wyss – sich verpflichten, einen Großteil ihres Vermögens zu spenden. Speziell in der US-Digitalbranche sind die führenden Köpfe nicht nur unerhört reich, sondern auch vergleichsweise jung. Larry Page, Jack Dorsey und Mark Zuckerberg sind alle deutlich unter fünfzig, die Snapchat-Gründer Evan Spiegel und Bobby Murphy gut dreißig Jahre alt. Um diese selbsterklärten Visionäre und ihre Vorgänger ist ein Personenkult entstanden, der früher Hollywood-Stars zu eigen war. Fans aus aller Welt pilgern zum Googleplex in Mountain View und zur Garage in Palo Alto, in der Hewlett und Packard einst herumgetüftelt hatten.

Das Silicon Valley ist einer von wenigen Orten auf der Erde, der sich im 21. Jahrhundert als globale Marke etabliert hat. Natürlich haben die ansässigen Unternehmen diese Stilisierung vorangetrieben, doch mussten sie weniger Aufwand betreiben, als man erwarten würde. *Data is the new oil!* Daten sind das Öl unserer Zeit, so der passende Slogan zum Phänomen, das sich zu einem Selbstläufer entwickelt hat. Man erkennt dies etwa daran, dass Amazon in Seattle und Snapchat in Los Angeles beheimatet sind, in der Regel aber dennoch zum Silicon Valley gezählt werden, weil sie eine bestimmte Arbeitskultur, Ästhetik und Lebensweise verkörpern. Zumindest nach außen.

Auf der Innenseite fußen auf der revolutionären Arbeit im Digitalen Gesellschaftsentwürfe, die nicht immer mit den Spielregeln der Demokratie in Einklang zu bringen sind. Silicon Valleys extrem ambitionierte Vordenker entwickeln umfassende Modelle für das

Zusammenleben im 21. Jahrhundert. Typischerweise verbindet sich der Glaube an grenzenloses Wachstum mit dem an die Optimierung der menschlichen Arbeitskraft. Privatsphäre und Datenschutz sind in dieser Vorstellung Faktoren wie andere auch, die hinauf- oder hinuntergeregelt werden können. Hassrede läuft bei Facebook unter Meinungsfreiheit. Nazipropaganda ist zulässig, Nacktheit wird zensiert. Vor allem aber ist Transparenz Trumpf, sollen Nutzer gläsern sein. Die Grenze zwischen digitaler und analoger Welt löst sich auf. Es geht Unternehmern wie Peter Thiel – CEO bei Palantir und Mitgründer von Paypal – um nichts weniger als »das Arbeitsethos der Welt zu verändern« (das den Europäern laut Thiel, in Frankfurt am Main geboren, ohnehin fehlt). Das Umkrempeln der kompletten Arbeitskultur ist hier nur ein erster Auftakt. Längst wird global auch in Städteplanung sowie in Modelle zur Urbarmachung anderer Planeten investiert. Die Google-Gründer Larry Page und Sergej Brin stecken Millionen in das Projekt Calico, das den Menschen vor dem Tod bewahren soll. Thiel und Amazon-Gründer Bezos begnügen sich fürs Erste mit der Firma Unity Biotechnology und deren Forschungen zur Lebensverlängerung.

Silicon Valley ist ein sehr spezielles Ökosystem. Hier kamen schon früh Militärtechnologie und Spitzenforschung im Umfeld der Stanford University mit einer freidenkerischen Hippiekultur zusammen. Eine besondere Mischung, die in ihrer Zwanglosigkeit zahlreiche ebenso verspielte wie hochbegabte Tüftler anzog und bis heute anzieht. Bald schon fanden sich Großspender aus dem Privatsektor, die bereit waren, Wagniskapital in nerdige Mitzwanziger zu investieren, die in ihrer Garage an Technik herumschrauben. Allen Beteiligten war immer klar, dass Fehlversuche, Pleiten und Bankrotterklärungen zum Geschäft gehören würden, dass es darum ging – wie die Amerikaner sagen –, Ideen gegen die Wand zu werfen und zu sehen, was kleben bleibt. Ein großes Experiment, eine Chance, die so vielleicht nur in Amerika erwachsen konnte. Über die Jahrzehnte sind allerdings auch die Schattenseiten des Experiments sichtbar geworden. Und wie, so fragt man sich, soll das mit den Umtrieben dieser Zukunftsindustrie verbundene Risiko in Schach gehalten werden? Wie sollten die politischen Institutionen unserer Zeit die Herausforderungen des 21. Jahrhunderts stemmen, wenn sie doch selbst aus dem 18. Jahrhundert stammen und in vielerlei Hinsicht noch immer so funktionieren?

Aus der Zeit gefallen: Wahlen und Repräsentation in den USA

Traditionell wählen die Amerikaner ihr Staatsoberhaupt am ersten Dienstag im November. Auf den ersten Blick ein merkwürdiges Datum, schließlich handelt es sich um einen normalen Arbeitstag mitten unter der Woche. Als die Entscheidung auf dieses Datum fiel, war sie durchaus sinnvoll. In der Agrargesellschaft der frühen Republik war im November die Ernte bereits eingeholt, hingegen der Wintereinbruch noch nicht da. Die Bauern konnten sich somit auf die teils mehrstündige Reise zum Wahllokal machen. Der Tag des Herrn kam hierfür nicht infrage, wohl aber der Montag, um am Dienstag rechtzeitig vor Ort und tags darauf zum traditionellen Markttag Mittwoch wieder zu Hause sein zu können. Der Wahltag ist nur ein Indikator dafür, wie alt das politische Gefüge ist, das auch im Jahr 2020 den Rahmen für die Nation vorgibt. Ihre Bewohner sind stolz darauf, dass die US-Verfassung die älteste existierende Demokratie der Welt repräsentiert. Aber es ist nun mal die älteste. Die Buchstaben der Verfassung wurden in einer anderen Zeit gesetzt. Dass sie noch heute unverändert gelten und zudem von einer nicht unerheblichen Zahl Amerikaner wortwörtlich ausgelegt werden, bringt Probleme mit sich. Im Folgenden nur drei besonders eklatante Missstände.

Die Alterschwäche der politischen Institutionen zeigt sich eindringlich beim US-amerikanischen Kongress. Dieser besteht aus zwei Kammern, dem Repräsentantenhaus und dem Senat. Das war anfangs gut gemeint, denn die Väter (von Müttern kann hier leider noch kaum die Rede sein) der Verfassung gingen davon aus, dass die gesetzgeberische Gewalt, also der Kongress, zur stärksten Kraft im politischen System werden würde. Daher müsse er aus zwei Teilen bestehen, die sich gegenseitig kontrollieren. Der spätere Präsident James Madison sprach sich explizit für diese Gewaltenteilung in der Gewaltenteilung aus. Es komme darauf an, die beiden Teile der Legislative »so wenig miteinander verbunden zu halten, wie es die Natur ihrer Abhängigkeit ihrer gemeinsamen Funktionen von der Gesellschaft erlaubt«. Die untere Kammer, das Repräsentantenhaus, orientiert sich in ihrer Zusammensetzung zumindest ansatzweise an der Bevölkerung, die sie vertritt. Dennoch ist man weit von Proportionalität entfernt. Mit 435 Abgeordneten gibt es eine relativ niedrige Obergrenze für ein Land mit 50 Bundesstaaten und 330 Millionen Einwohnern, die sich sehr ungleich über diese Staaten verteilen.

Im Vergleich zum Senat aber steht das Repräsentantenhaus gut da. In der oberen Kammer versammeln sich 100 Senatoren, davon zwei aus jedem Bundesstaat, unabhängig von der Bevölkerungszahl. Das führt dazu, dass die beiden kalifornischen Senatorinnen zusammen die Interessen von 40 Millionen Menschen vertreten, ihre beiden Pendants aus Wyoming die von 600 000. Nur die Geschichte kann ein solche Diskrepanz erklären. Ohne das Zugeständnis an die kleineren der 13 Gründerstaaten hätten diese nicht der Verfassung zugestimmt. Diese Blöße wollten sich die Verfassungsväter keinesfalls geben. Zudem sie selbst den neuen Senat als bewussten Gegenentwurf zur englischen Krone auf der anderen Seite des Atlantiks porträtiert hatten: Ein Abbild dreizehn souveräner Einzelstaaten, die auf Augenhöhe miteinander verhandeln, frei von königlichem Zwang – und sich aus eigenem Antrieb zu den Vereinigten Staaten von Amerika zusammenschließen.

Die problematische Repräsentation der Wählerschaft hängt naturgemäß eng mit dem System zusammen, nach dem gewählt wird. Auch hier gibt es zahlreiche altersbedingte Mangelerscheinungen, die sich am besten an der Präsidentschaftswahl aufzeigen lassen. Im Rahmen der Hauptwahlen (also 2020 dem Duell zwischen Trump und Joe Biden von den Demokraten) entsenden die 50 Einzelstaaten Vertreter in das sogenannte Wahlmännergremium *(electoral college)*. Ungeachtet des Namens sind hier durchaus Frauen vertreten, eine Weiterentwicklung seit der Zeit der Gründer*väter*. Ansonsten hält sich der Fortschritt in Grenzen. Denn im Wahlmännergremium sind ausschließlich »Gewinner« anwesend: Nach dem US-amerikanischen Mehrheitswahlrecht fallen dem Sieger in einem Bundesstaat sämtliche dort zu ergatternden Wahlmänner zu. Der Unterlegene geht leer aus, selbst wenn das Rennen eng war und er oder sie 49.9 Prozent der Wähler von sich überzeugen konnte. Genau diese Konstellation im Bundesstaat Florida kostete den Demokraten Al Gore im Jahr 2000 den Sieg. Landesweit fuhr Gore mehr Stimmen als sein Konkurrent George W. Bush ein und ging doch am Ende als Verlierer vom Platz. Hillary Clinton ist 2016 die tragische Protagonistin derselben Inszenierung. Sie gewinnt die *popular vote* mit 2.8 Millionen Stimmen Vorsprung vor Trump – und muss ihm anschließend zur Präsidentschaft gratulieren. Auch deshalb, weil der Republikaner den Staat Michigan mit 11 000 Stimmen Vorsprung für sich entscheidet, was gerade einmal einem Fünftel der Bewohner des Zürcher Stadtteils Wiedikon entspricht. Diese Zahlen sind für Hillary mehr als ärgerlich. Für die Nation sind sie jedoch ein echtes Problem: Auch ein Gewinner, der nicht derart kontrovers auftritt wie Trump, hat von Anfang an ein Legitimationsproblem.

In der Geschichte der USA ist dieser Fall bereits fünf Mal eingetreten. Konsequenzen wird das auf absehbare Zeit nicht haben. Dazu profitieren zu viele Beteiligte vom bestehenden System: *winner-takes-all*, der Gewinner streicht alles ein. In Deutschland und der Schweiz sind wir das Verhältniswahlrecht (Proporz) gewohnt, in Amerika gilt es nur bei wenigen Ausnahmen. Das hat Folgen: In umkämpften Staaten wie Florida fallen bei jedem Urnengang Millionen Stimmen unter den Tisch. Der *Sunshine State* ist wegen seiner vielen Menschen – und damit Wahlmännerstimmen – bei allen Präsidentschaftskandidaten begehrt. Niemand, der nicht verspricht, die dort beheimatete Raumfahrtbehörde NASA (unweit Disneyworld gelegen) nach Kräften zu unterstützen. Kalifornien, Texas und New York wird ähnlich viel Aufmerksamkeit zuteil. Neben diesen Hauptpreisen konzentriert man sich im Wahlkampf auf diejenigen Staaten, die auf der Kippe stehen *(swing states)*. Kleine Staaten mit wenig Wahlmännerstimmen werden größtenteils ignoriert. Auf diese Weise hat Trump 2016 das Rennen gewonnen, oder besser: Hillary eine absolut gewinnbare Wahl verloren. Sie muss sich zudem vorwerfen lassen, vermeintlich sichere »demokratische« Staaten wie Wisconsin im Wahlkampf gegen Trump als »garantiert« verbucht – und kein einziges Mal besucht zu haben. Niemand ist gerne das sprichwörtliche Bärenfell, das vor der Zeit verteilt wird.

Um den Bären in jedem Fall zu erlegen, wählen Vertreter beider Parteien mitunter einen Weg, der in Zentraleuropa zurecht äußerst kurios anmutet: *gerrymandering*. Der Begriff steht für das gezielte Zuschneiden der Wahlbezirke durch diejenigen, die sich dort gerade an der Macht befinden. Ein eindrückliches Beispiel hierfür ist der Illinois 4th Congressional District in Chicago. Seine bizarre Form, die auf der Karte an Ohrenschützer erinnert, hat ihm den Spitznamen *earmuff district* eingebracht. An manchen Stellen ist der Wahlbezirk 50 Meter schmal. Genau diese Form führt jedoch zwei große, mehrheitlich von Amerikanern hispanischer Abstammung bewohnte Bezirke Chicagos zusammen. Insgesamt fast 70 Prozent Hispanics machen den Wahlbezirk seit seinem Zuschnitt 1990 für die Demokraten zu einer sicheren Bank.

Die republikanische Gegenseite protestiert seit langem dagegen, würde jedoch das System als Ganzes nicht antasten. Zu sehr profitieren die beiden großen Parteien am Ende vom faktischen Zweiparteiensystem Amerikas. Im Fall einer grundlegenden Überarbeitung müssten sie ihren Einfluss mit anderen teilen, etwa der Green Party USA. Die amerikanischen Grünen fristen aufgrund des Mehrheitswahlrechts wie so viele andere Parteien ein Nischendasein. Bemerkenswerterweise gibt es aber im Mutterland des Kapitalismus bis heute eine Communist Party USA, am anderen Ende sodann die Rechtsaußen der Constitution Party und dazwischen viele andere wie etwa die United States Pirate Party, die sich u. a. auf die Gründerväter Thomas Jefferson und Benjamin Franklin bezieht.

Sollbruchstellen: Wie sich eine westliche Demokratie selbst destabilisiert

Für manche Schwächen des US-amerikanischen Politiksystems können die Urheber der Verfassung nicht verantwortlich gemacht werden. So werden zwar seit Gründung der USA alle Wahlkämpfe mit privatem Geld bezahlt. Dabei gab es über die Jahrhunderte immer wieder Vorstöße, dies zu ändern – vergeblich. Theodore Roosevelt scheiterte mit seinem Vorschlag, die Wahlen auf Bundesebene öffentlich zu finanzieren, ein Jahrhundert später ergeht es Bernie Sanders genauso. Faktisch ist der moderne Wahlkampf über öffentliche Gelder nicht mehr zu finanzieren, weil diese mit zu vielen Auflagen versehen sind. Deswegen hatte schon Obama auf sie verzichtet.

Alleine seit der Jahrtausendwende haben sich die Kosten mehr als vervierfacht. Der Kampf um die Präsidentschaft schlug 2012 und 2016 mit jeweils ca. 2.6 Milliarden Dollar zu Buche; für 2020 ist schon jetzt eine noch höhere Gesamtsumme absehbar. Politik als Produkt auf einem Markt, zu dem nur Zugang hat, wer entsprechend finanzielle Mittel aufbringen kann. Mit Ausnahme der Superreichen wie Mike Bloomberg kann das niemand alleine leisten. Seit 2010 ist dies auch ganz offiziell nicht mehr nötig. Damals ließ der Oberste Gerichtshof der Vereinigten Staaten politische Aktionskomitees zu, die sogenannten SuperPACs. Die Vorsilbe »Super« steht für die Zusammenfassung vieler Großspenden zu einem koordinierten Zweck. Doch könnte sie auch für die Summen stehen, die hier umgesetzt werden. Es gibt kein Limit. Wichtiger jedoch: Sämtliche Einzahlungen können anonym vorgenommen werden. Begründet wird diese Schrankenlosigkeit politisch motivierter Interessen mit dem ersten Zusatz zur US-Verfassung. Demnach ist es der Regierung wegen der Freiheit der Rede verboten, »unabhängige politische Ausgaben« von »gemeinnützigen Organisationen« zu begrenzen. Ob Organisationen oder Einzelpersonen »gemeinnützig« handeln und »unabhängig« – soll heißen: zum Wohle aller – denken, wenn sie enorme Summen in den Wahlzirkus einschleusen, ohne ihren Namen nennen zu müssen, ist mindestens fraglich.

Das große Geld ist ein Grund, warum Menschen Vertrauen in das politische System und seine Akteure verlieren. Besonders misstrauisch stimmt sie, wenn eine millionenschwere ehemalige First Lady mit besten Verbindungen zur Wall Street im Wahlkampf unvermittelt auf die Idee kommt, die Strecke von ihrem luxuriösen Zuhause in Chappaqua, New York, nach Iowa im Wohnmobil zurückzulegen. Niemand nimmt Hillary die plötzlich entdeckte Erdverbundenheit und Volksnähe ab. Doch immerhin will sie Menschen dazu bewegen, wählen zu gehen. Das kann man nicht von allen behaupten. In den USA gibt es knapp 230 Millionen Wahlberechtigte. Die Wahlbeteiligung ist notorisch niedrig; in den Vorwahlen zwischen 15–30 Prozent, in den Hauptwahlen ca. 50 Prozent.

Das eigentliche Problem aber ist, dass es systematische Bestrebungen gibt, ganze Wählergruppen vom Gang zur Urne abzuhalten. *Voter suppression* besteht vorzugsweise darin, den Aufwand in die Höhe zu treiben. Den Wahlwilligen, die voraussichtlich nicht für die eigene Seite abstimmen, werden möglichst viele Steine in den Weg gelegt. Dann wird das Wahllokal so platziert, dass es ohne Auto praktisch nicht zu erreichen ist; eine Methode, die vorzugsweise in traditionell konservativen Staaten angewandt wird. Menschen, die einer Minderheit angehören, wählen statistisch eher demokratisch, kommen jedoch unter Umständen gar nicht dazu, denn sie besitzen – ebenfalls statistisch – seltener ein Auto als Weiße. In zunehmend umkämpften Staaten wie Texas, wo sich Republikaner und Demokraten seit der Jahrtausendwende ein immer engeres Rennen liefern, spart man sich diese Raffinesse. Die GOP erkennt im Lone Star State neuerdings den Studierendenausweis nicht mehr als Ausweis an – ein Problem für viele Jüngere in einem Land, das keinen Personalausweis kennt. Das Zertifikat über Waffenbesitz hingegen genügt, um seine Stimme abgeben zu dürfen. Damit sind ältere weiße Männer, ohne College-Abschluss, aber mit Pick-up, klar im Vorteil. Auf der Fahrt zum Wahllokal hören sie im Talk Radio, dass Trump den Benzinpreis weiter senken will – und brauchen anschließend nicht lange zu überlegen.

Der Imperator und der tiefe Staat

Der Historiker Arthur Schlesinger Jr., preußischer und österreichischer Herkunft, legte 1973 ein Buch vor, dessen Titel zum geflügelten Wort werden sollte: *The Imperial Presidency.* Unter dem Eindruck der Exzesse, die sich die Nixon-Regierung bis dato geleistet hatte, sprach Schlesinger von der »imperialen Präsidentschaft«. Nixon stolperte schon bald über die Watergate-Affäre und trat daraufhin – als bisher einziger Präsident – von seinem Amt zurück. Allgemeine Erleichterung machte sich breit; schließlich schien erwiesen, dass die Exekutive doch nicht ganz so unkontrollierbar ist wie man befürchtet hatte. Um ganz sicherzugehen, wurde im Verlauf der 70er-Jahre eine ganze Reihe Reformen durch den Kongress verabschiedet, alle mit dem Ziel, die Macht des Präsidenten zu beschränken. Dennoch verblieb die Warnung Schlesingers in den Köpfen der Menschen: Aufgrund der enormen Machtfülle des Amtes besteht für den Amtsinhaber die Versuchung, und für das Land die Gefahr, die Präsidentschaft zur Alleinherrschaft umzudeuten.

Das Staatsoberhaupt und das Parlament sind in den USA einander gegenübergestellt, und zwar im wörtlichen Sinne. Die Pennsylvania Avenue verbindet Weißes Haus und Kapitol auf einer Sichtachse. Vor allem jedoch gilt die Gegenüberstellung im rechtlichen Sinne. Im Gegensatz zu Deutschland ist der Präsident nicht Teil des Parlaments. Somit muss sich Trump anders als Bundeskanzlerin Merkel nicht regelmäßig vor den Abgeordneten für sein Handeln rechtfertigen oder Mehrheiten für Vorhaben suchen. Er ist Staatsoberhaupt und Regierungschef in einer Person; das Schweizer Modell eines Bundesrats, der als Kollegium agiert, ist in den USA nicht einmal theoretisch vorstellbar.

Tatsächlich lässt sich der Präsident nur ein Mal pro Jahr auf dem Kapitolshügel blicken, wenn er seine Rede zur Lage der Nation hält. Dann spricht er vor den Abgeordneten, faktisch jedoch ist sein Publikum das amerikanische Volk, per TV-Übertragung live dabei. Trump adressierte bereits mehrfach ungeniert praktisch nur die eigene Basis. Die landesweite Bühne und den hochformalisierten

Rahmen der *State of the Union* dafür zu nutzen, Wahlkampf zu betreiben und einen Keil zwischen die Menschen und ihre Vertreter/ -innen im Kongress zu treiben, ist beispiellos. Der Sprecherin des Repräsentantenhauses, Nancy Pelosi, die während der Rede hinter Trump sitzt, bleibt am Ende nur Sarkasmus. In einem Jahr klatscht sie dem Präsidenten voller Hohn Beifall, im nächsten Jahr zerreißt sie dessen Rede gut sichtbar für die Kameras. Wer wollte es ihr verübeln? Die Trump-Regierung stellt von Beginn an eine neuartige und extreme Auslegung des alten Konzepts von Schlesinger dar. Trump macht hieraus keinen Hehl; er will herrschen. Laut eigener Aussage hätte er sich auch gut vorstellen können, Papst zu werden, es geht ihm ausschließlich um die Ausübung von Macht.

Geht es nach Trump, ist faktisch jede seiner präsidialen Handlungen qua Amt legal. Das ist rechtlich nicht abgedeckt. Doch sollte man keinesfalls die Wucht unterschätzen, die sich entfalten kann, wenn der Präsident der USA das Volk (bzw. Teile davon) am Parlament vorbei für seine Zwecke mobilisiert. Regelmäßig brechen nach größeren Ansprachen Trumps die Telefonleitungen in den Abgeordnetenbüros auf dem Kapitolshügel zusammen, wenn tausende Menschen aus den Wahlkreisen ihrem Ärger über den »*Do-nothing-Congress*« (Zitat Trump) Luft machen. Die Gegenüberstellung und Trennung von Exekutive und Legislative war einst gut gemeint, doch entstammt sie einer anderen Zeit. In unseren Tagen ist der Gründerväter-Ansatz zur Schneise geworden, die ein imperialer Präsident zwischen das Volk und seine Vertreter in den demokratischen Institutionen legen kann.

In Krisenzeiten versammeln sich die Amerikaner traditionell hinter ihrem Präsidenten. Dies gilt, wenn die Bedrohung von außen kommt, wie etwa bei den Terroranschlägen vom 11. September 2001. *Politics stops at the water's edge,* heißt es dann, politisches Machtgerangel endet an der Wasserkante. Innenpolitische Zankereien werden angesichts der Gefahr für das ganze Land zurückgestellt. Doch auch bei einer Gefahrenlage im Inneren, wie im Jahr 2020 durch das Corona-Virus, scharen sich viele Amerikaner um ihr Staatsoberhaupt, von dem sie Führung in der Krise erwarten. Das gilt sogar, wenn der Präsident Donald Trump heißt, dauerhaft umstritten ist und als Krisenmanager eine denkbar schlechte Figur macht. Oder sogar mehrfach angesichts der Krise für sich in seinem Amt »allumfassende Macht« reklamiert – was nachgewiesenermaßen Unsinn ist. Dessen unbenommen sind Trumps Umfragewerte zu dem Zeitpunkt, als die Vereinigten Staaten laut WHO zum Epizentrum der Pandemie zu werden drohen, so gut wie lange nicht. Die Zustimmungsrate zu seiner Amtsführung *(job approval rate)* ist am 5. April mit knapp 47 Prozent die höchste seit Amtsantritt. Mitte Mai, an Corona sind in den USA mittlerweile 88 000 Menschen gestorben, hat Trump nur einen Prozentpunkt verloren. In einer Gallup-Umfrage waren wenig zuvor, im März, 60 Prozent der Amerikaner zufrieden mit dem Krisenmanagement des Mannes, der im Januar behauptet hatte, das Virus »total unter Kontrolle« zu haben. Hiervon kann keine Rede sein, wie die Nation spätestens Ende Mai in drastischer Weise vor Augen geführt bekommt, als die Zahl der Toten die Marke von 100 000 übersteigt.

Mitte Juli sind knapp 140 000 Todesfälle zu beklagen und kein Ende in Sicht. Dessen ungeachtet scheint der Präsident den Ernst der Lage nicht zu begreifen. Entschieden drängt er darauf, den heimischen Markt so schnell wie irgend möglich wieder zu öffnen. Das kann nicht überraschen; die USA sind die Extremform der kapitalistischen Gesellschaft unter den westlichen Demokratien. Überraschend – oder besser: bezeichnend – ist die in Rekordzeit beschlossene Hilfsmaßnahme: Der CARES ACT, mit beinahe 2.2 Billionen Dollar das größte Stimuluspaket der US-Geschichte. Unter dem Handlungsdruck der Krise endet das politische Kräftemessen schon vor der Wasserkante; der Senat stimmt einstimmig zu, das House annähernd einstimmig. Den Unternehmen im Land wird ähnlich wie in Deutschland finanziell unter die Arme gegriffen. Hinzu kommt eine uramerikanisch pragmatische Maßnahme: Alle sollen 1200 Dollar, pro Kind nochmals 500 Dollar, direkt aufs Konto überwiesen bekommen. Das Ziel: Die Wirtschaft über Konsum anzukurbeln. Makroökonom Milton Friedman sprach in diesem Zusammenhang einst von *helicopter money,* also Geld, das in der Not quasi mit dem Hubschrauber über der Gesellschaft abgeworfen wird. Friedman widmete sein Leben der Konsumanalyse; er verwahrte sich gegen staatliche Eingriffe (vor allem der Wohlfahrtsstaat erschien ihm problematisch) und betonte als klassischer Liberaler die Bedeutung des freien Marktes. Dass nun Republikaner und Demokraten parteiübergreifend den Hubschrauber über einem Land kreisen lassen, das sehr dem kleinen Staat zuneigt, zeigt die Ausmaße des Problems.

Lediglich der Mann an der Spitze des Staates spaltet weiter, politisiert sogar die verfahrene Lage des Landes. Er ist sich seiner Sache – siehe die oben erwähnten Umfragewerte! – so sicher, dass er am 25. März auf Twitter die nächste abstruse Behauptung aufstellt. Die »*lamestream media*« (reimt sich auf Mainstream, also Massenmedien) wollten ihn dazu bringen, Amerika erstarren zu lassen, um am Ende seine Abwahl im November zu provozieren. Das »wahre Volk« hingegen wolle so schnell wie möglich zurück an die Arbeit. Populismus par excellence auf dem Rücken einer krisengeschüttelten Nation. Unterm Strich bleibt damit der wichtigste Faktor präsidentieller Machtbeschränkung die Selbstbeschränkung, also der Charakter des Amtsinhabers. Keine guten Aussichten aus Sicht der Befürworter der *checks & balances*. Denn Trump greift gerade das Konzept der Gewaltenteilung, der gegenseitigen Kontrolle, massiv an. Immer wieder befeuert er das Klischee des »tiefen Staates«, raunt von der Bürokratiemaschinerie des *deep state,* die verborgen vor den Augen der Öffentlichkeit die Fäden in der Hauptstadt ziehe. Soll heißen: Organisierte Interessen und der Staatsapparat bereichern sich auf Kosten der Bevölkerung und setzen alles daran, Trump auszubremsen, der heldenhaft den »Sumpf trockenlegen« will. Eine gefährliche Verschwörungsfantasie, die bei seiner Basis gut ankommt. Außerhalb Washingtons sind die komplexen Verflechtungen von Legislative, Exekutive und Judikative, der gewaltige Behördenbetrieb und der Ring der Denkfabriken schwer zu durchschauen und daher vielen automatisch suspekt.

»Immerwährende Wachsamkeit«: Amerika auf dem Weg zur Autokratie?

»Eternal vigilance is the price of liberty« – »Immerwährende Wachsamkeit ist der Preis der Freiheit«, soll Thomas Jefferson gesagt haben. Belegt ist das nicht, dem dritten Präsidenten der USA werden viele Bonmots in den Mund gelegt. Der Inhalt der Aussage ist aber aktueller denn je; eine Warnung, die angesichts der oben skizzierten drei schwerwiegenden Probleme politischer Institutionen ernst zu nehmen ist. Denn wenn diese zahnlos sind, zu oft hilflos gegenüber den Angriffen von außen und innen, dann liegt es bei jedem Einzelnen, wachsam die Veränderungen der Gesellschaft zu verfolgen. Wenn sie überaltert sind und deshalb ihre Funktion nicht so effektiv erfüllen können, wie es unsere Zeit verlangt, gilt es Visionäre ins Amt zu wählen, die das Beste bewahren und Althergebrachtes überholen wollen. Wenn die etablierten Einrichtungen der Demokratie zu vielen zu häufig als zu wenig vertrauenswürdig erscheinen, weil sie mit sich selbst zu kämpfen haben, dann liegt es an jedem Einzelnen, das gegenseitige Vertrauen in die Zivilgesellschaft zu stärken.

Derzeit trifft ein geschwächtes politisches System auf erstarkenden Populismus und imperiale Tendenzen an der Staatsspitze. Gleichzeitig befinden sich die Medien, normalerweise die kontrollierende Vierte Gewalt, in einem tiefgreifenden Wandlungsprozess. Die Social Media Giganten drehen sich nicht nur dem Umsatz nach in einer eigenen Umlaufbahn, legen jedoch gerade wegen ihres enormen ökonomischen Erfolgs eine gefährliche Distanz zwischen sich und jegliche politische Kontrolle. Gesellen sich hierzu noch Politikverdrossenheit oder gar Gleichgültigkeit seitens großer Teile der Bevölkerung, ist die Gefahr des Systemwechsels real. Es ist leichter, die Malaise bei anderen zu sehen, doch ist sie keinesfalls auf die USA beschränkt. Dort setzt der Präsident ganz offen auf die Indifferenz der Bevölkerung. Egal, ob es um seine Steuererklärungen geht (bis heute nicht veröffentlicht; der gerichtliche Streit dauert an) oder um die Frage, inwiefern sein global vernetztes Business-Imperium Interessenskonflikte und Angriffsflächen mit sich bringt im mächtigsten Amt der Welt. »*Nobody cares*«, »das ist den Leuten doch egal«, sagt Trump hierzu, womit er allzu oft leider einfach Recht hat.

David Frum warnt schon kurz nach Trumps Amtsantritt im Frühjahr 2017, hier gehe einer nach dem Handbuch für Autokraten vor. Frum, einst Redenschreiber bei Bush Jr. und nicht im Verdacht, überall autokratische Gefahren zu wittern, skizziert in seinem langen *Atlantic*-Artikel den schleichenden Abstieg aus der Demokratie in die Autokratie. Es ist dies laut Frum kein unaufhaltbarer Prozess. Aber er setzt sich gerade deswegen fort, weil er vielen nicht dringlich, nicht zwingend, nicht schnell genug erscheint. Umso wichtiger für alle in den westlichen Demokratien also, die Kennzeichen des Prozesses zu erkennen. Man könnte sie als die drei »Abs« bezeichnen (es geht schließlich abwärts):

1. Ablenkung (die alten Römer boten noch Brot und Spiele, Trump beschränkt sich auf die Spiele),
2. Abstumpfung (man besehe sich nur die Verrohung der politischen Auseinandersetzung, die routinemäßige Beleidigung der anderen Seite usw.),
3. Abschwächung (der etablierten demokratischen Prozesse und Gepflogenheiten; so behielt sich Trump im Wahlkampf vor, das Ergebnis anzuerkennen, sollte er gegen Hillary verlieren).

Frum zitiert in seinem Artikel einen ungenannten Beobachter der derzeitigen Entwicklungen, der anmerkte, das Wesen heutiger Autokratien bestehe »weniger in der Macht, die Unschuldigen zu verfolgen, als vielmehr in der Macht, die Schuldigen zu schützen«. Also diejenigen, so können wir es für uns übersetzen, die sich der Kleptokratie, der Bereicherung im Amt, schuldig machen. Des Nepotismus und damit verbunden auch der Willkür: Der Präsident könnte tatsächlich, laut Verfassung, etwa seine Tochter, seinen Schwiegersohn und jede beliebige andere Person vom Vorwurf der Vetternwirtschaft freisprechen. Geschützt sind auch diejenigen, die in Zusammenarbeit mit einer ausländischen Macht die Wahlen manipulieren, Informationen und den Zugang zu Informationen beeinflussen, letzten Endes Menschen manipulieren.

Die Annahme, die Verfassung sei eine »Maschine, die von selbst läuft«, ist ein Trugschluss, wie der Mitgründer des *Atlantic* Magazins, James R. Lowell, schon Ende des 19. Jahrhunderts klarstellte. Gewaltenteilung und Kontrolle sind keine Automatismen, es bedarf des Einsatzes und der Hingabe aller. Manche würden im Rückblick auf den Herbst 2019 und das Frühjahr 2020 behaupten, dies sei noch immer gegeben. Es gäbe genügend Entschlossene, die die Maschine warten und bedienen. Denn (erst) zum dritten Mal in der Geschichte der USA wurde ein Präsident wegen Amtsvergehen angeklagt. Anfang Februar 2020 wird Donald Trump im mehrheitlich republikanisch besetzten Senat freigesprochen. Fünf Monate lang hatte zuvor das *Impeachment* die Nation in Atem gehalten. Am Ende stimmt ein einziger Republikaner, Mitt Romney, gegen den Präsidenten; alle anderen bleiben an seiner Seite, teils unverblümt aus eigenen politischen Interessen.

Das Amtsenthebungsverfahren ist die Bestätigung der stolzen amerikanischen Nation vor sich selbst, dass ihre demokratischen Grundregeln und Kontrollmechanismen greifen. Gleichzeitig treibt es Amerika in eine schwere Identitätskrise. Die selbsterklärte Vorzeige-Demokratie, die leuchtende Stadt auf dem Hügel, an der sich andere Nationen ein Beispiel nehmen sollen, muss sich darüber beraten, ihr gewähltes Oberhaupt aus dem Amt zu entfernen. Schlimmer noch: Die Anklage kann sich sicher sein, dass Trump schuldig ist, muss sich aber aufgrund der politischen Verhältnisse im Senat ebenso sicher sein, dass er nicht verurteilt wird. Loyalitäten gehen vor Justiz – so wird das Verfahren zur Farce, obwohl schwerwiegende Vorwürfe im Raum stehen: Machtmissbrauch und die Behinderung des Kongresses bei dessen Aufklärung.

Amerika ist enttäuscht von sich selbst. Die einen, weil es zu keiner Verurteilung kommt. Die anderen, weil ihnen die wehrhafte Demokratie, die hier (spät, aber nicht zu spät) ihre Zähne zeigt, als rein selbstreferenzielles System erscheint. Aus ihrer Sicht beschäftigt sich Washington wieder einmal viel zulange mit sich selbst, anstelle sich um die kaputten Straßen, sanierbedürftigen Flughäfen und störanfälligen Oberlandleitungen zu kümmern. Dann gibt es noch die Dritten, die sich bange fragen, welche Lehren künftige Generationen aus dem *Impeachment* ziehen werden: Wer wird noch glauben, dass der Präsident durch den Kongress zu bändigen ist? Wer wird sein politisches Amt, den eigenen Arbeitsplatz oder den Frieden mit den Nachbarn und in der Familie riskieren, wenn am Ende der Ankläger den Preis für die Anklage zahlt? Erst im November 2020 werden wir wissen, ob die Demokraten den Preis für ihre absolut gerechtfertigte Anklage werden entrichten müssen. So zeigt sich etwa in Umfragen, dass gerade Wechselwähler, möglicherweise das Zünglein an der Waage, das Amtsenthebungsverfahren überwiegend nicht goutieren und schlicht als Zeit- und Ressourcenverschwendung der Washingtoner Politik einstufen.

Man kann sich natürlich fragen, warum uns in Zentraleuropa ein derartiger inneramerikanischer Prozess interessieren sollte, zumal er in dieser Form bei uns nicht existiert. Die Antwort liegt nicht in den technischen Details des *Impeachment*-Verfahrens (über die viele Deutsche mittlerweile besser Bescheid wissen als über das konstruktive Misstrauensvotum in ihrem eigenen Land). Sondern in seinen Implikationen. Wir sehen hier, was passiert, wenn ein demokratisches politisches System nicht fortlaufend auf seine Tauglichkeit und zeitgemäße Effektivität hin überprüft wird. Eng damit verwandt ist eine zweite Frage, die wir uns stellen müssen. Im Lichte der oben beschriebenen Entwicklungen: Ist eigentlich unsere eigene Demokratie, deren Offenheit wir so sehr schätzen, wehrhaft genug, sich dauerhaft gegen Angriffe von außen und innen zu wehren – auch, weil wir Toleranz nicht mit übermäßiger Kulanz verwechseln?

Zwischenbemerkung

Mit dem nachfolgenden Kapitel beginnt der zweite Teil des Buches. Im ersten Teil ging es darum, einige grundlegende Phänomene unserer Zeit aufzuzeigen. Fundamentale Gewalten, die das tektonische Gefüge der westlichen Welt vor unseren Augen verschieben. Da ist die stetig größer werdende Versuchung, sich vor einer bewegten, komplexen und nur mehr schwer durchschaubaren großen Welt in die vermeintliche Sicherheit und Verlässlichkeit der eigenen, kleineren Welt zurückzuziehen. Der Sirenenruf Disneylands ertönt in Amerika besonders laut. Vielleicht trifft er dort, auf der anderen Seite des Atlantiks, auch auf besonders offene Ohren. Schon, weil ein weiteres Phänomen des 21. Jahrhunderts, die mediale Allgegenwart, dort besonders ausgeprägt und die Bevölkerung in weiten Teilen entsprechend konditioniert ist. Der Wucht (und Reichweite) der medialen wie sozial-medialen Welterklärer stehen schwächelnde politische Institutionen gegenüber. Sie haben bei den Menschen schwer an Vertrauen eingebüßt. Nicht zuletzt, weil sie selbst auf der Suche und damit nicht in der Position des Wegweisenden sind.

Die Politik ist nicht nur Opfer. Ineffizienz und Blockade sind auch selbstverschuldet, wie wir gesehen haben. Vor allem jedoch – und nur so ist die Dimension des dritten Phänomens in seiner ganzen Tragweite zu erfassen – haben sich die Repräsentanten der Politik von den an sie herangetragenen Herausforderungen überrumpeln lassen. Allzu lange lag man auf dem Rücken wie Kafkas Käfer. Die Demokratie ist wieder auf die Beine gekommen, so die zuversichtlich stimmende Nachricht unserer Tage. Doch noch ist nicht ausgemacht, wohin sie sich bewegt. Oder ob sie erneut ins Stolpern kommt und sich gar in ihr hässliches Spiegelbild, die Autokratie, verwandelt.

Der zweite Teil des Buches wirft vor dem Hintergrund der oben beschriebenen Phänomene einen genaueren Blick auf ausgesuchte Entwicklungen im Innen- wie Außenpolitischen. Selbstredend können nicht annähernd alle Themenfelder abgedeckt werden. Bestimmte Schlaglichter geben aber Aufschluss über die Gesamtsituation. Anhand ihrer wird *Game Over* verdeutlichen, wie sich unser Begriff von Innenpolitik und Außenpolitik im »Westen« verändert hat. Dazu gehört, dass wir zwar die Wahl haben, inneramerikanische Dynamiken zu ignorieren. Auch können wir es bei der Klage über die neue amerikanische Außenpolitik belassen. Allerdings stand nie zur Wahl, dass wir auf unserer Seite des Atlantiks in beiden Fällen unmittelbar betroffen sind. Jedoch, das möchte *Game Over* abschließend aufzeigen, muss es nicht bei Betroffenheit bleiben. *We can rise to the occasion,* so die enthusiastische US-amerikanische Variante unserer Redewendung: Der Mensch wächst an seinen Aufgaben.

Labore hinter verschlossenen Türen

Der Trend zur Abschottung
und das verlorene Potenzial der Innenpolitik

»The greatness of America lies not in being more enlightened than any other nation,
but rather in her ability to repair her faults.«
— Alexis de Tocqueville

Die USA sind das Land der unbegrenzten Möglichkeiten. Zumindest gilt dies gefühlt noch immer, was Drogerieartikel und Lebensmittel betrifft. Jede USA-Reise bietet die Möglichkeit, sich mit hochdosierten Vitaminpräparaten und Antiallergika in allen Farben des Regenbogens einzudecken. Hier ist frei verfügbar, was in Deutschland oder der Schweiz nur in Apotheken zu bekommen ist. Die USA sind auch das Mutterland der Ladenketten, über das ganze Land verstreut und dabei immer einheitlich eingerichtet. Das hat den großen Vorteil, dass ich beim Betreten einer CVS Pharmacy Filiale nicht zu fragen brauche, wo ich Paracetamol in Gummibärchenform finde. In jedem Walmart lassen sich Eiscreme mit »Root Beer«-Geschmack, Sprühkäse aus der Dose und die berüchtigten Pop Tarts – toastbare Frühstückszuckerbomben – zielsicher orten. Nebenbei: Alle Produkte sind für europäische Mägen nur eingeschränkt zu empfehlen.

So schematisiert das Konsumwesen oftmals abläuft, so experimentell zeigt sich die Nation in anderen Belangen. Amerika verfügt über zwei gigantische Labore, wo Feldversuche zur Zukunft des Landes durchgeführt werden. Dazu, wie gesellschaftliches, politisches, wirtschaftliches und kulturelles (Zusammen-)Leben und Wirken im 21. Jahrhundert aussehen können: Kalifornien und Texas. Zusammengenommen leben hier beinahe 70 Millionen Amerikaner. Daher erscheint alles, was sich in diesen Laboren bewährt, durchaus auf die Nation übertragbar. Ganz Kalifornien, nicht nur das Silicon Valley, gefällt sich in der Pfadfinder-Rolle; hier wird pragmatisch nach vorne gedacht, ausprobiert, gewagt. Was sich bewährt, wird beibehalten und ausgebaut, was nicht taugt, ohne Umschweife verworfen. Dieser utilitaristische Pioniergeist hat seine Schattenseiten, er kann etwa moralische oder ethische Vorbehalte durchaus verdrängen. Viele Anwärter aufs Heldentum fallen hart und aus dem kollektiven Gedächtnis. In jeder Hinsicht ähnlich verhält es sich tausend Meilen weiter östlich. »Everything's bigger in Texas«, heißt es gerne, und auch hier stehen Wagemut und große Visionen hoch im Kurs. Eine hohe Dynamik und Kreativität ist keinem der beiden Staaten abzusprechen.

Leider schafft es nur sehr wenig von der visionären Dynamik aus Kalifornien und Texas zu uns nach Europa. Wir nutzen die fertigen Produkte, lassen uns aber selten zu ähnlich ambitionierten Eigeninitiativen inspirieren – und halten uns an Helmut Schmidts unglückliches Diktum, wonach der zum Arzt gehen solle, der Visionen habe. Dann bestellen wir die Karten für den neuesten Hollywood-Film auf unserem Apple-Computer und fahren mit dem Tesla zum Kino (bzw. entscheiden uns für Netflix zu Hause). Den Abend lassen wir im Restaurant, das wir über TripAdvisor ausfindig gemacht haben, bei einem Ribeye-Steak ausklingen und bezahlen die Rechnung mit Visa, MasterCard oder American Express. Welche Rolle aber spielen deutsche Dachmarkengesellschaften bei Kreditkarten? Wo ist unser Silicon Valley, wo das deutsche Model 3? Wann stellen wir Strom über Windräder und Solarpanelen in dem Umfang her, wie es Texas längst tut? Man fühlt sich an die alte Muddy Road Parabel erinnert, in der ursprünglich zwei Männer einer hilflosen Frau aus der Patsche helfen, und die in der modernen Fassung unserer Zeit so klingt: Zwei Gewichtheberinnen sind im strömenden Regen auf dem Weg zum Fitness-Studio, als sie auf einen gebrechlichen alten Mann am Straßenrand treffen, der nicht weiß, wie er die überspülte Straße trockenen Fußes überqueren soll. Spontan trägt ihn eine der Profisportlerinnen hinüber und die beiden setzen ihren Weg fort. Schließlich belehrt sie ihre Trainingskollegin, dass sich ein solcher Umgang mit fremden Männern für Frauen nicht gehöre. Woraufhin die hilfsbereite Sportlerin erwidert: »Ich habe den Mann dort zurückgelassen. Trägst du ihn noch immer?«

In Europa ist der erste Typ Sportlerin weit verbreitet; man fühlt sich durch die bestehende Regel gebunden und tut sich mit einer neuen Lage schwer. Wie spontan auf die Gegebenheiten und Erfordernisse reagieren? In den USA ist der zweite Typ häufiger anzutreffen. Was nützt in einer bestimmten Situation praktisch am meisten, jenseits traditioneller Prinzipien und Handlungsmaximen? Wie kommt der Greis auf die andere Seite? Es geht nicht darum, blind alles nachzuahmen. Selbst in der kritischen Durchleuchtung des Dargebotenen läge für uns die Chance, das eigene Potenzial besser auszuschöpfen. Doch sind die Kommunikationskanäle zwischen den westlichen Demokratien schon länger blockiert. Insofern gibt es den »Westen« nicht mehr: Als dynamische Entwicklungsregion des Planeten, wo Ideen im Inneren erdacht und dann verschoben, hin- und hergespielt und gemeinsam aufgebaut werden. Oder zumindest zur gegenseitigen Inspiration und Motivation im Ideenwettbewerb dienen. Wertvolle Erkenntnisse, auf der einen Seite entwickelt und an der Realität getestet, gehen für die andere Seite verloren. Das Problem ist wechselseitig. Es ist auf beidseitige Entwicklungen in letzter Zeit zurückzuführen, und es schadet dem gesamten transatlantischen Raum. Doch soll im Folgenden – aus eigennützigen Gründen, bei aller Solidarität mit den Amerikanern – der Preis verdeutlicht werden, den Europa und speziell Deutschland als Taktgeber im Herzen des Kontinents für dieses Versäumnis bezahlen.

Zukunft der Nation: Die Labore Kalifornien und Texas

Die meisten von uns denken beim Stichwort »Amerika« an die Freiheitsstatue vor den Häuserschluchten von Manhattan. Laut Umfragen kommt uns beinahe genauso häufig ein Bild der kalifornischen Strände in den Sinn, dicht gefolgt von texanischen Cowboys beim Rodeo. Innerhalb der USA besitzen Kalifornien und Texas ebenfalls ikonischen Status, allerdings aus anderen Gründen. Sie sind die beiden flächenmäßig größten Staaten, lässt man Alaska außer Acht, was die meisten Amerikaner tun (für sie liegt dieser Staat – geografisch korrekt – »hinter Kanada«, also sehr weit weg). In Kalifornien bzw. Texas wohnen die meisten Menschen, hier brummt der wirtschaftliche Motor der Nation am lautesten. Der Golden State hätte als eigenständiges Land das sechststärkste Bruttoinlandsprodukt des Planeten aufzuweisen. Auch der Lone Star State Texas wäre in den Top Ten, noch vor Russland und Spanien. Beide Staaten sind jung; das Durchschnittsalter liegt bei knapp 37 bzw. knapp 35 Jahren, was für die wirtschaftliche Dynamik der nächsten 50 Jahre bedeutsam ist. Zum Vergleich: In Deutschland sind die Menschen im Schnitt über 44 Jahre alt, Tendenz steigend, während sich die USA als einzige westliche Industrienation verjüngt.

Die Chancen stehen gut, dass sich dem Betrachter mit Kalifornien und Texas zwei Wege präsentieren, die Amerika im 21. Jahrhundert einschlagen könnte. Es ist denkbar, dass sich die beiden Wege letztlich wieder kreuzen. In jedem Fall lohnt sich ein genauerer Blick für alle, die sich einen Begriff von der Zukunft der letzten Supermacht der Erde machen wollen. Und davon, auf welches Gegenüber wir in Europa uns einzustellen haben.

Kalifornien und Texas haben noch mehr gemeinsam (wenn es auch die Bewohner beider Staaten nicht unbedingt wahrhaben wollen). Sie verkörpern schon aufgrund ihrer Ausmaße die amerikanische Autokultur. Sie zelebrieren das Informelle, ob an den Stränden Südkaliforniens oder auf den riesigen Ranches von West Texas. Sie sind beide stark durch die Nähe zu Mexiko und den hispanischen Einfluss geprägt, ob in der Sprache, der Musik oder vor allem der Küche. Was Politik angeht, teilen sich die Menschen im ländlichen Texas mit den Menschen im Inland von Kalifornien laut einer PEW Studie von 2014 die Überzeugung, dass gute Ideen für die eigene Kommune letztlich nur in der Kommune, allenfalls noch im Bundesstaat entstehen können. Maßnahmen seitens der Regierungsbehörden in Washington sind nicht gut gelitten. Hierzu gehören auch Verbesserungsvorschläge in der Zuwanderungspolitik und ihre Folgen, wie sie sich nicht nur in grenznahen Städten, sondern flächendeckend in beiden Staaten bemerkbar machen. Ironischerweise drängen die Republikaner, die illegale Einwanderung in den Niedriglohnsektor jahrzehntelang toleriert haben, nun auf schärfere Grenzsicherungen. Die Nähe der Partei zur Wirtschaft bildet die eine Seite der Medaille, die Tatsache, dass illegale wie legale Zuwanderer bevorzugt in den Grenzstaaten ihr Glück versuchen, die andere. Im Ergebnis wurden die Hispanics zur am schnellsten wachsenden Minderheit der USA. 1990 machten sie knapp 10 Prozent der Bevölkerung aus, 2020 sind es rund 20 Prozent; laut Prognosen im Jahr 2060 knapp 30 Prozent. Die Mehrheit lebt in Kalifornien und Texas, und »gegen sie« wird ein zunehmend umkämpfter Staat wie Texas schon bald für keine Partei mehr zu gewinnen sein.

Politik ist ein reagierendes Geschäft, und so wurden in Texas schon früh, später auch in Kalifornien, bilinguale Immersionsklassen in den Schulen eingerichtet, Straßenschilder und Verkehrshinweise zweisprachig gestaltet, verstärkt Muttersprachler in Behörden und öffentlichen Einrichtungen angeheuert. Spätestens seit der Jahrtausendwende schalten politische Aspiranten – sei es das Präsidentenamt oder der lokale Pfarrbezirk – auch spanische Werbespots und versuchen sich mehr oder weniger glaubwürdig als Aficionados der hispanischen Kultur zu präsentieren. Um diese Zeit entstand auch der Dream Act, eine Gesetzesinitiative, die den Kindern illegaler Einwanderer (die sogenannten *Dreamer)* zunächst einen vorläufigen, später dann permanenten Aufenthaltsstatus zubilligen sollte. Noch eine Dekade später war die Initiative hoch umstritten. Deshalb rief die Obama-Regierung 2012 per Dekret das DACA Programm ins Leben, das bis heute existiert. Für die Zielgruppe der *Dreamer* bedeutet DACA faktisch den Stopp der Abschiebung von Immigranten ohne Papiere. Die Trump-Regierung möchte das Programm auslaufen lassen; eine Entscheidung des Obersten Gerichtshofes steht dazu noch aus. Ein Zuschlag für Trump wäre reaktionär im Wortsinn, gegen den Lauf der Zeit gerichtet und schon deshalb unsinnig.

In der Frage »Zuwanderung & Arbeitsmarkt« steckt die Industrie in der Klemme, seit Trump sein Amt angetreten hat. Man möchte im Sinne günstiger Produktionsbedingungen die Zuwanderung in den Niedriglohnsektor aufrechterhalten. Dabei darf man es sich jedoch nicht mit der Regierung in Washington verscherzen, deren Chef »allen Amerikanern« Jobs versprochen hat. Den Petroleum-Riesen in Texas wie Halliburton, Marathon Oil, Tesoro und ConocoPhillips bereitet das Kopfzerbrechen, Trumps zwischenzeitlichem Außenminister und Ex-ExxonMobil Boss Rex Tillerson die Gefahr einer Persönlichkeitsspaltung. Enorme Summen stehen auf dem Spiel. Texas und Kalifornien beheimaten bundesweit die höchste Zahl an Fortune 500 Stammsitzen (je 57) und stehen untereinander in scharfer Konkurrenz um Niederlassungen aller globalen Top-Firmen. So macht sich der damalige Gouverneur von Texas, Rick Perry, keine Freunde in Kalifornien, als er 2013 den Staat an der Pazifikküste bereist und dortigen Firmen den Umzug nach Texas nahelegt. Niedrige Steuern, wenig Regulierung und Bürokratie, günstige Ressourcen, so Perrys Formel. Vier Jahre später verlegt Toyota seinen US-Stammsitz in den Lone Star State.

Tatsächlich kennt Texas keine Einkommenssteuer, weder für Unternehmen noch für Individuen. Kalifornien hingegen besteuert Einkommen am höchsten in den ganzen USA. Hier liegt auch die Umsatzsteuer im Schnitt ein Prozent über derjenigen von Texas (im Schnitt deshalb, weil dieser Satz von *county* zu *county* variiert) – freilich sind sowohl 8,5 Prozent als auch 7,5 Prozent aus deutscher Warte Traumwerte. Bestimmten Bevölkerungsgruppen wie kriegsversehrten Veteranen wird in beiden Staaten zudem die Grundsteuer komplett erlassen. Unterm Strich jedoch ist Kalifornien, lange Zeit Sehnsuchtsort vieler Amerikaner, der Staat, in dem das Leben am teuersten ist (von Hawaii einmal abgesehen). Ein Grund, warum die Bevölkerungszahlen dort leicht im Sinken begriffen sind, während Texas mit 1.3 Prozent pro Jahr zu den am schnellsten wachsenden Staaten der USA gehört. Wer in Kalifornien bleibt, kann es sich leisten – und ist daher häufig in der Hochtechnologiebranche tätig. Das Silicon Valley mit seinem speziellen Mix aus Investitionskapital,

Risikobereitschaft, geballter Expertise und gigantischem Netzwerk ist bis auf Weiteres das pulsierende Herz des Digitalsektors, das sich nicht einfach an einen anderen Ort des Landes verpflanzen lässt. Bei allem Wagnis, das im Valley oftmals zur Essenz des kreativen Berufslebens stilisiert wird: Kalifornien ist landesweit der Staat mit den meisten Gewerkschaftsmitgliedern. In Texas sind gerade einmal vier Prozent der Arbeiter Gewerkschaftler. Weder hier noch dort haben die *unions* bisher einen Kündigungsschutz erstreiten können, wie wir ihn aus Deutschland kennen. Nach dem amerikanischen *hire-and-fire* Prinzip kann jedes Arbeitsverhältnis grundsätzlich fristlos und ohne Nennung von Gründen beendet werden (weshalb vielen Amerikanern Trumps Punchline »You are fired!« schon vor *The Apprentice* ein Begriff war).

Der Traum vom eigenen Haus wird in Amerika lauter geträumt als hierzulande. Zur Miete wohnt, wer noch nichts Eigenes gefunden hat – oder in New York lebt. Diese Überzeugung ist der amerikanischen DNA eingeschrieben. Sie in die Praxis zu übersetzen, ist auch fern der Ostküstenmetropole, im Südwesten und am Pazifik, kein leichtes Unterfangen. In Kalifornien liegt der Mindestlohn immerhin bei 12 Dollar. Texas hingegen hält sich mit 7.25 Dollar lediglich an das vom Bund vorgeschriebene absolute Minimum. Mehr Aussagekraft darüber, wie Menschen leben können, besitzt die Kaufkraft: Im ganzen Land ist diese für die unteren 40 Prozent der Einkommensskala kontinuierlich gefallen; heute liegt sie real unter derjenigen vor 40 Jahren. Das macht sich im teuren Kalifornien deutlich bemerkbar. Vier von zehn Amerikanern haben keinerlei Rücklagen, weder jetzt noch fürs Alter. In Texas stehen ihre Chancen, dennoch einen Kredit oder gar eine Hypothek aufs Haus aufnehmen zu können, besser als in Kalifornien. Zwei gewichtige Gründe jedes Jahr für ca. 70 000 Kalifornier, in den Lone Star State zu ziehen. Im Großraum Dallas kosten die beliebten Ranch-Style Backsteinhäuser, die im Schnitt 250 m^2 Wohnfläche bieten, keine 500 000 Dollar. Selbst kleine Apartments sind zu diesem Preis in San Francisco ein Glücksgriff. Im Schnitt spart eine Familie mit zwei Kindern somit in Nordtexas bis zu 60 Prozent beim Häuserkauf, Lebensmittel kosten im Vergleich zum Golden State 18 Prozent weniger, Freizeitaktivitäten 14 Prozent und die Krankenversicherung 8 Prozent.

Stichwort Krankenversicherung: Die *health care* Frage ist in Amerika ideologisch aufgeladen. Sie berührt das Freiheitsempfinden der Menschen. Sehr viele von ihnen haben gegen die Idee einer Versicherung, die im Ernstfall greift, nichts einzuwenden. Ihnen geht es ganz im Sinn einer marktgesteuerten Gesellschaft darum, das für sie passende Angebot frei unter verschiedenen Anbietern wählen zu dürfen. Unter diesen Menschen gibt es wiederum eine Gruppe, die sich die Wahl für oder gegen eine Krankenversicherung grundsätzlich offenhalten will. Teils ist dies aus der Not begründet, weil einen schon die Haus-Hypothek, siehe oben, finanziell in die Bredouille bringt. Teils herrscht die Befürchtung, der Staat werde sich auch in andere Bereiche des eigenen Lebens einmischen, sobald der Krankenversicherungsdamm einmal gebrochen ist.

Staaten wie Kalifornien und Texas sind keine Monolithen, sondern in der KV-Frage ebenfalls gespalten. Austins Studierende fühlen sich ihren Kommilitonen in San Francisco oder Los Angeles hier näher als den eigenen Großeltern in Osttexas. Doch bezeichnenderweise heißt der gerichtliche Streit darüber, ob ObamaCare verfassungswidrig ist oder nicht, »California vs. Texas«. Darf der Staat seinen Bürger/-innen eine Krankenversicherung vorschreiben? Und ihnen bei Verweigerung eine Steuerstrafe aufbrummen? Zum Ende seines ersten Amtsjahres lässt Trump das sogenannte *individual mandate* und damit die Strafe für Amerikaner ohne Versicherung abschaffen. Doch das reicht den Obamacare-Gegnern nicht. Dem »Texas-Lager« geht es mit »California vs. Texas« darum, die Pflichtversicherung ganz abzuschaffen, nun, da ihr Kernelement als verfassungswidrig definiert worden sei. Das »California-Lager« kann keine Verletzung der Verfassung erkennen. Dafür, so ihr Argument, schwäche das Urteil das solidarische Prinzip des Gesundheitswesens. Ohne Strafgebühren würden weniger Krankenversicherungen abgeschlossen, die fehlenden Mittel machten die Versicherung für Geringverdienende – die am meisten darauf angewiesen sind – teurer. Abgesehen davon kämen enormen Kosten auf das Gesundheitssystem zu, und damit auf alle in der Gesellschaft, sobald Unversicherte eine Behandlung brauchten, nicht mehr arbeiten könnten usw. Die Debatte bewegt das ganze Land, doch nehmen die beiden Schwergewichte unter den Einzelstaaten nicht von ungefähr Vorreiterpositionen ein. Ein Urteil durch den Obersten Gerichtshof ist nicht vor den Wahlen 2020 zu erwarten. Zu aufgeladen ist das Thema, reflektiert es doch über die Sachfrage hinaus oftmals eine komplette Lebenseinstellung – die Menschen sehr teuer zu stehen kommen kann. In Texas haben viele einen Verwandten oder Bekannten, dessen Arm steif geblieben ist, weil nach dem Armbruch kein Geld für den Gips vorhanden war.

Allzu schematisch zu denken, verbietet sich schon allein deshalb, weil auch Kalifornien größer ist als Deutschland, und entsprechend gesellschaftlich divers. Doch steht der Staat am Pazifik in den Augen vieler seiner Bewohner, und mehr noch in den Augen anderer Amerikaner und ausländischer Beobachter, für bestimmte Wertvorstellungen und Glaubensgrundsätze, kurz gesagt für den *California way of life*. Das ist mit Bezug auf den *Texas style* nicht anders. Ähnlich reserviert wie der Krankenversicherung steht hier eine Mehrheit der Bevölkerung der Impfung gegenüber. Der *medical freedom,* also die Freiheit, die Kinder nicht spätestens dann impfen zu lassen, wenn sie in die Schule kommen, ist für manche Kalifornier Grund genug, nach Texas zu ziehen. Abtreibung ist hier, wie in allen US-Staaten, legal, wird aber nur von einer Minderheit befürwortet. Einige Ewiggestrige wünschen sich für Texas die gesetzliche Regelung von vor 1973 zurück, als Abtreibung sogar nach einer Vergewaltigung verboten war. Und auch heute, fast fünfzig Jahre nach dem legendären *Roe v. Wade* Entscheid, kommt es immer wieder zu Angriffen radikaler Abtreibungsgegner auf praktizierende Ärzte und Kliniken. Die Taten solcher Fanatiker werden von der überwältigenden Mehrheit der Texaner abgelehnt, aber die *Pro-Life* Bewegung gegen Schwangerschaftsabbrüche ist stark, nicht zuletzt aus religiösen Gründen.

171

Die USA sind die »Nation mit der Seele einer Kirche«, formulierte einst der englische Schriftsteller G. K. Chesterton. Das gilt heute unverändert; der tägliche Kirchgang ist außerhalb der Großstädte nichts Ungewöhnliches. In Megakirchen wie der Gateway Church im texanischen Southlake kommen pro Woche 36 000 Menschen zur Andacht zusammen, in Rick Warrens Saddleback Church im kalifornischen Lake Forest sind es 22 000, plus Hunderttausende, die den Gottesdienst zu Hause am Bildschirm verfolgen. Im Anschluss geht man bei Taco Bell Mittag essen, nicht ohne am Tisch ein Gebet zu sprechen – bzw. im Auto, wenn die Wahl auf die Fastfood-Kette Sonic Drive-in fällt.

Eine ungleich ernstere Frage, die hier aus Platzgründen nur sehr wenig Raum bekommt, entscheidet sich häufig entlang religiöser Überzeugungen: wie man zur Todesstrafe steht. In den Augen ihrer Befürworter repräsentiert sie Vergeltung und gerechte Strafe bei Mord. Über die Hälfte der Amerikaner spricht sich daher in einer Pew Research Umfrage von Mitte 2018 für ihre Beibehaltung aus. Auch in Kalifornien ist nicht mit einer Abschaffung zu rechnen, wenn auch aufgrund eines Moratoriums seit 2006 niemand mehr hingerichtet wurde. Texas hingegen hat landesweit die höchste Zahl an Exekutionen vorzuweisen.

Paradoxerweise sind viele Amerikaner, die die Todesstrafe befürworten, gleichzeitig glühende Verfechter der Regelung, dass todbringende Waffen frei zugänglich bleiben. Das schließt halbautomatische Waffen ein, also Kriegsgerät. In Texas müssen sich Waffenbesitzer nicht registrieren und dürfen ihre Waffe offen tragen, auch in der Kirche und auf dem Universitätscampus, zu Hause ohnehin. Hier kommt im Ernstfall das *stand your ground* Gesetz zum Tragen: Der Hausbesitzer darf den Einbrecher erschießen. Jede Einschränkung des Waffenrechts wird mit dem Hinweis auf den zweiten Verfassungszusatz abgelehnt. Das *Second Amendment* ist freilich über 230 Jahre alt und entstammt einer Zeit, als den Gründervätern der USA »eine wohlgeordnete Miliz für die Sicherheit eines freien Staates notwendig« erschien. Diese Zeiten sind längst passé, sollte man meinen – und wird in der Corona-Krise des Jahres 2020 eines Besseren belehrt. Während sich Deutsche mit Klopapier und Desinfektionsmittel, Franzosen mit Rotwein und Kondomen eindecken, schnellt in Amerika der Waffenverkauf in die Höhe. Auf der Website des Großhändlers Ammo.com wird angezeigt, dass Waffenverkäufe dort am meisten zulegen, wo sich bestätigte Covid-19-Fälle häufen.

Die wenigsten wollen sich auf den Staat verlassen, falls in der erwartbaren Wirtschaftskrise, die auf die Corona-Lähmung folgt, die soziale Ordnung zusammenbricht. Innerhalb weniger Tage bringt die angespannte Lage das alte Misstrauen gegenüber der Staatsgewalt und ihrer Durchsetzungskraft hervor. *Better safe than sorry,* heißt es selbst im linksliberalen Austin. Erklärte Waffengegner legen sich »für alle Fälle, und weil es alle tun«, eine Pistole zu. Weit übertrieben, argumentiert der kalifornische Staat tausend Meilen weiter westlich, doch die Mahnung findet auch hier kaum Gehör. Im Frühjahr 2020 bilden sich lange Schlangen vor den Waffengeschäften; immerhin geht jedem Waffenkauf ein Background Check voraus, die Registrierung ist vorgeschrieben, der Verkauf semiautomatischer Waffen verboten.

Was Zentraleuropäern – ganz unabhängig von der Corona-Krise – als Mindestmaß an Rationalität erscheint, ist traditionellen Texanern ein Dorn im Auge. Sie lehnen jegliche Restriktion im Hinblick auf Waffenkauf und -besitz ab. Nicht wenige befürchten, dass die aus ihrer Sicht übermäßig liberalen Kalifornier, die in den letzten Jahren den Lone Star State zu ihrem neuen Zuhause machen, neben ihrem Hab und Gut auch ein anderes Gesellschaftsverständnis mitbringen. »Don't california my Texas!« So der Schlachtruf derjenigen, denen die vielen kalifornischen Nummernschilder speziell in Nordtexas Sorgen bereiten. Jeder vierte Kalifornier, der seinen Heimatstaat verlassen hat, ist im Verlauf der letzten Dekade in Texas gelandet. Nicht zuletzt deswegen hat sich der Lone Star State, einst eine sichere Bank für die Konservativen, in umkämpftes Gebiet verwandelt. Darüber ist sich auch der republikanische Gouverneur Greg Abbott im Klaren, der sich im Januar dieses Jahres per Twitter an die Zugezogenen von der Westküste wendet: »Was die hohen Steuern, die anstrengenden Regulierungen und die sozialistische Agenda angeht, auf die man in Kalifornien so viel gibt – daran glauben wir hier nicht.«

Zwischen Maßanfertigung und Massenware: Innenpolitik im Zeichen unserer Zeit

Ob sich das kalifornische Modell, das texanische Modell oder eine Mischform durchsetzen wird, ist letztlich eine inneramerikanische Frage. Aber es ist deshalb keine Frage, die wir auf unserer Seite des Atlantiks ignorieren sollten. Denn von teilnehmender Beobachtung können wir doppelt profitieren.

Zum einen wird klar, was ein solch zweifaches Experiment für eine demokratische Nation heute bedeutet. Noch ist offen, ob und in welcher Weise die USA als Ganzes hiervon einen Nutzen haben. Wie wir gesehen haben, treffen die erprobten Gesellschaftsmodelle im jeweils anderen Bundesstaat längst nicht nur auf Zustimmung, und im restlichen Land gibt es darüber hinaus weitere Vorbehalte. Doch haben insgesamt 50 Bundesstaaten und die Nation die große Chance, zu sehen, was sich bewährt und was sich als problematisch erweist und also als Fingerzeig zu lesen ist, wie man besser nicht vorgehen sollte. Das Risiko der ideologischen Spaltung der Nation in zwei Lager ist nicht von der Hand zu weisen. Auf Grundlage der existierenden Polarisierung ist dann nicht einmal auszuschließen, dass die Kommunikation zwischen den Lagern abreißt. Mindestens diese Möglichkeit sollten wir in Deutschland als Warnung verstehen. Die Extremform US-amerikanischer Ideologisierung findet ihre hiesige Entsprechung bei den Reichsbürgern. Das US-Milizentum definiert sich ebenfalls durch eine verbohrte grundsätzliche Ablehnung des Staates. Trifft man dort auf bärtige Aussteigertypen im Holzfällerhemd, die irgendwo im Nirgendwo ihr eigenes Dorf gründen und mit Waffengewalt gegen Eindringlinge verteidigen (zu meinen müssen), trifft man hier bei uns auf Menschen mit einer seltsamen Vorliebe für altertümliche Uniformen, die den deutschen Staat ablehnen und sich ihr eigenes Geld drucken. Hier wie dort ist der Übergang von diesen offen bizarren Lebensentwürfen zu bürgerlich verbrämten Modellen à la Pegida und AfD bzw. den US-Paleokonservativen und Strömungen noch weiter rechts davon fließend.

Jenseits dieser extremen Auswüchse – Verirrungen treten ab einem gewissen Umfang der Unternehmung offenbar unwillkürlich auf – sind wir in der glücklichen Lage, Zaungäste bei einem flächendeckenden Experiment zu sein. Durch bloßes Zuschauen haben wir quasi umsonst einen Erkenntnisgewinn: Was die Zukunftssicherung einer demokratischen Gesellschaft anbelangt, und zwar ganz konkret, z. B. mit Bezug auf Umweltschutz, Energiegewinnung und den Spannungen zwischen beiden Bedürfnissen. Und was den Aufbau und die innere Entwicklung einer demokratischen Gesellschaft betrifft.

Unsere teilnehmende Beobachtung erschließt uns zum anderen eine wesentliche Erkenntnis, die mit Bezug auf uns selbst für uns sehr viel schwerer zu machen ist. In den Worten Friedrich Schillers: »Willst du dich selber erkennen, so sieh', wie die andern es treiben!« Prosaischer ausgedrückt: Wir können am Beispiel USA in Echtzeit beobachten, wie sich das Wesen der Innenpolitik in westlichen Demokratien wandelt. Innenpolitik ist einerseits eine maßgeschneiderte Angelegenheit. In ihren spezifischen Ausprägungen trifft sie so nur an einem bestimmten Ort zu: Menschen in Texas stehen auf bestimmte Art zu ihrem Bundesstaat, den dort geltenden Gesetzen usw., und das unterscheidet sich davon, wie Menschen in Sachsen-Anhalt oder Graubünden zu ihrem Bundesstaat oder Kanton stehen. Andererseits kann Innenpolitik im besten Sinne den Charakter von Massenware annehmen, nämlich dann, wenn erprobte und bewährte Modelle im transatlantischen Raum, in der westlichen Hemisphäre ausgetauscht werden und länderübergreifend Anwendung finden. In den USA gefertigte »Massenware« würde immer für den jeweiligen zentraleuropäischen Markt angepasst, der Kunde ist schließlich König, doch sind die erforderlichen Modifikationen kein Hindernis, zum Wohle aller eine neue Kollektion verfügbar zu machen.

Soweit die Theorie. In der Praxis sind tragischerweise die Kommunikationskanäle zwischen den Innenpolitiken Amerikas und der zentraleuropäischen Länder schon seit längerem verstopft. Beide Seiten sind daran schuld, und beide bezahlen einen hohen Preis dafür: mangelnde Informiertheit und als Konsequenz blockierte

Wachstumsfähigkeit. Auf US-Seite ist die Tendenz zur Abschottung unübersehbar. Dies liegt an den Entwicklungen im Inneren, wie sie hier in den Vorkapiteln analysiert worden sind. Auf (wirtschafts-) politischer Führungsebene kommt konkret knallharter ökonomischer Nationalismus dazu, also die Ablehnung globalisierter Märkte und der Idee des Freihandels, der mit massivem Protektionismus entgegengewirkt wird. Auf hiesiger Seite ist seit einem knappen Jahrzehnt erneut ein wachsender Antiamerikanismus zu vermelden. Entscheidenden Schub bekommt diese Entwicklung schon 2013, als bekannt wird, dass der US-Nachrichtendienst NSA vermutlich über Jahre hinweg das Handy der Bundeskanzlerin ausgespäht hat. Trumps Wahl zum Präsidenten drei Jahre später lässt den Ruf der USA als Ganzes unter Deutschen und anderen Europäern schwer leiden – teils zu Unrecht, wie wir bei der Durchleuchtung des dortigen Wahlsystems gesehen haben.

Die oftmals übermäßig kritische und stark pauschalisierende Sicht auf alles Amerikanische hierzulande sorgt dafür, dass auch einzelne Maßnahmen in der Breite der Bevölkerung schlechte Karten haben, nur weil sie amerikanischen Ursprungs sind. Ja, die Trump-Regierung leitete schon im ersten Jahr die Schwächung des Umweltschutzes ein; Emissionsstandards aus der Obama-Zeit wurden zurückgebaut. Der Umweltschutzbehörde EPA steht der Klimawandel-Leugner Scott Pruitt aus Oklahoma vor, wo intensiv *fracking* betrieben wird. Doch sind leider vielen Deutschen aufgrund ihrer grundsätzlich antiamerikanischen Gesinnung auch kalifornische Konzepte zum Umweltschutz per se suspekt. Dabei gehören Kaliforniens Abgasvorschriften zu den strengsten der Welt, Fahrzeugkatalysatoren waren ab Mitte der 70er-Jahre vorgeschrieben. Natürlich wirkt es seltsam, wenn sich ausgerechnet ein Terminator und erklärter Hummer-Fan (gemeint ist das Auto, nicht das Tier) plötzlich zum Vorreiter für erneuerbare Energien aufschwingt. Doch sind deswegen alle Initiativen im Golden State Humbug? Texas steht mindestens so sehr wie Oklahoma für *fracking,* das hydraulische Heraussprengen von Schiefergas aus dem Boden, das ganze Landstriche verwüstet. Doch werden hier eben auch Solar-panele und Windturbinen höchster Qualität gefertigt, alleine weil die Sonne so viel häufiger scheint und das Land weiter ist als bei uns. Wer seinen eigenen Becher zum Coffeeshop (unter anderem auch Starbucks) mitbringt, bekommt einen Nachlass – diese Idee stammt aus dem Lone Star State.

Nicht zuletzt durch umweltpolitische Überlegungen erfährt die Sharing Economy in den USA und der westlichen Hemisphäre in letzter Zeit eine starke Wiederbelebung. Der systematische Verleih von Gegenständen, das gegenseitige Bereitstellen von Nutzungs-flächen, Übernachtungsmöglichkeiten und Fahrzeugen ist nicht neu. Im Verlauf des zurückliegenden Jahrzehnts hinzugekommen ist hingegen die enge Verknüpfung mit digitalen Medien und spe-ziell den sozialen Netzwerken. Für dieses in den USA entwickelte Modell der Sharing Economy des 21. Jahrhunderts stehen vor allem die Giganten Airbnb (2008 in San Francisco gegründet) und Uber (2009, ebenfalls in San Francisco). Beide Dienstleistungsunterneh-men sehen sich zurecht Kritik ausgesetzt. Es ist nicht immer klar, ob Uber tatsächlich die Umwelt schont, da sich insgesamt die Zahl der Autofahrten in den Städten stark erhöht hat, seit das Unternehmen auf den Plan getreten ist. Uber hat wenig regulatorische Auflagen, nutzt nachgewiesenermaßen seine Mitarbeiter aus, bietet den Gäs-ten wenig Sicherheit – letzteres eine fatale Nachlässigkeit, für die das Unternehmen ohne Abstriche haftbar zu machen ist. Airbnb hatte wiederholt Probleme mit dem Datenschutz und ist wie Uber des *sharewashing* verdächtig, also der verdeckten gewerbsmäßigen Tätigkeit am Fiskus vorbei. Vorbehalte gegenüber beiden US-Unter-nehmen, die sich gemeinnütziger geben, als sie sind, sind also be-rechtigt. Doch stünde es uns in Zentraleuropa frei, deren Ideen weiterzudenken und Geschäftsmodelle für unsere Zwecke zu ent-wickeln. Stattdessen vergeben wir uns allzu oft die kritische Aus-einandersetzung mit dem US-amerikanischen Konzept, das uns mindestens Anreiz zu eigenen Überlegungen sein könnte – und bestenfalls quasi einsatzbereit zur Verfügung stünde.

Ein eindrückliches Beispiel für diese Verweigerungshaltung auf deutscher Seite, die wesentlich durch pauschale Vorbehalte gegenüber US-Initiativen begründet ist, findet sich im ländlichen Brandenburg. Nahe Grünheide will Tesla-Chef Elon Musk seine *Gigafactory Berlin-Brandenburg* bauen. Die Dimension des Vorhabens ist ebenso ambitioniert wie der Zeitplan, den der Autobauer vorlegt: Im November 2019 kündigt Musk den Bau an, im Dezember reicht Tesla den Baugenehmigungsantrag ein. Bereits im Frühjahr 2020 beginnt die Aufarbeitung des 300 Hektar großen Areals, eine ca. 90 Hektar große Kiefernplantage wird gerodet. Noch steht die endgültige Baugenehmigung durch das Landesumweltamt aus, Tesla müsste im Falle einer Absage das Areal auf eigene Kosten zurückbauen. Doch verliert das Unternehmen keine Zeit, laut firmeneigener Website sollen schon im Sommer 2021 die ersten Autos vom Band rollen. Dies würde 12 000 Arbeitsplätze für das strukturschwache Brandenburg bedeuten, eventuell soll das Werk zukünftig sogar noch ausgebaut werden.

Die Landesregierung Brandenburg hat realisiert, dass hier die Türe zur größten Industrieansiedlung seit der Wiedervereinigung offensteht. Man will Tesla bei deren Förderantrag bei der Landesinvestitionsbank unterstützen und sich selbst als Vorreiter in der Energie- und Verkehrswende inszenieren. Sollte das US-Unternehmen wie angekündigt vier Milliarden Euro in Brandenburg investieren, wären Subventionen in Höhe von 270 Millionen Euro denkbar. Bei derart hohen Fördersummen hat die Europäische Union ein Mitspracherecht. Und so hofft man in Potsdam inständig, dass Brüssel sich zügig dazu durchringen kann, das Projekt zu unterstützen, bevor Palo Alto aussteigt. Viele hier haben das Drama um CETA und das gescheiterte TTIP-Abkommen im Kopf. Damals hatte die Obama-Regierung nach fünfzehn Verhandlungsrunden, die sich über mehr als drei Jahre hinzogen, entnervt aufgegeben. Eine vergebene Chance, einen stabilen transatlantischen Wirtschaftsraum nach modernen Maßstäben für das 21. Jahrhundert zu schaffen. Obamas Nachfolger denkt auch auf diesem Feld weit weniger kooperativ. Ein Grund mehr für Deutschland als europäischen Schrittmacher, über das Potenzial privater Initiativen aus USA nachzudenken.

In der Region um Grünheide gibt es reichlich Vorbehalte gegen den Autogoliath. Sie sind in der Sache nachvollziehbar. Die Mitglieder der tesla-kritischen Bürgerinitiative und der NABU-Ortsverband Fürstenwalde fürchten, dass die Abholzung der Kiefern auf dem zukünftigen Werksgelände Flora und Fauna der Region nachhaltig verändern wird. Doch Mitte Februar 2020 muss selbst die brave Tagesschau fragen, ob die brandenburgische Waldameise nun tatsächlich Teslas Gigafabrik verhindern werde. Per Gesetz ist das Unternehmen verpflichtet, den gerodeten Wald an anderer Stelle neu anzupflanzen. Darüber hinaus hat man zugesagt, über das vorgeschriebene Maß hinaus Wald im Bundesland aufzuwerten und etwa 400 Fledermauskästen in umliegenden Wäldern anzubringen. Dorthin werden auch alle vier betroffenen Ameisenhügel umgesiedelt, bevor die Bauarbeiten weitergehen. Mit Blick auf die Naturschutzauflagen, denen Tesla Folge zu leisten hat, wird deutlich, wie Deutschland vom Know-How und der wirtschaftlichen Dynamik eines US-Großunternehmens profitieren kann, ohne die eigenen Standards aufzugeben. Auch mittelfristig ist landes- und europaweit der Umwelt gedient, wenn Verbrennungsmotoren auf den Straßen immer häufiger vom Elektroantrieb abgelöst werden. Zudem in einem Umfang schon ab nächstem Jahr, wie ihn sämtliche deutschen Autobauer nicht zu leisten vermögen.

Tesla sei ein Ressourcen-Fresser, so ein weiterer berechtigter Einwand, den die Gegner der Unternehmung vorbringen. Das Unternehmen selbst schätzte ursprünglich den maximalen Wasserverbrauch auf 3.3 Millionen Kubikmeter im Jahr, was dem Verbrauch einer Stadt mit 7000 Einwohnern entspricht. Mittlerweile hat man – nicht zuletzt aufgrund des Drucks der lokalen Bürgerinitiative – nachgebessert und will nun Luft- statt Wasserkühlung verbauen. Damit fällt der Wasserbedarf auf ca. zwei Millionen Kubikmeter pro Jahr. Auch das anfallende Abwasser ist zweifellos eine Herausforderung für die Region. Tesla sieht allerdings auch hier strengen Auflagen zur Wiederaufbereitung entgegen, zudem muss das Unternehmen die Leitungen für das Wasser-, Abwasser- und Stromnetz auf eigene Kosten verlegen. Keine Selbstverständlichkeit, wenn man sich vor Augen führt, dass das Land Brandenburg seit zwanzig Jahren einen Investor für das betreffende Grundstück gesucht hatte (hier liegt auch der entscheidende Unterschied zu den oben erwähnten, absolut berechtigten Protesten gegen die Ansiedlung des Amazon Hauptquartiers HQ2 mitten im eng besiedelten New Yorker Stadtteil Queens).

Kampf ums Gleichgewicht: Staat und Markt

Wie sich die deutsche Politik und der amerikanische Autobauer arrangieren werden, berührt die grundsätzliche Frage nach dem Verhältnis von Staat und Markt in unserer Zeit. Wie wir im vorigen Kapitel gesehen haben, befinden sich die politischen Institutionen der USA und damit das Gesamtgefüge Staat in einer schweren Krise. Amerika führt uns vor Augen, welche gravierenden Folgen die Schwächung des Staates mit sich bringen kann.

Innenpolitik ist ebenso wenig wie die Verfassung eine »Maschine, die von selbst läuft«, um das Bonmot des *Atlantic*-Mitgründers James R. Lowell nochmals zu bemühen. Wenn die Sicherheitsbremsen des Staatsapparates nicht mehr richtig greifen, steigt die Anfälligkeit für Demagogie, bricht das Vertrauen der Bevölkerung weg. Populisten, selbst erklärte Staatsfeinde, kommen an die Macht. Das Recht des Stärkeren setzt sich durch, sobald das rahmende und ausgleichende Korrektiv geschwächt ist, so die nüchterne – und wegweisende – Erkenntnis auch für uns. Bis zu welchem Punkt können wir noch von einem funktionierenden Staat sprechen? Das bemisst sich auch daran, wie sich das Verhältnis von Staat und Markt gestaltet. Welche Modulierungs- und Steuerungsmöglichkeiten sich der Staat vorbehält und vorbehalten kann. Man fühlt sich hierbei an das Calvus-Paradoxon erinnert. Der griechische Philosoph Eubulides von Milet fragte im 4. Jahrhundert vor Christus, wie viele Haare man jemandem ausreißen müsse, damit er als kahlköpfig gelte. Das Problem ist, dass die Frage nicht zu beantworten ist, weil in unserer Wahrnehmung ein einzelnes Haar für sich genommen nicht den Unterschied ausmacht.

Es gibt keine genaue Definition, wie viele Haare jemand noch auf dem Kopf haben muss, um »(noch) keine Glatze zu haben«. Wann also wird der Staat unter dem Druck der Märkte kahl? Und werden wir uns darüber rechtzeitig klar? Anders ausgedrückt: Der Schlüssel liegt darin, den Nutzen für die Gemeinschaft zu erkennen, den das profitorientierte Vorhaben eines Einzelnen haben kann, und das große Ganze entsprechen zu steuern, also Brandenburg die Chance Tesla zu gewähren, dies allerdings zu den Konditionen Brandenburgs, nicht zu den Konditionen Musks (die Frage der Baugenehmigung wird nicht vor 2020 entschieden).

Das Verhältnis von Staat und Markt ist eine der grundlegenden Fragen moderner westlicher Demokratien. Neu ist die Frage hingegen nicht; schon seit der Industriellen Revolution wird hierüber kontrovers und immer wieder anders diskutiert. Faktisch haben sich in allen Staaten der westlichen Hemisphäre gemischte Wirtschaftsverfassungen herausgebildet. Dabei sind die Unterschiede nicht zu unterschätzen: Der Anteil der Staatsausgaben am Bruttosozialprodukt ist in den USA 7 Prozent niedriger als in Deutschland und sogar 10 Prozent niedriger als in Schweden. Die größte westliche Demokratie kommt nur auf 50–60 Prozent des Niveaus der großen europäischen Wohlfahrtstaaten, was den Anteil der Sozialausgaben am Bruttosozialprodukt betrifft. Eine Kurskorrektur ist nicht in Sicht. Stattdessen hat Präsident Trump ein gutes Jahr nach Amtsantritt die Steuersätze für US-Unternehmen drastisch gesenkt. Nun, da das Haushaltsdefizit aus dem Ruder läuft, wird das Budget der Staatsausgaben um 4.4 Billionen Dollar über die nächsten zehn Jahre gekürzt. So der Plan, der radikale Sparmaßnahmen bei den laufenden Sozial-, Gesundheits- und Umweltprogrammen umfasst. Diese sind allesamt bei der Trump-Basis unbeliebt, wie der Präsident weiß – im Unterschied zu den Ausgaben für das Militär, die Raumfahrt und die *»beautiful wall«* an der Grenze zu Mexiko, die weiter steigen sollen.

Der Kongress mit seiner demokratischen Mehrheit wird diese Pläne aller Voraussicht nach stoppen; die untere Kammer hat beim Haushalt das letzte Wort. Doch ist der Kampf von Staat und Markt noch lange nicht ausgefochten. Das Ringen der beiden um das richtige Verhältnis zueinander trägt zur Dynamik einer modernen Gesellschaft bei; es ist ein wichtiger – nicht der einzige – Treibstoff für die »Maschine« der Innenpolitik. Doch ist entscheidend, in welcher Qualität die »Maschine« produziert. Hieran entscheidet sich das Schicksal des zentralen Bestandteils aller westlichen Demokratien, der Mittelschicht.

Magie der Mittelschicht

Auf dem Parkplatz vor der Wendy's-Filiale an der Yadkin Road in Fayetteville, North Carolina, bildet sich um die Mittagszeit regelmäßig eine lange Schlange. Das Schnellrestaurant liegt nur zehn Autominuten von Fort Bragg entfernt, einem der größten Stützpunkte der US Army mit beinahe 15 000 Soldaten. Vielen von ihnen, so erzählen sie mir, während wir darauf warten, an die Reihe zu kommen, sind die Burger die Anfahrt und die Wartezeit wert. Geschmackssache, wie ich wenig später feststelle. Das Schlangestehen lohnt sich aber in jedem Fall, denn ich werde Zeuge einer Szene, die viel über das heutige Amerika erzählt. Als sie ihre Triple Barbecue Cheeseburger bestellen, geraten zwei Armeeangehörige vor uns mit der Bediensteten aneinander, die einen kleinen Ansteckbutton trägt. Darauf ist der derzeitige Mindestlohn in North Carolina, 7.25 Dollar, vermerkt, außerdem die Forderung, ihn auf 10 Dollar zu erhöhen. Nach Meinung der beiden Soldaten sind aber die »*burger flippers*«, so der eine, dieses Gehalt schlicht nicht wert. Schließlich riskiere man selbst für ein chronisch niedriges Salär, das tatsächlich kaum höher liegt, im militärischen Einsatz sein Leben. Es ist tragisch, diese Konkurrenz unter Übervorteilten zu beobachten, denn eigentlich träumen beide denselben Traum: Es in die Mittelschicht zu schaffen. Stattdessen entzweit sie ihre Missgunst in einem Land, dessen Präsident in eine Millionärsfamilie hineingeboren wurde und seine Macht auf der Spaltung der Menschen untereinander aufbaut.

Die Magie der *middle class* ist für die Amerikaner ungebrochen. Unter republikanischen Wählern, wo Angehörige der Armee überproportional vertreten sind, glauben acht von zehn Befragten daran, es nach oben in die Mittelschicht schaffen zu können, wenn sie nur hart genug arbeiten. In derselben PEW-Umfrage von 2015 zählen sich 76 Prozent bereits selbst zur Mittelschicht (bzw. unteren Mittelschicht) – man will unter allen Umständen dazugehören. Dieser Wunsch treibt die Menschen deutlich mehr um als die Frage, warum das oberste Prozent immer mehr Vermögen anhäuft. Warum das oberste Quintil der Bevölkerung über die Hälfte des Einkommens auf sich vereint, das unterste Quintil hingegen nur 3.5 Prozent. Mit Reichtum kommen Privilegien, und so beeinflussen die Privilegierten die politische Agenda des Landes, die wiederum den eigenen Reichtum zementiert. Der Nobelpreisträger Joseph E. Stiglitz spricht vom »1 Percent Problem«. Es zeigt sich zum Beispiel darin, dass Normalverdiener in den USA kaum mehr Zugang zu einer hochklassigen Ausbildung und damit zum entsprechenden Arbeitsmarkt haben. Auch viele Vertreter der Mittelschicht können ihren Kindern den Besuch einer hochklassigen Universität nicht mehr finanzieren. Ebenfalls sichtbar wird das Dilemma in dem, was die Philosophin Nancy Fraser »Finanzialisierung« nennt. Fraser prangert die Durchdringung der Gesellschaft auf allen Ebenen durch das Geld an. Dadurch würden ausschließlich markttaugliche Leistungen belohnt; Menschen zu bloßen Faktoren, die nur nach ihrer Leistungsfähigkeit beurteilt werden.

Fraser verzweifelt an der Extremform des Neoliberalismus im Kernland der Weltwirtschaft, doch sind auch wir anderen westlichen Staaten weit auf diesem Weg gegangen. Geld ist dabei längst über seine ursprüngliche Form als Währungseinheit hinausgewachsen. Es ist nicht mehr nur Mittel zum Zweck, um sich etwas leisten zu können. Sondern Statussymbol der Mittelschicht in Deutschland, der Schweiz und anderswo, und tatsächlich Sinnstifter der eigenen Existenz: Jede und jeder träumt davon, Millionär zu sein, einfach nur, um Millionär zu sein.

Träume wie diese ragen über eine reelle Existenz in der Mittel-schicht westlicher Demokratien hinaus. Das ist das Wesen der Träume und hat seine Berechtigung. Mit der Wirklichkeit hat es oft wenig zu tun. Schon gar nicht in Amerika, wo der Ökonom Branko Milanovic seit Jahren die enorme soziale Ungleichheit beleuchtet. In *Die ungleiche Welt* stellt er 2016 fest, dass die Vereinigten Staaten die Kriterien einer plutokratischen Gesellschaft erfüllen. Milanovic hat sein Buch vor Trumps Amtsantritt geschrieben. Er betont, dass längst nicht mehr nur die »Armen« von der sich öffnenden Schere zwischen Arm und Reich betroffen seien. Vielmehr könne eben auch die Mittelschicht das in sie gesetzte Vertrauen derjenigen, die es dorthin schaffen wollen, nicht mehr erfüllen. Zu schnell ver-ändert sich die Arbeitswelt aufgrund des technologischen Fort-schritts und der Digitalisierung, zu ungebremst dürfen die Wirt-schaft und speziell der Bankensektor agieren. Wie wenige steht die Deutsche Bank im Verlauf der letzten Dekade für die Hinwendung zum Anlage- und Börsengeschäft. Das Einzelkundengeschäft wur-de abgewickelt, ein schwerer Schlag für die Mittelschicht und ihre Planungssicherheit – in den USA wie in Deutschland.

Man sollte annehmen, dass aus der gravierenden Wirtschafts- und Finanzkrise 2007/08 dauerhaft Lehren gezogen wurden. Dem ist – nach einer Phase ernüchterter Reflektion und Zurückhaltung während der Obama-Ära – nicht so. Unter der Ägide seines Nach-folgers steht die Idee umfangreicher Deregulierungen erneut hoch im Kurs. Trump folgt der Linie Ronald Reagans und dessen Neo-liberalismus der 80er-Jahre. Konkret heißt das zum Jahresende 2017, zehn Jahre nach der Krise: Eine deutliche Senkung der Unter-nehmenssteuer und speziell Körperschaftssteuer von 34 Prozent auf 21 Prozent (der OECD Durchschnitt liegt bei 25 Prozent). Außerdem die Senkung des Höchststeuersatzes von knapp 40 Prozent auf 37 Prozent (was Trumps Familie pro Jahr rund eine Milliarde Steuern einspart). Die Logik dahinter: Steuererleichterungen bringen Unter-nehmen dazu, mehr zu investieren. Das generiert eine höhere Nach-frage auf dem Arbeitsmarkt. Der Staat kompensiert seine Steueraus-fälle dadurch, dass er seine Ausgaben kürzt, in diesem Fall bei den

Sozial-, Gesundheits- und Umweltprogrammen der USA. Auf Dauer ist dies jedoch kein Problem, denn nach und nach profitieren alle von der Handlungsfreiheit der Unternehmen: der sogenannte *trickle-down effect,* nach dem die erwirtschafteten Profite von oben nach unten zu allen »durchsickern«. Reagan hat diesen Ansatz nicht erfunden, er findet sich bereits in Adam Smiths *Wohlstand der Nationen* von 1776 (dem Jahr, in dem die Unabhängigkeitserklärung der Vereinigten Staaten verabschiedet wurde). Reagan ist aber derjenige, der den Ansatz umfassender als je zuvor für die mächtigste Industrienation der Erde angewandt hatte – und damit scheiterte.

Trump wiederum hatte noch einmal dreißig Jahre mehr Zeit als Reagan, über Smiths fehlgeleitetes Konzept nachzudenken – und entscheidet sich erneut dafür. Er setzt von Beginn an ganz auf entfesselten Kapitalismus; im Geist der Reaganomics werden viele unter Obama eingeführte Regulierungen aufgehoben. Handelsminister Wilbur Ross will der Wirtschaft »die regulatorischen und steuerlichen Fesseln« abstreifen. Bisher gelingt das Kunststück, trotz dieser Wirtschaftspolitik sowohl weite Teile der Mittelschicht als auch große Teile der Arbeiterschaft, die weiter von einem Leben in der Mittelschicht träumen, bei der Stange zu halten. Ein erstaunliches Phänomen, bei dem Menschen den eigenen Interessen zuwiderhandeln (siehe hierzu den Erklärungsversuch im zweiten Kapitel des Buches ab Seite 43). Wir dürfen allerdings davon ausgehen, dass die Schmerzen in beiden Bevölkerungsgruppen enorm sein werden, sobald die populistische Betäubung nachlässt. Dies gilt insbesondere für die Mittelschicht, das Rückgrat jedweder sozialen Marktwirtschaft.

Das härteste aller Rennen

Das Wesen der Innenpolitik in den westlichen Demokratien des 21. Jahrhunderts verändert sich vor unseren Augen. Zunächst ist das Selbstverständnis der Innenpolitik ein anderes geworden. Parallel hierzu und in der Folge hat die Ausrichtung der Innenpolitik eine andere Form angenommen. Diese Form ist weniger neuartig als sie eine Zuspitzung schon länger bestehender Zustände darstellt.

Wie wir gesehen haben, begreift sich Innenpolitik in den USA als Vehikel der Ökonomisierung der gesamten Gesellschaft. Diese »Finanzialisierung« erhöht den Leistungsdruck auf alle Gesellschaftsmitglieder enorm, während sich gesellschaftliche Spannungen verstärken. Mehr denn je wäre in einer solchen Situation ein ausgleichendes Element vonnöten. Doch genau dieses Qualitätsmerkmal westlicher Demokratien, die wertebasierte Innenpolitik im Sinne einer auf das Gemeinwohl ausgerichteten, ausgleichenden Einwirkung politischer Institutionen auf das Gesellschaftsgefüge, verblasst immer mehr. Nie war das Rennen härter. Wie im Privaten auch gibt es die Starken, die sich mit dieser Entwicklung arrangieren. Unter den sich verändernden Konditionen fahren einige von ihnen besser als zuvor, finden Profitoptionen, die zuvor nicht bestanden. Es gibt jedoch auch das wachsende Elend derjenigen, die bei diesem Tempo nicht mehr mithalten können und auf ihre nackte Existenz zurückfallen. Dann entfremden sich ganze Bevölkerungsgruppen von der Nationengemeinschaft. Fortan führen sie eine parallele Existenz, die kaum mehr Schnittmengen mit der Welt der anderen hat. J. D. Vance in seiner *Hillbilly Elegie* (2016) und bereits 2013 der *New Yorker* Journalist George Packer in *The Unwinding* beschreiben dies eindrücklich. Beide Bücher werden in den USA zu Bestsellern. Das heißt, die Botschaft wird gehört, allerdings ohne dass sich die Empfänger zu einer konkreten Handlung aufgefordert fühlen. *Die Abwicklung* (so der deutsche Titel von Packers Buch) der Gesellschaft bedeutet eben auch erodierende Solidarität. Soweit gegenwärtig die ernüchternde Lage. Der *New York Times* Journalist David Brooks sieht hierin auch die Zukunft seines Landes. Wir täten gut daran, seine Warnung an die USA zu Jahresbeginn 2020 als Fingerzeig für uns zu lesen. Es wäre nicht das erste Mal, dass wir in den gegenwärtigen Zuständen Amerikas die eigene Zukunft in fünf bis zehn Jahren vor Augen geführt bekommen.

Für Brooks ist das Selbstverständnis der US-Gesellschaft die Wurzel des Problems. Hieraus erwächst eine selbsterfüllende Prophezeiung. Zu viele akzeptierten kritiklos das Diktum, wonach alle Menschen primär durch ihr Eigeninteresse motiviert seien. Wenn man auf diese Annahme ein politisches und soziales System gründe, könne nur eine überindividualistische Gesellschaftskultur herauskommen. Die zugehörige Wirtschaftskultur sei der schrankenlose Liberalismus, bekannt als Neoliberalismus, der auf immerwährenden Wettbewerb setze. Jeder Wettbewerb, denkt man Brooks' Analyse weiter, kennt Gewinner und Verlierer. In der Corona-Krise zählen zu den Gewinnern diejenigen, denen es gelingt, aus der Situation auf Kosten anderer Profit zu schlagen. Das mag zynisch klingen, ist aber schon wenige Tage nach dem Eintreffen der Krise in Europa Realität. Im Kleinen, wenn auf Ebay Atemschutzmasken, die regulär 70 Cent pro Stück kosten, für 15 Euro Absatz finden. Im Großen, wenn der Sportartikelriese Adidas – nach dem Umsatzrekordjahr 2019 – ankündigt, die Mieten für seine Filialen bis auf weiteres nicht mehr zu bezahlen, und dies erst und nur deshalb zurückzieht, als der Imageschaden teurer als die Mietzahlungen zu werden droht. Neben diesen Exzessen des Neoliberalismus, die dank einer noch immer intakten Zivilgesellschaft Zentraleuropas auf heftige Kritik stoßen, wirft die Corona-Krise die grundsätzliche Frage nach dem Wesen der Innenpolitik neu auf: Was erwarten wir vom Staat? Konkreter gefragt: Bildet sich derzeit ein neues Bewusstsein über die Bedeutung kollektiver Güter heraus?

Letztere Frage lässt sich vorsichtig bejahen. Die Versorgungsfunktion des Staates wird in der Not erneut attraktiv. Allzu erschreckend sind die Prognosen im Frühjahr 2020. Das Mantra der radikalen Durchökonomisierung aller Lebensbereiche hat dafür gesorgt, dass das Gesundheitssystem in den USA, aber auch in Großbritannien, auf ein Minimum heruntergefahren wurde. Trumps Entscheidung, den Pandemiestab seines Beraterteams schon bald nach Amtsantritt aufzulösen, rächt sich nun – tragischerweise ungleich mehr für alle anderen als für denjenigen, der sie getroffen hat. Dabei kann nicht überraschen, dass vorausschauende Planung schwerlich über die Privatwirtschaft zu organisieren ist. Vorsorge kostet. Sie »rechnet« sich bis zur Einsatzsituation nicht. Alle Arbeit muss in Vorlage geleistet werden, gleich ob es sich um die Ausstattung von Krankenhäusern, die Schulung von Personal oder die Lagerung von Material handelt. Wer aber wollte die Feuerwehr erst gründen, wenn das Haus schon brennt? Eine trainierte Einsatztruppe mit voller Ausrüstung, die in Schuss ist, wird letztlich immer nur über öffentliche Güter zu organisieren sein.

Insofern werden wir hierzulande die »Rückkehr des Staates« beobachten können, was seine Kompetenzen, und womöglich auch, was seine Akzeptanz betrifft. Selbst im Mutterland des kleinen Staates auf der anderen Seite des Atlantiks wird dieser Pfad nun eingeschlagen. Der Mann, der angetreten war, »den Sumpf aus Wirtschaft und Politik« trockenzulegen, aktiviert im Kampf gegen Covid-19 ein Kriegswirtschaftsgesetz aus den 50er-Jahren. Washington D. C. zwingt fortan General Motors, bis auf Weiteres Beatmungsgeräte herzustellen und diese zu festgelegten Preisen zu verkaufen. Katastrophenschutz und Heimatschutz arbeiten Hand in Hand; eine konzertierte Aktion, die das neue Selbstverständnis der Innenpolitik aufzeigt. Der Ernst der Situation sichert diesem Vorgehen momentan eine gewisse Unterstützung in der Bevölkerung. Darüber hinaus ist die Beteiligung des Heimatschutzministeriums aufschlussreich. Denn neben dem Selbstverständnis hat auch die Ausrichtung der Innenpolitik eine neuartige, sehr entschiedene Form angenommen. Der amerikanische Bündnispartner Deutschland bekommt dies im Frühjahr 2020 in aller Härte zu spüren.

Washington, Tübingen, Bangkok: Ökonomischer Nationalismus und das Recht des Stärkeren

Mitte März 2020 berichtet die *Welt am Sonntag* über ein schwäbisches Pharmaunternehmen namens CureVac. Der Arzneimittelentwickler wurde 2000 an der Universität Tübingen gegründet und war zwanzig Jahre lang nur Insidern ein Begriff. Das ändert sich schlagartig, als herauskommt, dass die Trump-Regierung CureVac ein unmoralisches Angebot unterbreitet hat: eine Milliarde US-Dollar für die Exklusiv-Rechte an einem potenziellen Impfstoff gegen das Corona-Virus, an dem die Firma arbeitet. Als die Angelegenheit auffliegt, ist der Kampf hinter den Kulissen bereits in vollem Gange. Die Bundesregierung hat sich eingeschaltet und tut alles dafür, CureVac in Deutschland zu halten. Trump, der wohl Mühe hätte, Tübingen auf der Landkarte zu finden und erklärtermaßen von Europa wenig hält, hätte diese Gelegenheit allzu gerne ergriffen. Und zwar ohne Deutschland oder Europa überhaupt über sein Vorhaben zu informieren. Selbst im Ausnahmezustand einer Pandemie zeigt der Präsident keinerlei Hemmungen, entlang der Richtschnur *America First* zu agieren. Wenig später stellt CureVac klar, dass es keinen Exklusiv-Vertrag mit einem einzelnen Land eingehen werde. Nur fünf Tage früher hatte der langjährige Geschäftsführer Daniel Menichella das Unternehmen verlassen. Keine zwei Wochen zuvor war der US-Amerikaner noch Mitglied der Corona Task Force im Weißen Haus gewesen, wo er auf Einladung des Präsidenten Strategien zur Impfstoff-Entwicklung diskutiert hatte.

Laut WHO ist mit einem – ob im Schwäbischen oder anderswo produzierten – Impfstoff nicht vor 2021 zu rechnen. Dafür sollte spätestens seit der CureVac-Episode klar sein, womit Deutschland im Härtefall zu rechnen hat, was das traditionelle Verständnis des »Westens« als Wertegemeinschaft betrifft. Verständlicherweise tut sich die altehrwürdige transatlantische Community mit dieser Einschätzung noch immer schwer. Ihre Anhänger möchten die deutsch-amerikanischen Beziehungen als Schicksalsgemeinschaft gerade in belastenden Zeiten sehen. Die Gemüter sind noch in Aufruhr, als Anfang April eine für die Berliner Polizei bestimmte Lieferung von 200 000 Schutzmasken auf dem Weg von China nach Deutschland zunächst spurlos verschwindet. In der Folge stellt sich heraus, dass die Masken aufgrund einer amerikanischen Direktive ab dem thailändischen Flughafen Bangkok in die USA umgeleitet wurden. Es entbehrt nicht einer gewissen Ironie, dass sich die Trump-Regierung ausgerechnet aus China (wenn auch durch das dort ansässige US-Unternehmen 3M) potenziell lebensrettende Hilfe erhofft. Dem

Land also, wo das »chinesische Virus« (Zitat Trump) erstmals auftrat, und dem Trumps wichtigster wirtschaftspolitischer Berater Peter Navarro einst sein Buch »Tod durch China« gewidmet hatte.

CureVac und die Schutzmasken-Tragikomödie auf dem Bangkoker Flughafen – beide Episoden muten bizarr an. Bedeutender als dieser doppelte Schlag ins Gesicht der transatlantischen Diplomatie ist jedoch die Lehre, die wir hieraus ziehen sollten. Die US-amerikanische Innenpolitik hat unter Trump zunehmend nationalistische Züge angenommen, insbesondere, was wirtschaftliche Aspekte angeht. Dieser rigide *economic nationalism* unterscheidet sich in seiner Intensität und Ausprägung vom schrittweisen Rückzug der USA auf sich selbst, der bereits während Obamas zweiter Amtszeit eingeleitet wurde. Für den ökonomischen Nationalismus seines Nachfolgers zeichnet der einstige Chefideologe im Weißen Haus, Stephen Bannon, verantwortlich. Er fällt später in Ungnade und wird aus dem Beraterkreis der Präsidenten verbannt. Bannons Ideen hallen jedoch bis heute nach, auch weil sie Trumps Politikverständnis nahekommen, welches wiederum auf sein Geschäftsverständnis zurückgeht. Das Nationalistische besteht darin, Amerikas innen- und wirtschaftspolitisches Wohl in Abgrenzung von anderen und auch explizit gegen andere zu definieren. Im Nullsummenspiel der globalen Märkte kann es nach dieser Logik wirklichen Gewinn nur auf Kosten der anderen Seite geben. Wer nachgibt, verliert. Schon in seiner Antrittsrede zu Jahresbeginn 2017 hatte Trump dieses Mantra vom Fressen und Gefressenwerden beschworen. Seiner »Bewegung« (ein Begriff, den Bannon geprägt hat) versprach er damals, die Interessen Amerikas zuvorderst anzusetzen und ihre Bewohner vor den »Verwüstungen, die andere Länder in den USA anrichten«, zu bewahren. Derweil gäbe es einen ebenso klaren wie einfachen Weg, Amerikas alte Stärke im Ringkampf der Nationen um die Vorherrschaft wieder aufleben zu lassen: »Nur amerikanische Güter kaufen und amerikanische Arbeiter einstellen.«

Naturgemäß bezieht sich Innenpolitik ihrem Wesen nach und in ihren Maßnahmen auf das Innen, auf das eigene Land. Bis vor nicht allzu langer Zeit jedoch war Innenpolitik in ihrer Dynamik eng mit den Geschehnissen verbunden, die sich außerhalb der Landesgrenzen abspielten. Dies ist noch immer der Fall, doch haben sich die Vorzeichen geändert. Nun besteht die Verbindung zur Außenwelt in der negativen Abgrenzung davon. Bannon und seine Apologeten werden nicht müde, die wirtschaftliche Anwendungsorientierung ihrer Ideen zu betonen. Dabei handelt es sich faktisch beim *economic nationalism* um ein ideologisches Konstrukt, das der Wirklichkeit im 21. Jahrhundert zuwiderläuft. Moderne Innenpolitik ist mit der Welt verknüpft. Über die Liefer- und Fertigungsprozesse zahlloser Unternehmen, die über Landesgrenzen hinweg verlaufen und auf globale Energieressourcen angewiesen sind. Über die Menschen in der westlichen Hemisphäre und darüber hinaus, die sich beruflich wie privat zwischen Ländern und Kontinenten bewegen und auf ihren Reisen Ideen in die Welt – und zurück nach Hause ins eigene Land tragen. Schließlich ist Innenpolitik Teil der Welt auch im ideellen Sinne, insofern als der »Westen« einst als Experimentierraum verschiedener innenpolitischer und innenwirtschaftlicher Impulse erdacht wurde. Ein großes Labor gemeinsamer Arbeit an fortlaufenden Entwicklungen, die letztlich zu einer effektiven Form zusammengeführt werden.

Und doch regiert dieser Tage in der ältesten und größten Demokratie der westlichen Welt ein ausgeprägter ökonomischer Nationalismus. Nur scheinbar paradoxerweise lassen sich andere Länder im Einzugskreis der USA hiervon zu ihrem eigenen ökonomischen Nationalismus anstecken. Zu den Gefährdeten zählt unzweifelhaft auch Deutschland, Europas wirtschaftsstärkste Nation. Im Fieber nationalistischer Bestrebungen, die wie gesagt mit der heutigen Welt inkompatibel sind, wird dabei übersehen, dass wir uns im Gegensatz zu den USA ein solches Modell ohnehin keinesfalls leisten können.

Der amerikanische Binnenmarkt und die Energieunabhängigkeit des riesigen Landes machen ökonomischen Nationalismus vorstellbar und – zumindest über einen gewissen Zeitraum – praktizierbar, wenn auch nicht sinnhaft oder konstruktiv. Nichts davon gilt für uns. Es bleibt im Licht der Corona-Krise die Erkenntnis, dass die Vorstellung von Solidarität im »Westen« auch auf dem Feld innenpolitischer Entscheidungen passé ist. Gerade bei einer weltweiten Pandemie mit Ausgangspunkt Asien, also nicht im »Westen«, wäre ein transatlantischer Schulterschluss keinesfalls abwegig gewesen. Ein Zusammenlegen der Kräfte zur Lösung des Problems mindestens den Versuch wert angesichts einer neuartigen Bedrohung, die vor Ländergrenzen eben nicht haltmacht. Zurück bleibt Ernüchterung über die Erfahrung transatlantischer Krisensolidarität, von der wir wussten und doch nicht wissen wollten, wie bitter sie im Ernstfall ausfallen würde.

Zwischen Jackpot und Trostpreis

Die amerikanische Erfolgsformel »wenig Aufwand, viel Einfluss« – und warum sie für Europa (bisher) nicht gilt

> *»No country on the globe is so happily situated, or so internally capable of raising a fleet as America. [...] We need go abroad for nothing.«*
>
> – Thomas Paine, Common Sense

Am 20. Februar 1983 kocht das weite Rund des Daytona International Speedway. Über 115 000 Menschen haben sich zum legendären »Daytona 500«-Autorennen an der Ostküste Floridas eingefunden. Wer hoch oben auf der Tribüne sitzt und hinter sich schaut, kann von hier den Atlantik sehen, doch starren in diesem Moment alle auf die Rennstrecke vor sich. In der 64. Runde gerät Darrell Waltrip in seinem Chevrolet Monte Carlo SS Pepsi Challenger bei 320 km/h ins Schlingern und knallt in die äußere Betonbegrenzung der Strecke. Waltrip kommt nur mit Glück mit dem Leben davon. Eine Woche später tritt er beim nächsten Rennen an.

NASCAR ist das amerikanische Spektakel schlechthin. Viel zu viele Autos mit viel zu viel PS sind viel zu schnell auf viel zu wenig Platz unterwegs; ein Crash ist nur eine Frage der Zeit. Es geht darum, zu gewinnen, und zwar um jeden Preis. Die Außenpolitik Amerikas in der Trump-Ära lässt sich ohne Übertreibung in dieselben Worte fassen. Die letzte Supermacht der Erde ist ein enorm PS-starker Bolide, der rücksichtslos auf Sieg fährt – auch wenn dabei das traditionelle Konzept des »Westens« zu Schrott gefahren wird, also das Konzept von einem Nationen- und Wertebündnis, einer handels- und verteidigungspolitisch koordinierten Einheit innerhalb des globalen Mächtegefüges. Es gibt immer nur einen Gewinner; die Trump-Regierung kann der Idee einer Win-win-Situation nichts abgewinnen.

Stattdessen spielt der Präsident gerne das *chicken game*. *Chicken* steht im Englischen neben Federvieh auch für Feigling. Unter diesem Namen ist das Szenario in der Politikwissenschaft hierzulande bekannt. Stellen Sie sich zwei Autos vor, die aufeinander zurasen. Wir sind Zeuge einer potenziell tödlichen Mutprobe. Es gibt nun – schematisch betrachtet – drei Arten, wie die Sache ausgehen kann. Weicht keiner der beiden Fahrer aus, bezahlen beide mit dem Leben. Weichen beide aus, überleben auch beide, erweisen sich allerdings als Feiglinge und verlieren ihr Gesicht. Schließlich könnte einer der beiden Fahrer sein Gegenüber zum Ausweichen zwingen, indem er einfach stur geradeaus fährt und darauf setzt, dass der andere vor ihm einknickt. Gelingt das, ist es der größtmögliche Triumph, weil man den eigenen Mut bewiesen und den Gegner vorgeführt hat. Natürlich ist das Risiko enorm; niemand kann wissen, was im Kopf des anderen vorgeht. Dennoch wählt Trump im Außenpolitischen häufig genau diesen Weg. Er lässt es im Vertrauen auf die eigene Stärke schlicht darauf ankommen. Hier begegnet uns erneut der neuartige Nationalismus, welcher der US-Innenpolitik im 21. Jahrhundert seinen Stempel aufdrückt. In der Außenpolitik ist das Prinzip nicht minder wirkmächtig.

Ein ungetrübter Blick auf die Welt?

Ende Mai 2017, Trump ist wenige Monate im Amt, veröffentlichen zwei seiner Strategen einen Artikel im *Wall Street Journal*. Bis heute ist dies der beste und aufschlussreichste Text zur Selbstverortung der US-Regierung im internationalen Gefüge. H. R. McMaster, damals Nationaler Sicherheitsberater, und Gary Cohn, zu jener Zeit Trumps wichtigster Wirtschaftsberater, beschönigen nichts. Für ihren Boss ist die Welt keine »globale Gemeinschaft«, sondern »eine Arena, wo sich Nationen sowie Akteure aus Politik und Wirtschaft einbringen und um ihren Vorteil ringen.« Es gibt keine dauerhaften Allianzen, nur Einzelinteressen. Multilateralismus, die globale Ordnung, wie sie die USA über Jahrzehnte entscheidend mitaufgebaut haben, ist Vergangenheit. Trumps »ungetrübter Blick« auf die Welt, so seine Berater, lasse keinen anderen Schluss zu. Das hat fundamentale Konsequenzen für die US-amerikanische Außenpolitik, und im Speziellen die Sicherheits- und Handelspolitik. Denn »Make America Great Again« heißt damit schlicht, Amerika stark zu machen, auf wessen Kosten auch immer.

Der US-Nationalismus in der globalen Arena unserer Zeit ist auf Dauer angelegt, auch über den Wahltag 2020 hinaus, das ist die strukturelle Realität hinter dem Phänomen Trump. Seine Regierung verkörpert die Zuspitzung einer Entwicklung, die bereits um die Jahrtausendwende eingesetzt hat. Schnelle Wendemanöver sind nicht – auch nicht unter einem Präsidenten Biden – zu erwarten; es ist hier wie beim mächtigsten Flugzeugträger der Welt, der USS Gerald R. Ford, die seit Sommer 2017 auf den Weltmeeren kreuzt: Der Schub nach vorne ist gewaltig, die Beweglichkeit zur Seite hingegen eingeschränkt. Sicherheits- und wirtschaftspolitischer Nationalismus bedeutet: Staaten haben keine Verbündeten. Gewachsene Beziehungen sind der Suche nach dem eigenen kurzfristigen Vorteil untergeordnet. Sie können daher ansatzlos beendet, ausgetauscht oder neu kalibriert werden, je nachdem, welche Konstellation sich für die US-Seite besser rechnet. Wie oben bemerkt, geht es der Supermacht USA nicht primär darum, ihre weltpolitische Bedeutung zu halten oder gar zu stärken. Diejenigen, die der Hegemonialstellung Amerikas in der Welt schon immer kritisch gegenüberstanden, sehen hier womöglich eine positive Entwicklung. Doch das ist kurzsichtig. Denn es stehen bereits andere bereit, das entstehende Vakuum auszufüllen, wie wir gleich sehen werden – und ihnen fehlt die jahrzehntelang verbindende Wertebasis des »Westens« völlig. Es gibt keine gemeinsame Vergangenheit, auf die man sich während der Arbeit an der polarisierten Gegenwart beziehen könnte. Ob es eine werteorientierte Zukunft geben kann, ist fraglich.

Jenseits davon sind die Konsequenzen des US-Nationalismus schon heute einschneidend für die Welt. Die amerikanische Journalistin Anne Applebaum, die unter anderem in Yale, Harvard, Heidelberg und Zürich gelehrt hat, warnte bereits Anfang 2017 im *Spiegel:* »Die existierende Ordnung, wie wir sie seit dem Ende des Kalten Kriegs gewohnt waren, wird sich radikal transformieren.« Applebaum ist besorgt um die Zukunft der internationalen Organisationen. Als supranationale Foren haben sie nicht zuletzt den »Westen«, wo sie sämtlich entstanden sind, lange Zeit als formale Klammer verlässlich zusammengehalten. Das könnte sich nun ändern. Jeder Verein der Welt hat ein Problem, wenn sich das mächtigste Mitglied nicht mehr einbringt oder offen dagegenstellt. So ergeht es der Weltgesundheitsorganisation, der die Trump-Regierung in der Corona-Krise schlechte Informationspolitik unterstellt, um anschließend die Beitragszahlungen einzufrieren (pro Jahr 116 Millionen Dollar). So ergeht es der Weltbank und dem Internationalen Währungsfonds. Auch von der Welthandelsorganisation, der UNO und der NATO hält die US-Führung wenig bis nichts. Die WHO, die in gut fünfundzwanzig Jahren immerhin 164 Mitgliedsstaaten versammelt hat, ist laut Trump »ein Desaster.« Die altehrwürdige UNO, 1945 unter dem Eindruck des Zweiten Weltkriegs gegründet mit dem Ziel, den Weltfrieden zu sichern und das Völkerrecht und den Schutz der Menschenrechte zu garantieren, ist für Trump »ein Klub für Leute, die sich treffen, reden und Spaß haben« – wie er auf Twitter kurz nach seiner Wahl verlauten lässt. Seine Einschätzung der NATO als »obsolet« relativiert der US-Präsident später wieder. Doch ein Verteidigungsbündnis wie der Nordatlantikpakt baut auf Verlässlichkeit, und hierauf können die anderen 29 Mitglieder (seit März 2020 zählt Nordmazedonien dazu) nicht mehr setzen.

Applebaum nimmt das Wort vom Ende des Westens nicht in den Mund. Das ist möglicherweise der Höflichkeit geschuldet, wie schon die damalige Außenministerin Hillary Clinton auf der Münchener Sicherheitskonferenz 2012 davon sprach, dass Amerikaner und Europäer trotz allem ja »Freunde bleiben« könnten. Dennoch beschreibt Applebaum nichts anderes als eine Zäsur, wenn sie sagt, die Zukunft der NATO hänge nun an den Europäern, die Sicherheit Europas an Deutschland, Frankreich und Großbritannien. Drei Jahre später, am 1. Februar 2020, tritt der Brexit in Kraft; fortan lastet alle Verantwortung auf Berlin und Paris.

So konfrontativ, wie Amerika unter seinen westlichen Verbündeten derzeit auftritt, neigt man dazu, die Vergangenheit zu verklären. Das wäre ein Fehler. Schon unter Trumps Vorgängern hatte die Supermacht USA zwar per se nichts gegen internationale Institutionen einzuwenden, mehr aber auch nicht. Keinesfalls war Washington bereit, das eigene Handeln daran auszurichten oder gar auf grünes Licht aus den europäischen Hauptstädten zu warten. Bush schmiedete sich für den Angriff auf den Irak eine Koalition der Willigen. Obama nahm bei der Tötung Osama bin Ladens keine Rücksicht, weder auf die territoriale Souveränität Pakistans noch auf die Genfer Konventionen. Allerdings geht Trump einen Schritt weiter. Er agiert nicht nur jenseits etablierter Institutionen, sondern zweifelt deren Legitimität und letztlich Daseinsberechtigung an. Immer wieder wirft die US-Regierung etwa der UNO oder der NATO mangelnde Effektivität vor. Ein Klassiker aus dem Baukasten für Populisten, denn gemeint ist natürlich Effektivität entlang der eigenen Interessen.

Neu am außen- und sicherheitspolitischen Nationalismus unserer Zeit ist der Chauvinismus: Seine Vertreter geben sich nicht mehr die Mühe, den Schein zu wahren. Ganz offen geht es ihnen nicht darum, die supranationalen Institutionen zu kritisieren, um sie zu mehr Leistung anzuspornen. Sondern darum, sie loszuwerden. Das ist nur logisch, denn Nationalismus bedeutet auch im 21. Jahrhundert den Glauben an Geopolitik. Nationalstaaten, allen voran die Großmächte, agieren frei von überstaatlichen institutionellen Zwängen auf dem Schachbrett des Planeten Erde. So hätte es Zbigniew Brzezinski ausgedrückt, der ab den 1970er-Jahren bis in die Obama-Präsidentschaft hinein zusammen mit Henry Kissinger zum einflussreichsten Geostrategen der USA avancierte. Brzezinski war zeit seines Lebens Realpolitiker der nüchternsten Kategorie.

Den Traum liberaler Internationalisten, die das Heil der Welt in supranationalen Institutionen suchen, sah er skeptisch wie das Leben überhaupt. Doch warnte Brzezinski, der nur Monate nach Trumps Amtseinführung verstarb, noch mehrmals eindringlich vor der Gefahr für Amerika, die von dessen neuem Präsidenten ausging. Trump werde wertvolle Allianzen zerstören, die bei aller Einschränkung absolut im nationalen Eigeninteresse der USA seien.

Es bedürfte allerdings eines scharfen Blicks, das zu erkennen. Über den verfügt der 45. Präsident der USA nicht, entgegen der damaligen Einschätzung seiner Berater im *Wall Street Journal*. Sonst würde er zumindest bei Themen, die sich offenkundig nationalen Maßstäben entziehen, nicht in nationalen Kategorien denken. So zu sehen in der Corona-Krise, in den Worten Trumps ausgelöst durch das »chinesische Virus« und in den USA »gesät durch europäische Reisende«. Oder schon länger mit Bezug auf den Klimaschutz. »Ich wurde gewählt, um die Bürger von Pittsburgh zu vertreten, nicht die von Paris«, gibt Trump zu Protokoll, als er den Rückzug der USA aus dem Pariser Klimaschutzabkommen veranlasst. Daran kann auch eine transatlantische Phalanx der Vernunft aus Merkel, Macron und Trudeau nichts ändern. Sie mühen sich vergeblich nacheinander ab, den US-Präsidenten umzustimmen. Beim G-7 Gipfel im sizilianischen Taormina geht es im Sommer 2017 um »Weltwirtschaft und nachhaltige Entwicklung«. Die anderen denken dabei Klimaschutz mit. Für den US-Repräsentanten bedeutet Nachhaltigkeit alleine das dauerhafte wirtschaftliche Wohlergehen des eigenen Landes. Eine selbst für Trump erstaunlich reduktionistische Position, wenn man bedenkt, dass sein Mar-a-Lago Sommersitz an Floridas Küste praktisch auf Meereshöhe liegt. Schon der geringste prognostizierte Anstieg des Meeresspiegels würde große Teile seines Anwesens unter Wasser setzen. Amerika produziert weltweit nach China die meisten Treibhausemissionen. Mit der Absage an Paris stellt sich Washington außerhalb der Weltgemeinschaft und gesellt sich zu Syrien und Nicaragua, den einzigen Staaten, die das Pariser Abkommen nicht unterschrieben hatten. Manche sprechen danach bereits von G-6: Die Gruppe der sieben bedeutendsten Industrienationen der westlichen

Welt (und Japan) habe ein Mitglied verloren. Dieses Mal wird der Verlust schwerer wiegen als beim Rauswurf Russlands 2014. Denn obwohl Washington bisher nur in die »innere Kündigung« gegangen ist, handelt es sich doch um eine Abkehr von der Gemeinschaft aus eigenem Antrieb. Das wirft grundsätzliche Fragen nach der Funktionalität der Gruppe als Ganzes auf, denen noch bei Moskaus Ausschluss niemand Bedeutung beigemessen hatte.

Die Turbulenzen in der G-7 Gruppe sind nur ein Zeichen dafür, dass der »Westen« auch in seiner außenpolitischen Konturierung nicht mehr existiert, also hinsichtlich einer grenzüberschreitenden Koordination souveräner Nationen, die sich nachhaltig und verlässlich auf einen Dialog und ein abgestimmtes Vorgehen auf der globalen Bühne einlassen. Darüber hinaus, und das dürfte Beobachter in Europa am meisten verwundern, gibt es den »Westen« auch deshalb nicht mehr, weil Amerika ihn in Europa schlichtweg nicht mehr sieht: Washington traut dem Verbund der Europäischen Union, insbesondere dem Zweigespann der beiden großen Staaten im Herzen Europas, nicht mehr zu, neben der Säule Amerika die zweite Säule zu bilden, über der sich das Dach des »Westens« aufspannen ließe.

Diese Einschätzung mag uns ungerechtfertigt, unfair oder auch überheblich erscheinen. Doch ändert dies nichts daran, dass wir mit den Konsequenzen zurechtkommen müssen. Selbst überzeugte Transatlantiker in Washingtoner Kreisen schwanken zwischen Nostalgie und Ernüchterung, wenn die Rede auf eine tragende Rolle Europas in der westlichen Hemisphäre (ganz zu schweigen der Welt) kommt. Zu groß erscheinen von der amerikanischen Ostküste aus die inneren Probleme Europas, zu unkoordiniert und langwierig die Lösungsansätze dazu. Ja, nicht erst seit Trump im Amt ist, haben sich manche US-Strategen *euro bashing* zum Zeitvertreib gemacht; Europa muss wahlweise während der Finanz- und Wirtschaftskrise, der Griechenlandkrise, der Flüchtlingskrise, der Brexitkrise und nun der Corona-Krise als abschreckendes Beispiel dafür herhalten, wie man es besser nicht machen sollte. Oftmals pauschalisierend und unter Negierung der eigenen Schwierigkeiten wird der alte

Kontinent als hoffnungsloser Fall präsentiert. Im Fall der Covid-19-Pandemie eine absurde Position; die USA haben weltweit die meisten Toten zu beklagen. Eine Frage aus der neuen Welt ist allerdings legitim: Woher sollte ein dermaßen mit sich selbst beschäftigtes Europa die Kraft und Ressourcen nehmen, sich global in einem vergleichbaren Maße zu engagieren wie es Amerika im 20. Jahrhundert getan hat? Man möchte hinzufügen: Wo sollte sich der Raum auftun, eine globalpolitische Vision Europas, eine *Grand European Strategy* zu entwickeln – und würden alle diesen Raum betreten wollen? Wer macht den Anfang?

Aus amerikanischer Warte ist das Machtgefälle zwischen kraftvoller, flexibler, entschlossener Außenpolitik und kraftloser, statischer, zögerlicher Außenpolitik schlicht zu hoch, als dass man sich eine Kooperation auf Augenhöhe vorstellen kann. Diese Einstufung hat Trump nicht erfunden, wenn er sie auch deutlicher denn je kommuniziert. Insofern gibt es den »Westen« als außenpolitisch koordiniert auftretende Einheit gegenüber den anderen Machtzentren des Planeten – Russland, China und zunehmend auch Indien – nicht mehr. Hinzu kommen eine ganze Reihe widerstreitender Interessen. Teils beruhen diese auf einem divergenten Verständnis der Welt: Wie halten wir es mit dem Verhältnis zur Großmacht Russland und damit unserer Energieversorgung, wie mit dem Verhältnis zu China und damit unserer Kommunikationsinfrastruktur usw.? Teils treten handfeste Interessenskonflikte auf konkreten Feldern der Sicherheits- und Handelspolitik auf. Mitunter führt die US-Regierung beide Felder in für uns schockierender Art und Weise zusammen. Als Trump ein Preisschild an die Sicherheitsgarantien der NATO hängt, reiben sich die Europäer die Augen: Geschäftsgebaren in einem Verteidigungsbündnis, das klingt nach privatem Sicherheitsunternehmen, nicht nach der beruhigenden Verlässlichkeit des Nordatlantikvertrags mit seinem Artikel 5 zum Bündnisfall. Der Schock der Veränderung reißt uns aus der liebgewonnenen Gewohnheit. Im besten Fall öffnet er uns ebenso die Augen für das transatlantische Kräfteverhältnis unserer Zeit.

Die erste Geige

Im Januar 2017, kurz vor seinem Einzug ins Weiße Haus, bekommt der gewählte Präsident der USA einen Anruf aus Europa. Am Hörer ist Jean-Claude Juncker, damals Chef der EU-Kommission. Trump nimmt die Glückwünsche entgegen und unterhält sich noch einige Minuten mit Juncker. So glaubt er zumindest – denn am anderen Ende der Leitung befindet sich Donald Tusk, zu dieser Zeit Präsident des Europäischen Rats. Trump kann die beiden offenbar nicht unterscheiden. Oder aber es ist ihm egal. Derartige Ignoranz ist außergewöhnlich. Überheblichkeit jedoch ist eine altbekannte Schwäche der Überlegenen. Mit Bezug auf Außenpolitik allerdings ist der US-amerikanische Eindruck, dem europäischen Gegenpart voraus zu sein, nicht aus der Luft gegriffen. Konkrete Unterschiede auf den Feldern der Sicherheits- bzw. Handelspolitik kommen gleich zur Sprache. Für den Moment soll der Fokus weniger auf den »harten« Fakten und Zahlen liegen als darauf, wie sich Außenpolitik dies- und jenseits des Atlantiks »versteht«, in welchem konzeptionellen Rahmen sie stattfindet. Dieser Ansatz ist bisweilen mindestens so aufschlussreich, beleuchtet er doch das Selbstverständnis von Nationen und damit ihr Verhältnis zur Welt. Unsere Vorstellung vom »Westen« ist in großem Maße ein visionäres Konstrukt, das unser jeweiliges Selbstverständnis spiegelt – erinnern wir uns an den an früherer Stelle erwähnten Schulatlas, der in den USA ein anderes Bild der Welt nahelegt als hierzulande. Visionär heißt dabei keinesfalls wirkungslos, im Gegenteil. Der Rahmen, der uns die Welt und darin die westliche Hemisphäre fassen lässt, legt sich um die harten Fakten aus militärischer Stärke, wirtschaftlicher Kraft und diplomatischer Kunst. An ihnen bemessen wir im politischen und gesellschaftlichen Alltag unser Kräfteverhältnis zu den USA. Es ist dieser Rahmen, der unser Handeln bestimmt. Bis zu einem gewissen Grad sogar unabhängig davon, ob wir ihn bei unserem Handeln präsent haben.

US-amerikanische Außenpolitik ist europäischer Außenpolitik nach wie vor überlegen, weil letztere immer in Abstimmung unter

Vielen zu geschehen hat. Das Nationenkonzert der EU erfordert erhebliche Rücksichtnahme auf Partikularinteressen einzelner Mitgliedstaaten. Oft sind diese Interessen zudem widersprüchlich und konfliktgeladen. Der permanente Zwang zur Absprache kann dafür sorgen, außenpolitischen Konzepten einen Schliff zu verleihen, der sie schärfer und effektiver macht. Er kann diese Konzepte jedoch auch bis zur Unkenntlichkeit abschleifen. Und immer besteht die Gefahr, dass konstruktive Handlungsimpulse unterwegs verlorengehen.

Das Orchester wiederum, welches das Nationenkonzert zur Aufführung bringt, leidet bis heute darunter, dass die Rollen nicht klar verteilt sind. Die Rolle des Dirigenten ist ebenso häufig vakant wie sie umstritten ist. Womöglich kann ein eingespielter Musikkörper auch ohne Dirigent mehr als passabel fungieren. Doch nicht einmal die erste Geige ist eindeutig vergeben. Die Briten haben den Geigenkasten zugeklappt; eine destruktive und zudem selbstschädigende Entscheidung für jeden Musiker. Die Franzosen und die Deutschen machen sich derweil den Platz ganz vorne im Orchester streitig; gleichzeitig zucken beide zurück, wenn sie tatsächlich die Chance bekommen, die erste Geige zu spielen. Paris macht immer wieder durch aufsehenerregende Vorstöße von sich reden, scheitert aber an der Umsetzung. Berlin sucht bis heute nach einem außenpolitischen Profil, das konstruktiv über die Richtlinien der Vergangenheit hinausgeht und der eigenen Größe gerecht wird. Eine Herkulesaufgabe unter den argwöhnischen Augen (bzw. Ohren) der anderen 26 Orchestermitglieder, die alle gehört – und sich gleichzeitig von der ersten Geige geleitet, aber auch nicht bevormundet wissen wollen.

Lange war für Deutschland aus historischer Verantwortung Adenauers Maxime der Westbindung maßgeblich. Lange war aus gegenwärtigem Realitätssinn die Verpflichtung, sich auch als wirtschaftlicher Riese als militärischer Zwerg zu verstehen, vertretbar. Diese Zeiten sind vorbei. Zu selten noch erwächst aus dieser Einsicht der Entschluss, die tragende Rolle im europäischen Orchester anzunehmen. Ähnlich wird dies auch mit Bezug auf Deutschlands Rolle in der NATO ersichtlich. Hier kann man sich selbst innerhalb der Großen Koalition aus CDU und SPD, namentlich zwischen Verteidigungsministerin und Außenminister, nicht auf die Interpretation dieser Rolle einigen. In der NATO wie der EU gäbe es für Deutschland in jüngerer Zeit genügend konkrete Anlässe, die als Impuls für eine grundsätzliche Debatte zur *Grand Strategy* der Nation im 21. Jahrhundert dienen könnten. Beispielhaft seien an dieser Stelle nur die Ukrainekrise, die türkische Flüchtlingspolitik unter Erdogan und der Brexit genannt. Wie verhält sich das europäische Schwergewicht Deutschland zu einem Territorialkonflikt und der Verletzung souveräner Staatshoheit, an der eine Großmacht in der Identitätskrise beteiligt ist? Wie zu einer humanitären Tragödie, die durch einen Autokraten in geostrategisch bedeutender Position systematisch ausgenutzt wird? Wie zu einer historisch bedeutsamen Zäsur im supranationalen Staatengefüge EU? Aus der Unentschlossenheit über die eigene Rolle erwächst noch zu häufig das statische Verharren im Status Quo.

Auf der Suche nach der großen Linie

Bewegung beginnt im Kopf, vor der Handlung steht der Austausch von Gedanken. In Amerika ist dies unzweifelhaft in besonderem Ausmaß gegeben. US-Außenpolitik wird verhandelt, und zwar ständig. Wie in den meisten Staaten der westlichen Hemisphäre stellt das US-amerikanische Parlament, ähnlich wie bei uns in Deutschland, eine Mischform aus Arbeitsparlament und Redeparlament dar. Das heißt, dass Parlamentsausschüsse hinter verschlossenen Türen einen Großteil der Detailarbeit leisten. Auf dieser Grundlage diskutieren die Abgeordneten anschließend im Plenum zentrale politische Fragen. Ein erster Unterschied zwischen den USA und Deutschland besteht darin, dass diese Debatten bei uns bisweilen durch Spartensender wie Phoenix live übertragen werden, in den USA hingegen regelmäßig auf den großen Nachrichtensendern wie CNN, MSNBC oder auch Fox News. Dies gilt umso mehr bei speziellen Anlässen. Hillary Clinton durchläuft 2015 eine stundenlange Befragung durch den Untersuchungsausschuss im Repräsentantenhaus zum Anschlag auf das US-Konsulat im libyschen Bengasi – alle drei genannten Sender übertragen durchgehend. In der Folge diskutieren politische Journalisten und Experten aus den Think Tanks in Funk und Fernsehen tagelang die Plausibilität ihrer Aussagen. Auf CNN sind über den Tag verteilt ein Dutzend dieser Polit-Debattensendungen vertreten, ebenso viele auf MSNBC. Der Pool potenzieller Gäste ist beinahe unbegrenzt. Häufig sitzen neben Vertretern aus den Denkfabriken auch die der großen Radiosender, des Printjournalismus oder der Blogosphäre am Tisch, darüber hinaus Sachbuchautoren, ehemalige Militärs und Geheimdienstler, Wahlkampfstrategen und viele mehr. In Deutschland präsentiert sich an vergleichbaren Formaten neben den vier etablierten Abend-Talkshows lediglich der sonntägliche Presseclub, der bezeichnenderweise zur Mittagessenszeit ausgestrahlt wird. Auch die amerikanische Think Tank Landschaft ist ungleich umfangreicher und ausdifferenzierter, im Sinne der Spezialisierung einzelner Denkfabriken, als hierzulande. Ihre Nähe zur Macht ist sprichwörtlich: Im Radius von fünfzehn Minuten Fußweg um das Weiße Haus herum tummeln sich Dutzende große Think Tanks und Interessenvertretungen, darunter die Brookings Institution, das American Enterprise Institute, das Center for Strategic and International Studies, das Peterson Institute for International Economics, die New America Foundation und viele mehr.

Alleine die Anzahl der Teilnehmenden sorgt somit dafür, dass die Debatte über die Außenpolitik der Nation oftmals kontrovers verläuft. Es herrscht kein Mangel an Richtungskonzepten und Meinungsstärke, dafür durchaus bisweilen an Stringenz. Doch bietet sich unterm Strich die Möglichkeit, neue Wege aufzutun, und sei es als Zufallsprodukt aufeinanderprallender Einschätzungen. Häufig bildet ein konkreter außenpolitischer Anlass den Auftakt zu einer grundsätzlichen *Grand Strategy* Debatte, das heißt: man vergewissert sich des amerikanischen Aktionsradius' in der Welt und seiner Auswirkungen. »Warum haben die USA den iranischen Top-Militär

Qasem Soleimani getötet?« fragen zwei Politikwissenschaftlerinnen der texanischen A & M University im Januar 2020 in einem Artikel für die *New York Times*. Elizabeth Cobbs und Kimberly Field arbeiten am Center for Grand Strategy der Hochschule; es geht ihnen darum, hinter dem Anschlag Tage zuvor die gegenwärtigen Leitlinien der US-Außenpolitik freizulegen. Und explizit auch darum, die Debatte voranzutreiben, ob diese einer Überarbeitung bedürfen. Tatsächlich stellen die beiden Autorinnen fest, dass ihr Land dringend einer neuen Großstrategie bedürfe; man habe sich faktisch seit dem Ende des Kalten Krieges mehr oder weniger unsystematisch von Konflikt zu Konflikt gehangelt und – schlimmer noch – in Konflikte innerhalb anderer Länder und Regionen hineinziehen lassen, was weder dem Interesse noch der Reputation der USA als Supermacht gerecht würde. Heute sei es angesichts neuartiger Herausforderungen umso dringlicher, eine neue *Grand Strategy* (auf Basis bewährter Konzepte) zu entwickeln. Nur so könne man sich in einer Welt bewähren, in der Armeen zunehmend an Wirkung verlören.

Cobbs und Field sehen die USA wahlweise als »Stadt auf dem Hügel«, als »Festung auf dem Hügel« oder »Weltpolizist«. Letzteres Modell ist nahe an der Linie, wie sie von der Regierung Bush Jr. gefahren wurde. Es basiert auf der Annahme, dass US-Interessen am besten geschützt werden, wenn die USA Ersthelfer bei allen global auftretenden Krisen sind und zudem ihre Spitzenposition in der Welt offensiv verteidigen.

Im Modell »Stadt auf dem Hügel« gehen die Amerikaner mit gutem Beispiel voran, wodurch sich andere inspirieren lassen. Friedliche Konfliktlösungen und wirtschaftliche Entwicklung werden von Washington weiterhin global unterstützt, bestehenden Allianzen bleibt man treu. Allerdings werden diese neu verhandelt, damit Amerika nicht weiter in periphere Konflikte hineingezogen wird. Dieses Modell erinnert in mehrfacher Hinsicht an die Prinzipien der Regierung Obama, der nachweislich daran gelegen war, bestehende Verbindungen zu modellieren. Gleichzeitig war die Absicht klar, sich schrittweise von den Konfliktregionen der Erde zu »entkoppeln« (das sogenannte *constructive disengagement*).

Als »Festung auf dem Hügel« schützt Amerika seinen Aktionsbereich in der westlichen Hemisphäre und vor allem sich selbst. Außerhalb der eigenen »Festung« lässt man die aufstrebende Supermacht China und selbst Russland in seinen Expansionsbestrebungen walten. Wo nötig und sinnvoll, hilft Washington bei der militärischen Ausbildung anderer Länder, damit diese Verantwortung für sich selbst übernehmen können. Die Last für die USA nimmt dadurch ab, so das Kalkül.

Die hier skizzierten Ideen von Cobbs und Field, anlässlich der Tötung von Soleimani in die Debatte eingebracht, werden in der Folge über die *New York Times* hinaus auf verschiedenen Radio- und Fernsehsendern durchleuchtet, im Netz ohnehin. Damit ist die erste von drei Stärken der US-amerikanischen Außenpolitik beispielhaft benannt: Sie stützt sich und gestaltet sich entlang einer Gesamtstrategie, welche fortlaufend weiterentwickelt und optimiert wird. Dabei führt sie immerfort die außen- und sicherheitspolitischen Ziele der Nation mit deren militärischen, politischen und ökonomischen Handlungsspielraum zusammen. Eine Richtlinie erwächst; rechts und links der Linie gibt es Raum für strategische Manöver und sogar außenpolitische Experimente.

Die in der *New York Times* vorgestellten Modelle zur Zukunft der US-Außenpolitik sind nicht so verschieden, wie die Autorinnen vorgeben. Im dicht besetzten Debattenforum der USA gehört eine überspitzte Profilierung dazu, um sich überhaupt Gehör zu verschaffen. Letztlich bewegt sich das Grundprofil der Außenpolitik seit den Anfängen der Republik entlang dreier Prinzipien, die zusammen eine goldene Richtschnur bilden. Der Yale-Historiker John Lewis Gaddis hat diese Prinzipien schon 2004 in seinem Buch *Surprise, Security, and the American Experience* benannt und ihre tiefen Wurzeln in der US-Geschichte freigelegt: Hegemonie, Unilateralismus, Präemption. Die Vereinigten Staaten von Amerika beanspruchen seit ihrer Gründung die Vormachtstellung mindestens in der westlichen Hemisphäre. Sie arbeiten, wo dies effizient, sinnvoll und praktikabel ist, mit anderen zusammen, behalten sich jedoch stets das Recht vor, alleine und ohne Absprache zu handeln. Und sie sind bereit, präventiv in Aktion zu treten, das heißt: Mögliche Gegner werden ausgeschaltet, bevor sie einem selbst gefährlich werden können. Oder sogar, weil man den Eindruck hat, dass sie einst gefährlich werden *könnten*.

Innerhalb dieses Korridors, der durch die dreifache Schnurkordel Hegemonie – Unilateralismus – Präemption markiert ist, bleibt Raum für Flexibilität, eben die angesprochenen außenpolitischen Manöver und Experimente. Dies ist die dritte Stärke US-amerikanischer Außenpolitik. Die Supermacht bleibt schwer auszurechnen. Man kann es sich aufgrund der eigenen Stärke und Dominanz leisten. Niemand sonst kann den Schiffsverkehr im Golf von Aden so effektiv schützen, niemand sonst die Straße von Malakka schließen und damit China ökonomisch strangulieren. Niemand sonst kann verhindern, dass sich China Taiwan einverleibt, und niemand sonst kann alleine die Weltgesundheitsorganisation praktisch lahmlegen. Flexibilität in Verbindung mit Stärke ergibt Unberechenbarkeit. Kommt noch Risikobereitschaft hinzu, wird es für Konkurrenten schwer. Bislang konnten sich die Alliierten der USA bei allen Reibereien im Tagesgeschäft vor aggressiven Manövern der Supermacht vergleichsweise sicher sein. Die größte Sorge bestand stets darin, vernachlässigt zu werden. In der Trump-Ägide gilt das Prinzip der kraftstrotzenden Unberechenbarkeit auch gegenüber den Verbündeten – ein qualitativer Unterschied zu der Zeit vor 2016. Aufgrund seines Naturells kostet der US-Präsident die Situation aus wie keiner seiner Vorgänger. Er spielt das eingangs erwähnte Feiglingsspiel in seiner perfidesten Variante. Trump rast ungebremst auf das andere Auto zu – und wirft während der Fahrt das Lenkrad aus dem Fenster. Allen muss klar sein: Die Steuerung des Wagens fällt aus, es ist kein vernünftiges Handeln mehr zu erwarten. Wer würde in einer solchen Situation nicht ausweichen?

Auch an den von Cobbs und Field verwandten Metaphern sieht man, dass bei aller Kontroverse und proklamierten Neuartigkeit stets an bestimmten Grundfesten entlang gedacht wird. »Weltpolizist, Stadt auf dem Hügel, Festung auf dem Hügel.« Alle, die etwas zur Debatte beitragen, können sich so besser orientieren. Wichtiger noch: Diese Konsequenz ermöglicht in ihrer Übersetzung in konkrete Außenpolitik ein konsequentes Auftreten der USA in der Welt. In diesen Zusammenhang gehört auch die effektive Koordination der US-Außenpolitik. Aus den oben angeführten Gründen fällt dies Washington ungleich leichter als dem Europa der 27 Nationen, wo Brüssel – selbst wenn hier die Entscheidungsgewalt läge, was auf absehbare Zeit unwahrscheinlich ist – stets ungleich mehr mit widerstreitenden Interessen und lähmenden Abstimmungsprozessen zu tun hätte. Konsequenz heißt auch, dass die beschlossene Außenpolitik größtenteils ohne Rücksicht auf die Härten durchgezogen wird, die sie für andere Nationen bedeuten kann. Das gilt auch für Verbündete. Eine Haltung, die sich nur eine Supermacht leisten kann. Um es mit einem anderen Beispiel aus dem Nahen Osten zu illustrieren: Aus der Warte der »Festung auf dem Hügel«, über der weithin sichtbar die Flagge »America First« flattert, ist der Rückzug aus der Krisenregion nur logisch. Der Krieg, den das Regime in Syrien gegen die eigene Bevölkerung führt, bedeutet für Amerika hohe Kosten, solange man selbst darin involviert ist. Erträge sind kaum zu erwarten. Konsequenzen aus dem Ausstieg aber ebenfalls nicht, denn wer aus dem syrischen Chaos flieht, macht sich auf den Weg nach Europa. Amerika ist hiervon nicht wirklich betroffen.

Die hier skizzierte realpolitische Härte wird von manchen Mitgliedern der Europäischen Union zurecht kritisiert – allerdings längst nicht von allen, und nicht immer aus den gleichen Motiven. Die autoritäre Versuchung, sich gegen die humanitäre Katastrophe vor der europäischen Haustüre blindzustellen und die Luken wortwörtlich dicht zu machen, nimmt zu. Im Falle Ungarns oder Polens ist die Versuchung bereits zu politischer Wirklichkeit geronnen. Zur Fairness gehört aber auch, anzuerkennen, dass Länder mit EU-Außengrenzen eine ungleich höhere Belastung zu schultern haben als etwa Belgien. Griechenland, Bulgarien, Italien: Hier trifft die reale Herausforderung der Flüchtlingsbewegungen auf die Konzeptpapiere aus Brüssel. Auch innerhalb der USA gibt es lautstarke Kritik an der Kosten-Nutzen-Rechnung, welche die Regierung mit Bezug auf ihr globales Engagement aufmacht, ohne sich um Menschenrechte und die Einhaltung der Genfer Konventionen zu scheren. Sogar die hierdurch wachsende Belastung der Verbündeten kommt zur Sprache, allerdings nachgeordnet. Dann aber gibt es eben auch jene Stimmen, die das amerikanische Vorgehen ganz explizit als eine weitere Stärke definieren: Pragmatik bis zur Schmerzgrenze und darüber hinaus. Die Prämisse einer Rechnung, die kostenoptimiert und nutzenmaximiert für die USA ausfällt. Vertreter dieser Ansicht sind überwiegend, aber nicht ausschließlich, unter Republikanern zu finden. Eine Reihe führender Demokraten, die ansonsten nichts auf Ex-Präsident Obama kommen lassen, gibt ein Versäumnis seiner Regentschaft offen zu: Wer eine rote Linie in den syrischen Sand zeichnet, was den Giftgas-Einsatz Assads gegen das eigene Volk betrifft, muss handeln, wenn Assad diese Linie überschreitet. Das ist nicht geschehen. Doch stellen dieselben Demokraten unmittelbar im Anschluss die Frage: Wo war eigentlich Europa, diesen Gräuel Einhalt zu gebieten?

Nüchtern formuliert – allzu nüchtern, angesichts dessen, um was es geht – lautet das Argument derzeit also: US-Außenpolitik ist der unseren nicht zuletzt überlegen wegen ihrer unerhörten Pragmatik, anhand derer verschiedene Optionen systematisch ausgetestet werden – um alles, was sich nicht bewährt, ohne falsche Sentimentalität auszusortieren. Geht keine Option auf, beendet man die Sache, um die eigenen Kosten zu begrenzen. Obama versuchte, diesen Eindruck zu vermeiden, quasi die Abbrucharbeiten an Amerikas globalem Engagement im Sichtschutz eines hohen Bauzauns vorzunehmen. Trump rückt hingegen mit der Abrissbirne an. Doch folgen beide auf dem Weg zu ihrer Position derselben Logik:

- Irak 2003: Die Amerikaner intervenieren und besetzen anschließend das Land. Der Plan geht nicht auf, aus dem wachsenden Chaos entsteht später der Islamische Staat (IS).

- Libyen 2011: Gemeinsam mit anderen intervenieren die Amerikaner, entscheiden sich jedoch gegen eine Besatzung. Auch dieser Plan geht nicht auf, bis heute wird das Land von Kämpfen rivalisierender Milizen erschüttert.
- Syrien ab 2013: Die Amerikaner belassen es auch nach Bekanntwerden der Giftgas-Einsätze der syrischen Regierung bei vereinzelten Luftangriffen auf Stellungen der Miliz und wenige Bodentruppen. Von Intervention oder Besatzung ist keine Rede. Ende 2018 ziehen sich die US-Truppen aus Syrien zurück, Assad bleibt im Amt.

Mortons Gabel:
Europas Wahl zwischen schlechten Möglichkeiten?

Es gibt in der Geschichte der Menschheit wenige Berufe, deren Ruf so schlecht ist wie der des Steuerbeamten. Das war im England des frühen 15. Jahrhunderts nicht anders, als John Morton diesen Beruf ausübte. Morton war für das Eintreiben der Steuern unter König Henry VII. zuständig, und er ging seine Aufgabe mit einer schon bald sprichwörtlichen Leidenschaft an. In Mortons Augen müssen ausnahmslos alle Steuern bezahlen. Wer reich ist, kann es sich ohnehin leisten. Wer arm ist, kommt offenkundig mit wenig Geld aus, kann es sich also ebenfalls leisten, hiervon auch noch Steuern zu bezahlen. Beide Situationen, obwohl konträr, führen also zum gleichen Ende bzw. in das Dilemma, zur Kasse gebeten zu werden. Man spricht von Mortons Gabel *(Morton's fork)*. In das Dilemma einer solchen Gabel-Situation hat sich auch Europa im Verlauf der letzten Jahrzehnte manövriert. Es geht dabei jedoch nicht in erster Linie um Finanzen, sondern um Abhängigkeiten.

Europa, dereinst als Friedensprojekt gegründet, hat Jahrzehnte gebraucht, um zu seiner Form zu finden. Sie soll den beteiligten Nationen das erforderliche Mindestmaß an Freiheit und gleichzeitig einen verlässlichen Bezugsrahmen bieten. Um die Jahrtausendwende schienen die Dinge auf dem besten Weg. Nach dem Zusammenbruch der Sowjetunion im Osten fiel eine Bedrohung schlagartig weg. Übrig blieb nur eine Supermacht im Westen, und deren Unterstützung musste man sich vermeintlich nicht versichern. Amerika hatte den Europäern 50 Jahre lang unter die Arme gegriffen, den Marshall-Plan aufgelegt, den Binnenmarkt im Auf- und Ausbau unterstützt, später die deutsche und europäische Einigung mitgetragen. Die Ost-erweiterung der EU und auch der Wunsch der Europäer nach einer Osterweiterung der NATO bekamen den amerikanischen Segen, ob-wohl manche US-Strategen hierbei zurecht Bauchschmerzen hatten, weil sie den Konflikt mit der gekränkten Großmacht Russland kom-men sahen. Bis heute sind die Amerikaner militärisch im Baltikum präsent, etwa in Estland, wo faktisch die Briten zuständig sind – und die Anwesenheit der Amerikaner ist der Grund, warum die Russen die Lage im Baltikum so akzeptieren, wie sie ist.

Über die Verlässlichkeit amerikanischer Schützenhilfe erwuchs bei den Europäern die Illusion der Selbstverständlichkeit. Loyalitäten aber sind selten umsonst. Nicht jeder Preis berechnet sich in Euro oder Dollar (für die Trump-Regierung allerdings sehr wohl auch). In diesem Fall bezahlt die EU die Rechnung in Form der Abhängigkeit von den USA, in die man geraten ist. Die Krux besteht darin, dass der Weg in die Unabhängigkeit, in eine autarke Existenz im globalen Gefüge, sehr viel beschwerlicher und im Moment auch keineswegs wahrscheinlicher ist als der Weg von einer Abhängigkeit in die an-dere. Während die Amerikaner ihren Mentoren-Status in der west-lichen Hemisphäre abstreifen, steht in Fernost bereits eine neue Großmacht bereit, die Supermacht werden will. Und der sehr daran gelegen ist, ihren Einflussbereich auf Europa auszuweiten: China.

Europa hat sich nicht rechtzeitig stark aufgestellt; nun droht in beiden Fällen die Abhängigkeit von Stärkeren. Ob fortgesetzt mit Bezug auf Washington, das hierfür einen hohen Preis verlangen wird. Oder neu mit Bezug auf Peking, dessen Preis auf andere Weise, aber ebenso hoch ausfallen dürfte. Das Ergebnis ist beide Male ein Platz in der zweiten Reihe beim globalen Bankett. Es könnte sogar noch schlimmer kommen. Ein amerikanisches Sprichwort besagt: Wer nicht am Tisch sitzt, steht auf der Speisekarte. Soll heißen: Wer nicht als entschiedener und ressourcenstarker Akteur wahrgenommen wird, gilt als Verfügungsmasse. Wer nicht agiert, hat schnell den Ruf des Reagierenden, dem von den anderen mitgespielt wird. Zumindest trifft dies zu unter den realpolitischen Gegebenheiten unserer Zeit, nun, da wir eine Rückkehr zur Geopolitik der National-staaten erleben, zu etwas, das nach den Vorstellungen der liberalen Internationalisten überwunden schien. Europa auf der Speisekarte: Das Bild mag überzogen erscheinen. Allerdings nur, bis man sich klarmacht, welche Giganten an der Tafel Platz genommen haben.

Der Adler und der Drache

Für Donald Trump ist die Sache klar: Amerika ist das großartigste Land der Welt. Abgesehen davon, dass sich auch im Englischen *great* nicht sinnvoll steigern lässt, ergibt ein direkter Vergleich zwischen Ländern nur selten Sinn. Zu viele Faktoren spielen eine Rolle, zu vieles ist im Fluss. Dennoch haben bestimmte Eckdaten eine Aussagekraft. China hat eine Fläche von knapp 9.6 Millionen km². Das entspricht der 26-fachen Fläche Deutschlands. Die Vereinigten Staaten von Amerika vereinen 27 Deutschlands auf sich und kommen auf gut 9.8 Millionen km². Auf chinesischem Staatsgebiet lebt die enorme Menge von 1.4 Milliarden Menschen, in den USA ein knappes Viertel hiervon. Deutschland kommt auf 83 Millionen, wiederum ein Viertel der US-Bevölkerung (alle Zahlen aus dem Jahr 2019). Nach gegenwärtigem Stand wächst Amerika mit 0.74 Prozent pro Jahr am schnellsten. China hat ein Wachstum von 0.46 Prozent pro Jahr, vergrößert sich also noch immer alle 12 Monate um die doppelte Einwohnerzahl Berlins. Deutschland wächst im gleichen Zeitraum um gerade einmal 0.27 Prozent, also die Bevölkerung von Berlin-Spandau.

Zahlen sind für sich genommen längst nicht so aufschlussreich, wie wir es ihnen zubilligen wollen. Dennoch lässt sich einleitend konstatieren, dass sich zumindest in dieser Hinsicht das Kräfteverhältnis des chinesischen bzw. US-amerikanischen Giganten zum Leichtgewicht Deutschland in nächster Zeit eher noch vergrößern wird. Ähnlich verhält es sich mit dem Bruttoinlandsprodukt, das sich 2018 in den USA auf knapp 20.6 Billionen Dollar beläuft. Die Chinesen kommen auf knapp 13.4 Billionen Dollar; einen Großteil hiervon erwirtschaftet die wachsende Mittelschicht, die aktuell ca. 300 Millionen Menschen umfasst. Nach Schätzungen könnte deren Zahl innerhalb der nächsten Dekade auf bis zu 500 Millionen Menschen anwachsen – Peking hat diese Parole ausgegeben und will in China schon ab 2021 eine »Gesellschaft des mittleren Wohlstands« sehen. Sollte es nur jedes vierte Mitglied dieser Gesellschaft in die »obere Mittelschicht« schaffen, die sich einen Urlaub in Europa leisten kann, dürfte es in den nächsten zehn Jahren in den Fußgängerzonen von München, Heidelberg und Zürich nochmals deutlich enger zugehen.

Natürlich geht das enorme chinesische Wachstum mit ebenso großen Problemen einher. Die Verschuldung der Privathaushalte hält an und China läuft nach drei Jahrzehnten rigider Ein-Kind-Politik Gefahr, schneller alt als reich zu werden. Wie wir gesehen haben, haben die Amerikaner mit einer ganzen Palette innergesellschaftlicher Spannungen rund um die Mittelschicht zu kämpfen, die das Land auf absehbare Zeit in Atem halten werden. Doch boxen beide Länder schlicht aufgrund ihres Kampfgewichts in einer anderen Gewichtsklasse als Deutschland – auch ein Federgewichtler in Topform hätte gegen einen mäßig austrainierten Schwergewichtler wenig auszurichten.

Es macht für unsere Zwecke einerseits durchaus Sinn, einen Vergleich zwischen Deutschland und den USA respektive China zu ziehen. Alle drei sind souveräne Staaten mit Regierungsgewalt und eigenständiger Sicherheits- und Handelspolitik. Andererseits betrachten Washington wie Peking trotz gegenteiliger Beteuerungen –

und der demonstrativ zur Schau gestellten Irritation über das komplexe Geflecht der EU – Deutschland zunehmend als Teil des Staatenverbunds Europa. Erneut sind die Größenverhältnisse der beteiligten Parteien von Bedeutung (niemand geht etwa in sicherheitspolitischen Fragen davon aus, dass Deutschland alleine auf dem globalen Parkett eine tragende Rolle übernimmt). Insofern sieht sich die Europäische Union als Ganzes zwei Herausforderungen gegenüber. Beide könnten sich zu einer existenziellen Gefahr auswachsen. Wie oben angedeutet, könnte Europa auf der Speisekarte landen, also in fortlaufender Abhängigkeit des einen Bankett-Teilnehmers verharren oder in die Abhängigkeit des anderen geraten. Es ist auch denkbar, dass Europa zum Spielfeld der Auseinandersetzung zwischen den USA und China um die globale Vormachtstellung degradiert wird. Die zweite Gefahr ist umgekehrter Natur, jedoch nicht weniger ernst. Sie bestünde darin, künftig in globalen Machtfragen übergangen zu werden. Dann nämlich, wenn sich Washington und Peking quasi »an Europa vorbei« in den fundamentalen sicherheits- und vor allem handelspolitischen Fragen unserer Zeit einigen. Diese Option ist weniger abwegig, als es zunächst scheinen oder einen Trumps Rhetorik glauben machen mag. Denn den Chinesen ist wenig an einem offenen Konflikt gelegen, sie wollen ihren Handelsradius vergrößern. Und die Amerikaner verstehen »America First«, wie oben erläutert, primär im Sinne ihres eigenen Wohlergehens, weniger in Form kostspieliger Großmachtrivalitäten.

Die Welt sieht in den Augen des chinesischen Drachens gänzlich anders aus als in den Augen des amerikanischen Adlers. Es lohnt sich in beide Perspektiven hineinzuversetzen, um unsere eigene Position besser einzuordnen als bisher. Darüber hinaus sollten wir uns klarmachen, wie China und die USA zueinanderstehen, denn nur so können wir Europäer uns für die Zukunft strategisch klug positionieren. Es ist dies ein Gebot der Vernunft, da eine direkte Konfrontation für den europäischen Stier weder mit dem Drachen noch mit dem Adler infrage kommt.

Unter geostrategischen Gesichtspunkten haben die Vereinigten Staaten das große Los gezogen. Im Osten und Westen Ozeane, im Norden und Süden verbündete Handelspartner, denen viel daran gelegen ist, sich weiter gut mit den USA zu stellen, und die im Konfliktfall militärisch, wirtschaftlich und politisch (etwa, was ihr Gewicht in supranationalen Organisationen angeht) immer den Kürzeren ziehen würden. Chinas Nachbarschaft ist weit problematischer. Das Reich der Mitte grenzt im Westen an die beiden Atommächte Indien und Pakistan, deren Verhältnis untereinander äußerst angespannt ist. Peking muss zudem ständig ein Auge auf die koreanische Halbinsel haben; denn Nordkoreas Kim Jong-un bleibt unberechenbar. Im Norden Russland, das seinen Großmachtanspruch immer lauter vorträgt, im Süden der US-Verbündete Vietnam. Der Inselstreit mit Japan im Ostchinesischen Meer schwelt, während im Südchinesischen Meer US-Flugzeugträger kreuzen. Hinzu kommen die Dauerbrennpunkte Hong Kong, Taiwan und Tibet, in die stets auch ausländische Mächte involviert sind.

Unbeirrt hiervon vertritt Peking zunehmend entschieden seine Großmachtstellung in der Region. Mittelfristig will man zur Weltmacht aufsteigen. Im Unterschied zu den USA streicht China nicht den Modellcharakter der eigenen Nation für die Welt heraus. Das ist auch nicht notwendig, denn der rasante Aufstieg Chinas verhilft dem Modell einer wirtschaftsliberalen, hoch technologisierten, aber politisch autoritären Macht automatisch zu Prominenz. Längst fragt sich eine Reihe anderer Nationen rund um den Globus, ob politische Restriktion und exzessives, staatlich gesteuertes Marktwachstum dem althergebrachten Ideal der liberalen Demokratie samt (sozialer) Marktwirtschaft womöglich im 21. Jahrhundert den Rang ablaufen – und daher nachahmenswert sind. Eine fatale Fehleinschätzung, die allerdings innerhalb Chinas von vielen geteilt wird. Hier hängt man einem zyklischen Geschichtsverständnis an: Das demokratisch grundierte Modell der westlichen Hemisphäre hat seine Zeit gehabt, nun ist China in der Geschichte sich ablösender Zirkelbewegungen an der Reihe. Diese Weltsicht unterscheidet sich grundlegend von der US-amerikanischen, wo man die eigene Nation als die höchste Entwicklungsstufe einer zivilisierten Gesellschaft betrachtet. Mit dem Erklimmen dieser Stufe ist das *Ende der Geschichte* gekommen, wie es Francis Fukuyama schon kurz nach dem Kalten Krieg formuliert hatte.

Dreißig Jahre später zweifelt auch Fukuyama, ob der Lauf der Geschichte wirklich entschieden ist. China ist aus Sicht der USA nicht nur Rivale im Kampf um die globale Vorherrschaft und gleichzeitig aufgrund seines riesigen Binnenmarktes begehrter Geschäftspartner – allein diese beiden Einordnungen zusammenzubringen, stellt eine gewaltige Herausforderung dar. Sondern der mächtigste Gegenentwurf zur Zukunft der Welt, dem sich die Supermacht je gegenübergesehen hat.

Chinas Vorstellung von Weltmacht unterscheidet sich von derjenigen der USA. Peking hat aufmerksam verfolgt, welche Kosten die Rolle als Hüter der globalen Ordnung für Washington mit sich gebracht hat. Man setzt daher auf geowirtschaftliche Dominanz; die Vorstellung vom »gutmütigen Hegemon«, der auch Verantwortung für die Stabilität des geopolitischen Gefüges übernimmt, eine Idee, wie sie lange Zeit in den USA populär war, kommt nicht vor. Der chinesische Ansatz ist gerade für diejenigen attraktiv, denen der missionarische Charakter der US-Außenpolitik schon immer suspekt war. Gerne setzt eine wachsende Zahl Geschäftspartner in Asien, auf dem afrikanischen und südamerikanischen Kontinent und auch in Europa darauf, dass China sich ökonomisch engagiert und politisch heraushält – egal, wie man mit der eigenen Bevölkerung umspringt. Das ist nicht nur zynisch, sondern auch kurzsichtig. Denn was sollte das mächtige China nach dieser Logik zukünftig davon abhalten, auf den schwächeren Partner Druck auszuüben? Faktisch passiert dies bereits, und zwar unverhohlen. Beim Stelldichein der Wirtschafts- und Finanzelite in Davos 2017 macht Xi Jinping allen Anwesenden klar, dass sich die Regeln der internationalen Kooperation schnellstens zu Chinas Vorteil ändern müssten. Der chinesische Präsident bezieht sich auf die Vormachtstellung westlicher Nationen bei der UNO, und vor allem im IWF und bei der Weltbank. Xi muss nicht aussprechen, was alle wissen:

Der »chinesische Traum«, den er zum Motto seiner Amtszeit erkoren hat, geht ab sofort mit einem Supermacht-Anspruch einher – und mit der Wucht von 1.4 Milliarden Menschen und der zugehörigen Arbeits- und Kaufkraft.

Schon länger verstößt China gegen etablierte Regeln der Welthandelsorganisation. Das Land betreibt in ganz Asien und vor allem auch auf dem afrikanischen Kontinent aggressive Schulden-Diplomatie. In Europa und den USA kommen immer wieder Fälle von Industriespionage ans Licht; chinesische Billigfälschungen westlicher Qualitätsprodukte sind zu einem Klischee geworden. Nach außen grenzt man sich durch strengen Protektionismus ab; innen sorgt der Merkantilismus chinesischer Prägung für eine enge Bindung großer Konzerne an die Führung in Peking, gerade auf den strategischen Sektoren Öl und Gas oder bei der Luftfahrt. Im Reich der Mitte gelten für ausländische Unternehmen oftmals andere Regeln als für einheimische; Transparenz und der Schutz geistigen Eigentums sind chronisch unterentwickelt.

Und nun stellt sich ausgerechnet Trumps Amerika dem Walten Chinas entgegen? Das Mutterland des Kapitalismus, angeführt von einem Präsidenten, der seine ganze Welt als Business begreift und auch Politik als ein einziges Feilschen um den eigenen Vorteil? Gegenfrage: Wer sonst sollte dazu in der Lage sein? Wer möchte den Serben ihre Aufgeschlossenheit gegenüber dem Angebot Chinas verdenken, in der Corona-Krise medizinisches Fachpersonal und Hilfsgüter bereitzustellen? Wer den Griechen den Ausverkauf des Hafens von Piräus, in einer Zeit, da das Land am Boden liegt? Zum neuen chinesischen Selbstbewusstsein passt, dass die Führung in Peking keinen Hehl daraus macht, was Piräus ist: Der Kopf des Drachen in Europa. Ein Teil der *One Belt, One Road* Initiative, Chinas neuer Seidenstraße für das 21. Jahrhundert. So offen wie am Süd- und Ostrand Europas reckt der chinesische Drache sein Haupt in Amerika nicht in die Höhe. Doch sollte man sich nicht vom Handelskrieg blenden lassen, den US-Präsident Trump mit großem Getöse vom Zaun gebrochen hat. Auch wenn beide Staaten Anfang 2020 tatsächlich ein Teilabkommen unterzeichnen und damit neue Strafzölle vermeiden, sind Handelskriege weder »gut«, noch »leicht zu gewinnen«, wie Trump behauptet. Schon deswegen nicht, weil die Volksrepublik der größte Gläubiger der USA ist. Die amerikanischen Schulden belaufen sich zum Jahresende 2019 auf über 1.1 Billionen Dollar. Bereits vor einem Jahrzehnt fragte die damalige US-Außenministerin Clinton daher zu Recht: »Wie hart kann man denn schon mit seinem Banker verhandeln …?«

Auf absehbare Zeit streiten sich die beiden mächtigsten Nationen des Planeten um zweierlei: geowirtschaftlichen Einfluss und hierauf aufbauend und darüber hinausragend geostrategische Gestaltungsmacht zum eigenen Vorteil. Europa nimmt derweil den Platz des Zuschauers am Ring ein. Auf Dauer wird dies nicht tragen, wie der deutsche Außenminister Heiko Maas Ende 2019 zurecht anmerkt, wenn er sagt: »Es reicht nicht, auf die Rückkehr alter Zeiten zu hoffen, denn sie werden nicht mehr wiederkommen.« Stattdessen gilt es die neu anbrechenden Zeiten aktiv zu gestalten und selbst in den Ring zu steigen. Denn von der Auseinandersetzung um die Frage, wer künftig geowirtschaftlich und geopolitisch das Sagen hat, sind wir Europäer ohnehin betroffen. Also sollten wir uns spätestens jetzt, da der Gong bereits ertönt ist, die Boxhandschuhe überstreifen.

Jackpot: Zum Verhältnis von Aufwand und Ertrag in der Sicherheits- und Handelspolitik

Donald Trump ist ausdrücklich stolz darauf, in ganz Amerika Menschen zu wissen, die schlecht auf ihn zu sprechen sind. In Atlantic City, direkt an New Jerseys Küste gelegen, dürfte die Dichte besonders hoch sein. Im Jahr 1990 eröffnet Trump direkt an der Uferpromenade in einer pompösen Zeremonie das Taj Mahal, ein riesiges Casino. Der Ort mutet wie eine obszöne Karikatur des indischen Mausoleums an. Für seinen Besitzer ist das Taj »das achte Weltwunder«, auch wenn man schon im Folgejahr an der Insolvenz entlangschrammt. Schnell entwickelt sich das Zockerparadies zum Treffpunkt des organisierten Verbrechens, schafft es nie aus den Schlagzeilen und muss 2016 schließen, nachdem die Mitarbeiter in Streik getreten sind.

Trump verkauft die ganze Geschichte bis heute als Erfolg. Sinnbildlich steht das Casino für die Zockerattitüde des Präsidenten, der in seinen eigenen Worten »immer gewinnt«, im Geschäftsleben wie in der Politik. Und so geht es auch in der globalen Arena immer nur darum, für Amerika den Jackpot zu gewinnen, und zwar mit möglichst niedrigem Einsatz. Trump ist nunmehr der Einzige, der das Taj Mahal Fiasko als Triumph der Risikobereitschaft darstellt. Doch könnte ein anderes, mindestens so riskantes Spiel mit ungleich höheren Einsätzen für Amerika tatsächlich zum Hauptgewinn führen. Der Jackpot in den internationalen Beziehungen des 21. Jahrhunderts bestünde darin, sich aus einer zunehmend unberechenbaren und kostspieligen Welt auf die Sicherheit zu Hause zurückzuziehen und gleichzeitig den eigenen globalen Einfluss zu wahren. Also mit minimalem Einsatz maximalen Ertrag zu generieren, was weltpolitische und geostrategische wie geowirtschaftliche Gestaltungsmacht anbelangt. Amerika kann mit derart hohem Risiko auf Sieg spielen. Europa nicht, Deutschland nicht.

Tatsächlich ist die Supermacht auf dem besten Weg, ressourcenschonend ihren Aktions- und Machtradius mindestens beizubehalten, wenn nicht gar auszubauen. Das funktioniert, weil Amerika unvermindert die Rolle des »Systemadministrators« innehat. Keine bedeutende (d. h. global operierende) supranationale Organisation kann gegen die amerikanische Stimme einen Beschluss fassen. Weder Deutschland, noch Indien, Brasilien oder Südafrika werden einen ständigen Platz im Sicherheitsrat der Vereinten Nationen einnehmen, bevor die Amerikaner nicht grünes Licht geben. Weder die Weltbank noch der Internationale Währungsfonds oder die WHO werden sich amerikanischen Vorstellungen verweigern, solange die internationale Leitwährung der US-Dollar ist (im Fall der WHO wohl selbst dann nicht, wenn der Austritt der USA zum 6. Juli 2021 wirksam wird). In der NATO sperrt sich Berlin seit geraumer Zeit

gegen die Forderung Washingtons, zwei Prozent des Bruttoinland-
produktes auf die Verteidigung aufzuwenden. Das ist nicht weniger
als eine formelle Autonomiebekundung, aber eben auch nicht mehr.
Denn in Berlin weiß man genau, dass Deutschland in Sachen
Militärtechnologie und Rüstung auf die USA angewiesen ist – und
kauft im April 2020 insgesamt 45 Kampfjets vom Typ F-18 des amerikanischen Herstellers Boeing als Ersatz für die altersschwachen Tor-
nados der Luftwaffe. Noch höher ist die Abhängigkeit, was Informationen aus den Aufklärungs- und Überwachungsnetzwerken der
Amerikaner angeht, schlimmstenfalls sogar von Facebook. Damit
ist der zweite Grund für die Jackpot-Position der USA benannt: Die
Supermacht definiert und betreut nach wie vor die tragenden Streben des internationalen Gefüges. Sie ist somit nicht nur Ad-
ministrator, sondern auch Erbauer und quasi »Hausmeister« des Systems Made in USA. Alle anderen nutzen es – und verbleiben damit
automatisch innerhalb dieses Systems, selbst wenn sie Autonomie-
bestrebungen haben. Einzige Ausnahme ist auf manchen Gebieten
die neue zweite Supermacht des Planeten, China. Peking stößt 2016
die Asiatische Infrastrukturbank AIIB als Alternative zur Weltbank an und hält 26.5 Prozent. Wenig überraschend weigert sich
Washington (neben Tokyo), an der AIIB mitzuwirken.

Die tragenden Streben des internationalen Gefüges greifen in
alle Richtungen aus, so auch finanziell: Mehr als jede zweite Finanz-
transaktion weltweit geschieht in US-Dollar. Die globale Leitwährung ist der Maßstab für das Wohlergehen der Finanzmärkte; meh-
rere bedeutende Währungen, darunter der Saudi-Riyal, weisen eine
feste Wechselkursbindung zum Dollar auf. Die New Yorker Wall
Street ist – gemessen am Handelsvolumen in Aktien – die mit Abstand größte Börse der Welt, auf den Plätzen zwei und drei folgen
die Handelsplattform BATS Global Markets und die Technologie-
börse Nasdaq, alle USA. Weltweit beeinflusst der an der New York
Stock Exchange notierte Dow Jones Index die Börsen, etwa was den
Handel mit Erdöl und Gas anbelangt. Gemessen werden diese zentralen Energieträger in der US-Maßeinheit Barrel. Hierzu passt, dass
sich Amerika in jüngerer Zeit zu einem Energie-Exporteur ent-

wickelt hat, auf den andere angewiesen sind, selbst wenn sie die eingekaufte Energie darauf verwenden, zu mehr eigener Stärke zu finden.

Eine weitere Strebe ist kommunikativer Natur. Unser gesamtes Kommunikationsverhalten sowie unsere Informationsbeschaffung im Privaten wie Beruflichen beruht mittlerweile überwiegend auf US-Digitaltechnologie. Eine typische Kleinunternehmerin in Berlin oder Bern ruft morgens beim Frühstück per Whatsapp ihre Eltern an (ist die Zeit knapp, gibt es nur ein Foto vom Müsli per Snapchat), schaltet die neue Werbung fürs Geschäft über Facebook und führt auf dem Weg dorthin einige Anrufe per Skype. Vor Ort kommuniziert sie mit den Kunden wahlweise über ihr MacBook oder alternativ über ein irgendwie Microsoft-gestütztes Betriebssystem; anfallende Fragen recherchiert sie nebenher bei Wikipedia. Was sie braucht, sucht sie auf Google und bestellt es dann bei Amazon, wo sie mit PayPal bezahlt. Abends entspannt sie bei Instagram oder streitet sich auf Twitter mit der Welt, je nachdem, wie der Arbeitstag verlaufen ist.

Häufig ist es kaum mehr möglich, auf Digitaltechnik »Made in USA« zu verzichten. Ebenso sehr jedoch sind manche Marken zu einer ästhetischen Bezugsgröße geworden, welche die Nutzerin – um im Beispiel zu bleiben – als Erfolgsmenschen mit Sinn für Stil und Geschmack auszeichnet. Diese kulturelle Anziehungskraft kommunikationstechnischer Produkte, etwa bei Apple, kann nicht hoch genug eingeschätzt werden. Nicht wenige verbinden ihr berufliches Selbstverständnis als kreative Freidenker, die im Café die besten Ideen haben, direkt mit der Erfolgsmarke aus Cupertino. Nicht weit von der Apple-Zentrale entfernt liegt die Stanford University, eine von 16 US-Universitäten, die sich im Times Higher Education Universitätsranking von 2020 unter den besten 25 Hochschulen weltweit finden. Aus Europa schafft es neben vier britischen Universitäten nur die Schweizer ETH in diesen Kreis.

Raum gewinnen: Sicherheitspolitik à la USA

American Football ist längst zu seinem eigenen Klischee geworden. Riesige Kerle in schwerer Rüstung krachen wieder und wieder so hart aufeinander, dass ihre Helme knacken (und die Köpfe darunter auch). Das eiförmige Spielgerät ist die meiste Zeit unter einem Berg Menschen begraben. Doch Football ist mehr. Die amerikanischste aller Sportarten hat hierzulande bis heute nicht richtig Fuß gefasst. Im Stadion der Universität von Michigan etwa bringt sie regelmäßig 110 000 Menschen zusammen – so viele, wie die dortige Stadt Ann Arbor Einwohner hat. Sie alle wollen sehen, wie die beiden gegnerischen Mannschaften alles daransetzen, unter Aufbietung sämtlicher athletischer Kräfte den Ball nach vorne über die Linie zu bringen. Vor allem jedoch ist Football eine strategische Schlacht. Es geht um Raumgewinnung. Darum, sich für den Touchdown auf dem Spielfeld der Kräfte durchzusetzen. Jeder hat seine feste Rolle, die Aufgabe mancher Spieler besteht ausschließlich darin, den Weg für andere freizublocken. Wer das Spielfeld kontrolliert, dominiert den Gegner und gewinnt das Spiel.

Die Parallelen zur amerikanischen Sicherheits- und Handelspolitik unserer Zeit sind offensichtlich. Washingtons Zugriff auf die beiden zentralen Felder internationaler Beziehungen soll im Folgenden mit Blick auf den transatlantischen Raum kurz skizziert werden. Zuvor stellt sich die Frage, wie der weiter oben beschriebene knallharte konservative Nationalismus der US-Regierung unter Trump mit der Idee raumgreifender Manöver in der Außenpolitik zusammenpassen soll. Tatsächlich geht beides in der spezifischen Version des *America First*-Nationalismus sehr wohl zusammen, den die USA seit 2016 offensiv verfolgen. Es ist dies die Form, wie sie der Geschäftsmann Trump in die Politik getragen hat. Also ungeachtet der Rhetorik nicht mehr ein primär politisch motivierter Nationalismus, der in isolationistischer Gesinnung auf konsequente Abschottung und letztlich Autarkie setzt. Sondern ein ökonomisch motivierter, in diesem Sinne unideologischer, Nationalismus, der strikt den Prinzipien der Business-Welt folgt. Der Touchdown besteht in der maximal profitablen Position der eigenen Seite. Diese Position gilt es mit möglichst wenigen Verlusten und unter Schutz der eigenen Ressourcen zu erreichen. Daher einerseits der Rückzug auf sich selbst, dort, wo es geboten ist, um Kosten zu senken oder den Gegner gezielt zu schwächen, da dieser nun in jedem Fall selbst Energie für ein eigenes Manöver aufwenden muss. Andererseits wird das Spielfeld strategisch unter Kontrolle gehalten, um die freigeblockte Lücke nutzen und zum Touchdown kommen zu können, wo immer sich die Gelegenheit bietet.

Eine solche Taktik lässt keinen Raum für die Grundidee des »Westens«, die auf einem Win-win-Verständnis beruht. Stattdessen kann hiernach nur eine Seite gewinnen. Für das Kräftemessen mit dem europäischen Kontrahenten ist Amerika gut aufgestellt, ohnehin in sicherheitspolitischen Belangen, auf die nun zuerst eingegangen wird. Weniger klar, doch immer noch mit Vorteil Amerika, stellen sich die Kräfteverhältnisse im Spiel auch in handelspolitischer Hinsicht dar.

Zunächst zur Sicherheitspolitik, wo die Vereinigten Staaten auf einem anderen Level als Europa agieren. Die höhere Plattform geht mit mehr Verantwortung und strategischen »Kosten« einher, aber auch mit mehr Reichweite, mehr Effekt, und vor allem mehr Handlungsspielraum. Washington hat die Plattform daher seit dem Ersten Weltkrieg und bis in das erste Jahrzehnt des 21. Jahrhunderts hinein systematisch ausgebaut. Die USA waren seitdem der stabilisierende Faktor und die tragende Strebe der liberalen Weltordnung. Ein Orientierungspunkt auch für andere, die zentrale Aspekte der US-Sicherheitspolitik auf ihrem Territorium fortführten oder zumindest ihre eigene am US-Vorbild ausrichteten. Dieser Verstärker-Effekt ist von Washington gewünscht; nach dem Zweiten Weltkrieg wurden gerade auch in Deutschland strategische Brückenköpfe namens Wiesbaden und später Ramstein (United States Air Force Europe), Heidelberg (United States Army Europe) oder Pirmasens (Kernwaffenlager, bis 1992) auch zu diesem Zweck eingerichtet.

Traditionell verstehen die Amerikaner Sicherheitspolitik umfassender als bei uns. Sie soll nicht nur Gefahren abwenden, sondern das weitere Umfeld aktiv im eigenen Interesse gestalten. Washington hat dabei nicht den Weg der klassischen Kolonialmacht beschritten. Spricht man das Thema in der US-Hauptstadt an, kommt reflexartig die Antwort, man habe schließlich nie über Kolonien geherrscht, sondern sei im Gegenteil selbst aus einer Kolonie hervorgegangen. Unzweifelhaft jedoch haben die USA ihren Einflussbereich über kapitalistische Prinzipien ausgebaut und strategisch schwächer entwickelte Regionen für den eigenen Profit erschlossen, teils aufgrund der erdrückenden Übermacht in faktischer Monopolstellung bestimmter Wirtschafts- und Industriezweige.

Die USA sind das einzige Land, das stärker und reicher aus dem Zweiten Weltkrieg hervorgeht. Europa hatte sich schon im Ersten Weltkrieg praktisch selbst zerstört; nach dem *Good War* ist ab 1945 die Dominanz der USA ausgeprägter denn je. Zwischenzeitlich ist man für einige wenige Jahre die einzige Atommacht, auch später wird die führende Position im Wettrüsten nie mehr hergegeben. Ende der 80er-Jahre bröckelt der Ostblock, und als mit der Sowjetunion das konkurrierende System von innen her zusammenbricht, gibt es auf der Welt nur noch einen Pol, die Vereinigten Staaten von Amerika. Der »unipolare Moment« wird vorüberziehen, doch die USA bleiben fortan in sicherheitspolitischer Hinsicht in den Worten Madeleine Albrights die »unverzichtbare Nation«. Wer daran zweifelt, werfe einen Blick auf die Lastenverteilung in der NATO – oder befrage sicherheitspolitische Strategen in Polen, der Tschechischen Republik oder den baltischen Staaten, seit 2017 auch in Montenegro und seit 2020 in Nordmazedonien zum Thema.

Die Nationale Sicherheitsstrategie der USA ist ein Dokument, das an Klarheit nichts zu wünschen übriglässt. In der Version von 2017/18 umfasst es gerade einmal 55 Seiten Text, wobei es genügt, die vierseitige Einleitung zu lesen. Ganz zu Beginn heißt es: »This National Security Strategy puts America first.« Amerika steht an erster Stelle. »Amerikanische Schwäche«, so wenig später, »lädt [andere] zur Herausforderung ein, amerikanische Stärke und Selbstvertrauen [dagegen] verhindert Krieg und fördert den Frieden.« Dann folgen vier zentrale, explizit »überlebenswichtig« genannte Interessen, die die Nation »in dieser kompetitiven Welt« zu schützen habe. Zuvorderst die Sicherheit des amerikanischen Volkes, des Homelands und der »amerikanischen Lebensgewohnheiten«. Sodann die Förderung des Wohlstands der USA (dazu weiter unten gleich mehr). Drittens die Förderung des Friedens durch Stärke, hier explizit als militärische Stärke definiert, die sich auch auf den Weltraum und den Cyperspace bezieht. Schließlich den Ausbau des amerikanischen Einflusses in der Welt, immer unter der Maxime, »amerikanische Interessen und Prinzipien zu schützen«. Deutlicher kann man Sicherheits- und Handelspolitik nicht auf das eigene Wohl ausrichten.

Deutschland hat bis heute keine nationale Sicherheitsstrategie vorzuweisen. Dabei hatte der Wissenschaftliche Dienst des Bundestags bereits 2016 einen Überblick vorgelegt, der zeigt, dass man sich der Notwendigkeit »politisch verbindliche[r] Leitlinien für alle sicherheitspolitisch relevanten Ressorts« bewusst ist. Ohne schriftlich fixierte Strategie ist Europas mächtigste Nation weiterhin gezwungen, auf sicherheitspolitische Herausforderungen ad hoc und ohne optimale Abstimmung zwischen den beteiligten Akteuren zu reagieren, oftmals ohnehin verspätet und mit mangelnder Ausrüstung. Das kann man von der mächtigsten Nation der Welt nicht behaupten. Alle vier vitalen Interessen werden seit Jahrzehnten, in Bezug auf den Schutz des amerikanischen Homelands seit Jahrhunderten, konsequent verfolgt. Die Grenze zwischen Pragmatismus und Skrupellosigkeit ist dabei allerdings fließend. So ist Washington immer wieder strategische Partnerschaften mit Nationen eingegangen, die nicht nur nicht als liberale Demokratien gelten können, sondern Diktaturen zuzurechnen sind (Saudi-Arabien und Ägypten, Guatemala in den 50er-, Chile in den 70er- und Irak in den 80er-Jahren, um nur einige Beispiele zu nennen). Der Schaden für Dritte wurde billigend in Kauf genommen, vergleichbar der Gehirnerschütterung, mit der die Wasserträger im Football-Team vom Platz gehen, während sich der Quarterback für seinen Touchdown-Pass feiern lässt.

Konsequent wie bei wenigen anderen sind die Verhaltensmuster in der US-Sicherheits- und Außenpolitik generell an der Wahrung der eigenen Interessen ausgerichtet, und dies erfolgreich. Was den Schutz des Homelands betrifft, so hat Amerika seit 1814 keinen Krieg auf heimischem Boden mehr erduldet – mit Ausnahme der Terroranschläge vom 11. September, die genau deswegen eine solche Erschütterung (und anschließend entschiedene Reaktion) ausgelöst haben. Was militärische Stärke betrifft, liegt Amerika im Rüstungswettlauf uneinholbar vorne. Die Überlegenheit ist beabsichtigt und soll potenzielle Rivalen schon vom Versuch abschrecken, gleichzuziehen.

Laut dem Internationalen Friedensforschungsinstitut SIPRI in Stockholm sind 2018 weltweit über 1.8 Billionen US-Dollar in Rüstungsgüter geflossen. Der Löwenanteil hieran gehört mit 36 Prozent den USA. Die Supermacht hat alleine fast so viel wie die nachfolgenden acht Länder zusammen aufgewendet. Im Rahmen eines umfassenden Modernisierungsprogramms will man die weltweite Jahressumme von 2018 in den nächsten beiden Jahrzehnten in das US-Militär stecken. Auf die USA folgt mit weitem Abstand China, dann Saudi-Arabien, Indien und dann erst die erste europäische Nation, Frankreich, die alle deutlich unter 70 Milliarden Rüstungsausgaben liegen. Deutschland kommt auf knapp 50 Milliarden. SIPRI stützt sich ausschließlich auf frei verfügbare Quellen und offizielle Angaben, sodass die wahren Summen vermutlich höher sein dürften. Doch sind bereits die vorliegenden Werte schwindelerregend, wie auch die Tatsache, dass die USA die ganze Welt in insgesamt sechs militärische Kommandozonen unterteilt haben. Die Zentrale des »United States European Command« (USEUCOM) liegt in Stuttgart-Vaihingen. US-Truppen sind auf allen Kontinenten und in über 160 Ländern stationiert, in der Summe derzeit etwa 170 000 Soldat/-innen. In Deutschland ist die Truppenzahl in jüngerer Vergangenheit drastisch gesunken; weitere 10 000 US-Streitkräfte verlassen ab 2020 das Land. Schon die Obama-Regierung hatte sämtliche Truppen aus Heidelberg, dem einstigen Hauptquartier der US Army Europe, abgezogen (eine zweimalige Vorsprache der Stadtoberhäupter Heidelbergs und Mannheims in

Washington gegen den Abzug prallte an den dortigen geostrategischen Überlegungen ab). Dennochbesteht eine ganze Reihe
von US-Militärbasen weiter, auf denen sich nach Japan weltweit die
größten Kontingente des US-Militärs finden – und außerdem rund
zwanzig Atomwaffen sowie das Kontrollzentrum für Drohnen-
angriffe im Jemen und weiteren Krisenregionen im Nahen Osten.
Letzteres dient primär dem Kampf gegen terroristische Bedrohungen,
in den die USA seit der Jahrtausendwende weltweit laut *Smithsonian
Magazine* 1.9 Billionen Dollar investiert haben.

Diese enormen Summen sorgen in Verbindung mit dem Raster
militärischer Stützpunkte rund um den Planeten dafür, dass die
Supermacht zu Lande und zu Wasser an jedem beliebigen Punkt der
Erde innerhalb weniger Stunden präsent sein kann. Elf Flugzeugträger kreuzen ständig auf den Weltmeeren. Als einzige Nation ist
man in der Lage, auch kurzfristig einen größeren Krieg auf einem
anderen Kontinent zu führen, falls nötig unter Einsatz nuklear-
bestückter Interkontinentalraketen. Doch – um einen James Bond
Film zu zitieren – die Welt ist nicht genug: Unter Trump wird das
»US Space Command« vorangetrieben, um Amerikas Dominanz im
Weltraum zu sichern. Auch das All muss sich der Trumpschen De-
vise aus *The Art of The Deal* von vor über dreißig Jahren unterordnen;
laut dem Präsidenten ist auch in diesem Fall wie überall »der beste
Weg, Konflikte zu verhindern, alles auf Sieg zu stellen«.

Direkt verknüpft mit der Sicherheit Amerikas und der Wahrung seiner Interessen ist der Ausbau des amerikanischen Einflusses in der
Welt, wie ihn die Nationale Sicherheitsstrategie explizit anführt.
Wir haben bereits gesehen, wie Washington sich früh eine dominante Position an den strategischen Schnittstellen der internationalen Ordnung gesichert hat. Alle großen supranationalen Institutionen unserer Zeit sind von den Amerikanern auch aufgrund
strategischer Eigeninteressen gegründet bzw. in ihrer Gründung
unterstützt – und dann je nach Situation unterschiedlich in ihrer
Verbindlichkeit für die USA gewichtet worden (einen extremen
Spezialfall stellt der Völkerbund dar, den die USA entscheidend

vorangetrieben hatten, nur um ihm dann selbst nicht beizutreten). In einer spezifisch US-amerikanischen Ausprägung pragmatischer Offenheit, die in dieser Form auf dem europäischen Kontinent gar nicht und selbst in Großbritannien nur in abgeschwächter Form anzutreffen ist, haben amerikanische Strategen kein Problem damit, diese Motivation zuzugeben. Dies gilt nicht nur für in der Wolle gefärbte Realpolitik-Vertreter, sondern auch für das Lager der liberalen Internationalisten. Aus beider Sicht bestimmt sich amerikanische Außenpolitik schon immer aus der Doppelmotivation Macht und Mission heraus. *Hard power* und idealistische Beweggründe schließen sich demnach nicht aus; sie finden im Verlauf der Geschichte vielmehr unterschiedlich und immer neu in variierender Gewichtung zusammen.

Diese Lesart ist nicht vorgeschoben, wie es von der anderen Seite des Atlantiks manchmal erscheinen mag. Sie ist in der immer noch wirkmächtigen Erzählung von der Stadt auf dem Hügel verwurzelt, die sich die Supermacht bis heute bewahrt. Insofern ist es in der Trump-Ära zu einem Paradigmenwechsel in der US-Außenpolitik gekommen. Allerdings nicht, was die drei Facetten selbst betrifft, die bis heute zur goldenen Richtschnur der US-Außenpolitik verwoben sind: Der Anspruch auf eine hegemoniale Stellung in der westlichen Hemisphäre und im Ernstfall darüber hinaus, das stets vorbehaltene Recht, unilateral und wo nötig auch gegen die Interessen Verbündeter zu handeln, sowie das aus dem Eigenschutz abgeleitete Recht, präventiv gegen andere vorzugehen, die in den eigenen Augen eine Gefahr darstellen oder zukünftig darstellen könnten. Alle diese Ambitionen sind unverändert. Neu ist, auf welchem Weg sie verfolgt werden.

Für die Trump-Regierung sind eindeutig wirtschaftliche Hebel das Mittel der Wahl. Diese werden gegenüber Konkurrenten, aber auch Verbündeten, zum Einsatz gebracht, wobei Washington unverblümt Asymmetrien in der wechselseitigen Abhängigkeit ausnutzt; mit anderen Worten: man ist sich bewusst, dass in der Regel der anderen Seite noch mehr an der Zusammenarbeit gelegen ist als einem selbst, und schlägt daraus einen Vorteil. Es geht schneller und entschiedener zu als in der Vergangenheit. Schneller insofern, als dass der Präsident und seine Entourage eine große Ungeduld an den Tag legen, was diplomatische Instrumente betrifft. Und entschiedener, weil man primär auf negative Anreize setzt, etwa in Form von Sanktionen, Handelsschranken oder Zöllen, weniger auf positive Anreize, die in der Arbeit an einem multilateralen Handelsabkommen oder einer Lockerung der Green Card Regelungen bestehen könnten. Ein solches Vorgehen zeugt von einer Nullsummen-Mentalität. Damit besteht wenig Hoffnung auf Veränderung. Ein schwacher Trost, dass wir »hätten gewarnt sein können«, um ein klarsichtiges Werk von Brendan Simms und Charlie Laderman zu zitieren. Zumindest jedoch kann mittlerweile niemand mehr überrascht sein. Schließlich ist alles in der Nationalen Sicherheitsstrategie nachzulesen. Unmittelbar im Anschluss nochmals einen Blick in die letzte Sicherheitsstrategie der Obama-Ära zu werfen, sei allerdings nur Nostalgikern empfohlen. Dort hatte sich Amerika noch selbst auferlegt, eine »globale Kraft für das Gute« sein zu wollen.

Raum absichern: Handelspolitik à la USA

Entgegen der Optik ist das Regelwerk beim American Football hochkomplex und dick wie ein Telefonbuch (bzw. drei MacBooks). Eine Mannschaft besteht aus elf Spielern, und auch wenn Football bei uns keinen vergleichbaren Stellenwert hat wie in den USA, ist doch vielen ein Spieler ein Begriff: der Quarterback. Er ist der Star der Mannschaft, derjenige, der den spektakulären Pass wirft und es am Ende aufs Cover schafft. Dabei ist häufig ein anderer Spieler entscheidend: der Nickelback. Seine Aufgabe ist es, den Raum gegen den Gegner abzusichern. Ein Nickelback muss schnell und kraftvoll sein, und vor allem flexibel. Er schickt den Angreifer kompromisslos zu Boden, ist dabei aber selbst ein guter Sprinter und schwer auszurechnen. Obgleich weniger auffällig als der Quarterback, hat ein guter Nickelback schon so manches Spiel entschieden.

Der Quarterback steht für die amerikanische Sicherheitspolitik. Er ist derjenige, der mit einem einzigen Wurf das gesamte Spielfeld verschieben und damit die Kräfteverhältnisse klarstellen kann. Sein Pass ist für die andere Seite oft tödlich. Der Nickelback repräsentiert die amerikanische Handelspolitik. Seine Arbeit besteht aus vielen kleineren Schritten, die das Terrain für die eigene Mannschaft auf Dauer so gut gestalten, dass die andere Seite strategisch ins Hintertreffen gerät. Beide Spieler sind Teil desselben Teams, sie agieren – und gewinnen – zusammen. Ähnlich waren US-Sicherheits- und Handelspolitik schon immer verknüpft, war die Handelspolitik der Supermacht schon lange überformt durch außenpolitische und geostrategische Interessen. Während des Kalten Krieges stärkte Washington systematisch die westlichen Alliierten über die Öffnung des eigenen Marktes. Hinzu kamen das Wirtschaftsprogramm zum Wiederaufbau Europas, der bereits 1948 in Kraft gesetzte Marshall-Plan mit seinen Subventionen und Darlehen, und weitere Hilfsmaßnahmen für Europa, das sich vom Krieg zu erholen begann. Ziel war auch die strategische Bindung an Amerika im Rahmen der gegenüber der Sowjetunion verfolgten Eindämmungspolitik im Sinne der Truman-Doktrin. Washington blieb dem Prinzip der Verknüpfung von sicherheits- und handelspolitischen Interessen im Verlauf des 20. und bis in das 21. Jahrhundert hinein stets treu. Ein weiteres Beispiel unter vielen hierfür ist das Freihandelsabkommen mit Israel ab 1985, das offensichtlich den zentralen Verbündeten der USA in der Krisenregion Naher Osten stärken soll.

Beide großen Vorstöße in Sachen Handelsabkommen in der Obama-Ära gehören ebenfalls in diese Kategorie. TPP (die Transpazifische Partnerschaft) sollte laut dem damaligen Präsidenten den Achsendreh der USA nach Ost- und Südostasien untermauern. Ziel war es, der sich abzeichnenden Dominanz Chinas in der Region etwas entgegenzusetzen. Den Europäern gegenüber machte Washington das Argument, mit TPP dem etablierten Wirtschaftssystem der westlichen Hemisphäre global mehr Gewicht zu verschaffen, schließlich sei niemandem daran gelegen, dass mit China ein neuer Akteur neue Normen zum eigenen Vorteil setze. Unausgesprochen blieb das Ansinnen der Amerikaner, mit TPP in Sachen Marktzugang in Asien die Nase vor den Europäern zu haben. TTIP (die Transatlantische Handels- und Investitionspartnerschaft) war aus US-amerikanischer Sicht nicht zuletzt der Versuch, die Waage des weltweiten Handels im Gleichgewicht zu halten. Freilich ein Gleichgewicht, das die Obama-Regierung zum Vorteil für das eigene Land gestalten wollte, ging es doch in diesem Fall darum, in Sachen Marktzugang in Europa die Nase vor den Asiaten zu haben. Allerdings steht TTIP auch für Obamas Ansatz, die transatlantischen Beziehungen 25 Jahre nach dem Ende des Kalten Krieges auf eine neue Ebene stellen. Hierauf hätte möglicherweise eine enger abgestimmte Sicherheitspolitik aufbauen können.

Unter Obamas Nachfolger sind die Vereinigten Staaten aus der Transpazifischen Partnerschaft ausgestiegen. Das Transatlantische Freihandelsabkommen ist in den Worten der damaligen EU-Kommissarin für Handel Cecilia Malmström auf absehbare Zeit »in den Gefrierschrank« gepackt. Beides bedeutet jedoch nicht, dass die Trump-Regierung die Verknüpfung von Sicherheits- und Handelspolitik aufgegeben hätte. Sie hat ihr nur eine andere Form gegeben. Anders heißt in diesem Fall noch direkter. Es ist nicht mehr nur so, dass das Eine auf dem Anderen aufbaut und beide ineinandergreifen. Zusätzlich fungiert das Eine nun als Druckmittel für das Andere, im Sinne einer Vorbedingung, die erfüllt sein muss. Am eindrücklichsten wird dies im oben genannten Fall der NATO, bei dem Trump den Kern des Verteidigungsbündnisses anzweifelt. Aus der unbedingten Garantie des Bündnisfall-Artikels wird so eine »wenn/ dann« Situation: Wenn sich die europäischen Staaten wirtschaftlich stärker einbringen, können sie im Ernstfall auf sicherheitspolitische Unterstützung durch Amerika setzen, wenn nicht, dann nicht mehr unbedingt. Hier scheint das vierte Interesse durch, das in der Nationalen Sicherheitsstrategie der USA formuliert ist: die Förderung des eigenen Wohlstands. Die Betonung liegt auf »eigen«.

Wenn man wie Trump die internationalen Beziehungen durch die Brille der Kosten-Nutzen-Rechnung betrachtet, nach der immer nur eine Seite gewinnen kann, liegt die Reibung mit der Win-win-

Konzeption unter westlichen Verbündeten und Handelspartnern auf der Hand. Da die Welt aus Sicht der US-Regierung keine Partnerschaften, sondern nur Länder mit Interessen kennt, sollte man nicht von der Möglichkeit eines beiderseitig nutzbringenden Austauschs ausgehen. Sondern im Gegenteil laut Trump sogar davon, dass die EU ausdrücklich ein (wirtschaftliches) Bündnis darstellt, das die USA schwächen soll. Das ist nicht nur geschichtsvergessen – schließlich hat der große Gewinner des Zweiten Weltkriegs Europa und gerade auch Deutschland danach entscheidend mitaufgebaut –, sondern auch schlicht falsch.

Es beginnt damit, dass Trumps Mantra, Handel sei nur fair, wenn die Handelsbilanzen ausgeglichen sind, viel zu kurz greift. Es ist wahr, dass die US-Leistungsbilanz 2017, also im Jahr von Trumps Amtsantritt, ein Defizit von fast 450 Milliarden Dollar ausweist. Das bedeutet allerdings nicht automatisch, dass man von anderen Ländern »ständig über den Tisch gezogen wird«, wie der Präsident sagt. Sondern zunächst einmal, dass die USA einen riesigen Binnenmarkt mit kauffreudiger Gesellschaft haben. Unternehmen sind daher nicht im gleichen Ausmaß wie anderswo auf Ausfuhren angewiesen. Gleichzeitig sind die Vereinigten Staaten für andere ein attraktiver Anlagestandort, weshalb Kapitalflüsse ins Land besonders ausgeprägt sind. Hinzu kommt, dass Trump von der Industrie und dem produzierenden Gewerbe ausgeht, wenn er von der amerikanischen Handelsbilanz spricht. Das wäre Anfang der 90er-Jahre noch ein plausibler Ansatz gewesen, damals erwirtschaftete die Industrie ein gutes Viertel des Bruttoinlandsprodukts. Als Trump ins Weiße Haus einzieht, ist es nicht einmal mehr halb so viel. Hingegen hat der Dienstleistungssektor (inklusive der Digitalwirtschaft) entscheidend an Bedeutung gewonnen; er macht 70 Prozent vom BIP aus und ist absolut wettbewerbsfähig. Wenn der Präsident also vom Fenster seines Penthouse im Trump Tower aus mehr Mercedes-Benz Limousinen auf der 5th Avenue sieht, als ihm lieb ist, hat dies mit dem Gesamtzustand der US-Handelsbilanz nur sehr bedingt zu tun.

Auch bei einem anderen seiner Glaubensgrundsätze liegt Trump daneben. Nach seiner Meinung »wächst Deutschland auf Kosten

anderer, vor allem auch der USA«. Dies widerstrebt dem selbsterklärten »sehr stabilen Genie« und Geschäftsmann von Welt. Es ist
aber ebenfalls falsch. Tatsächlich hat Deutschland noch 2017 einen
Handelsüberschuss von ca. 65 Milliarden Dollar, auch weil die Vereinigten Staaten seit 2015 noch vor Frankreich wichtigstes Zielland
für Exportgüter sind. Und genau deshalb von der aktuellen Konstellation profitieren. Schon deswegen, weil deutsche Investoren In-
vestitionsbestände von über 290 Milliarden Dollar in den USA halten und deutsche Unternehmen dort gut 650 000 Arbeitnehmer
beschäftigen. Beide machen also längst, was der US-Präsident for-
dert: Sie produzieren in den USA, was sie in den USA verkaufen
wollen, gleich ob BMW in Spartanburg (South Carolina), Volkswagen in Chattanooga (Tennessee) oder – um auf Trumps Lieb-
lingsbeispiel zurückzukommen – Mercedes Benz in Tuscaloosa
(Alabama), wo derzeit 4200 Mitarbeiter und Mitarbeiterinnen SUVs
für den nordamerikanischen Markt produzieren.

Gerade mit Bezug auf die EU – Trump findet sie 2020 in Davos
»schlimmer als China« – macht die isolierte Betrachtung Deutschlands, die der Präsident vorzugsweise vornimmt, nur begrenzt Sinn.
Denn das größte Land Europas bezieht viele Dienstleistungen von
US-amerikanischen Tochterunternehmen, die in anderen EU-Län-
dern (vor allem in Irland) angesiedelt sind; die dort anfallenden Einkommen sind also faktisch auch der amerikanisch-deutschen Bilanz
zuzurechnen. Nicht mehr als eine Unterstellung ist schließlich
Trumps Aussage, Deutschland würde den Handel manipulieren, indem es den Wert des Euro künstlich niedrig hält. Auch hier sind die
Parallelen zu den Vorwürfen gegenüber China offensichtlich – und
auch hier dürfen sie seriöserweise so nicht gezogen werden. Denn
Berlin kann den Außenwert des Euro nicht manipulieren; diese
Entscheidung liegt alleine bei der EZB in Frankfurt am Main und
deren französischer Präsidentin Christine Lagarde.

Wenn man sich bei der Betrachtung der Welt in der Logik des Null-
summenspiels bewegt, wird die Welt schwarz-weiß. Faktisch ist sie
jedoch mehr noch als anderswo auf dem Gebiet der Handelsbezie-

hungen eine einzige große Abstufung von Grautönen. Nur mit diesem Verständnis konnte die Obama-Regierung eine Neugewichtung in Bezug auf den asiatischen Raum vornehmen und gleichzeitig auf ein neues transatlantisches Handelsabkommen hinarbeiten. Diese Flexibilität bietet die Nullsummenlogik nicht, sie folgt dem Entweder-oder-Prinzip und verlangt Exklusivität. Und so verwundert es nicht, dass die Trump-Regierung auf mehreren Feldern ein Problem damit hat, wie Europa vorgeht – was Handelspolitik generell und insbesondere Energiepolitik und Kommunikationstechnologie betrifft. Offenkundig wird zudem auf allen drei hier exemplarisch beleuchteten Feldern, wie die US-Regierung Handels- und Sicherheitspolitik zusammen denkt. In allen Fällen spielt die aufstrebende Supermacht China eine Rolle. Mit Bezug auf Energie tritt auch der alte Gegenspieler der USA, Russland, auf den Plan, wo man mit seinem Part als »Regionalmacht« (Zitat Obama) nicht zufrieden ist.

Die Gaspipeline »North Stream II« durch die Ostsee – laut Website »Europas Energieinfrastruktur für die Zukunft« – ist Washington ein Dorn im Auge. Als frischgebackener Energieexporteur will man sein Schiefergas auch nach Europa verkaufen. Nun fürchtet man den russischen Einfluss. Nicht zu Unrecht, seit das russische Unternehmen Gazprom im Sommer 2016 zum alleinigen Eigentümer der zuständigen Projektgesellschaft aufgestiegen ist (Vorsitzender des Verwaltungsrats ist Gerhard Schröder, der seit seinem Veto zur Irak-Invasion der USA 2003 in Washington ohnehin keinen guten Ruf hat und – berechtigterweise – als Putin-Freund gilt). Zudem stellt man sich in der US-Hauptstadt immer vernehmlicher die Frage, weshalb amerikanische Streitkräfte als Bodyguards der baltischen Staaten am Ostrand der EU fungieren sollten, wenn die EU gleichzeitig ihre Energie lieber vom potenziellen Gefährder denn vom Beschützer bezieht (unberührt davon führen Amerikaner und Russen im Sommer 2020 Gespräche zur Fortsetzung des *New-Start*-Vertrags, der die Begrenzung strategischer Kernwaffen regelt).

Chinas neues Seidenstraßenprojekt, die *One Belt, One Road Initiative,* wird von der anderen Seite des Atlantiks aus ebenfalls argwöhnisch verfolgt (siehe auch den Abschnitt oben). Die Amerikaner hatten die chinesischen Ambitionen und ihre Tatkraft lange Zeit unterschätzt. Dann trat bei der Supermacht die ernüchternde Erkenntnis ein, dass sich China »allenfalls selbst eindämmen« könne, wie es der US-Politologe Joseph Nye ausdrückt – was nicht passieren wird. So legte man sich in Washington eine Strategie zurecht, Pekings Aktivitäten zumindest mit einer »Hecke der Eingrenzung« zu umgeben, wo immer möglich. Während sich dieses *hedging* in Ostasien zunächst vielversprechend gestaltete, ließen sich die Amerikaner vom chinesischen Vorstoß nach Europa im Rahmen der neuen Seidenstraße erneut überraschen, insbesondere, was den Verkauf chinesischer Energie aus Wasser- und Atomkraftwerken angeht.

Aktuell noch deutlicher treten die konkurrierenden Interessen bei der Kommunikationstechnologie zutage. Im Mai 2019 setzt das Handelsministerium der Vereinigten Staaten das chinesische Unternehmen Huawei auf die schwarze Liste. Ab sofort dürfen amerikanische Firmen damit keine Komponenten von Huawei mehr kaufen. Umgekehrt ist es Firmen wie Microsoft und Google untersagt, Software und andere Anwendungen für Huawei Geräte bereitzustellen, was etwa im Fall von Google konkrete Auswirkungen auf Videoportale wie YouTube und Email-Dienste wie Gmail hat. Der Vorwurf: Huawei sei potenziell in der Lage, über die entwickelte 5G-Technologie Amerikaner auszuspionieren. Washington macht kein Geheimnis daraus, dass man sich von den Europäern ein ähnlich entschiedenes Vorgehen erwartet. Sollte an den Vorwürfen gegenüber Huawei etwas dran sein, ist die amerikanische Sorge mit Bezug auf Europa nicht unbegründet. Denn während in den USA praktisch niemand ein Huawei Smartphone benutzt, tut dies jeder fünfte in Spanien und gar jeder vierte in Italien, in Deutschland immerhin zwölf Prozent, Tendenz steigend (alle Zahlen aus der ersten Jahreshälfte 2019).

Mehr noch als um den privaten Nutzersektor geht es der US-Regierung um Telekommunikationsverträge, die auf staatlicher Ebene geschlossen werden. Sogar der Bundesnachrichtendienst sieht eine Beteiligung von Huawei am Ausbau des 5G-Netzes in Deutschland kritisch, doch wenn die Warnung seitens des damaligen US-Botschafters Richard Grenell bei der Bundesregierung respektive im

Bundeswirtschaftsministerium eintrifft, schlägt die Empörung hohe Wellen. Sicherlich hängt dies damit zusammen, dass es Washington ganz offenkundig auch darum geht, digitale Einflusssphären abzustecken. Mehr noch stößt der deutschen Führung auf, dass Grenell seine Warnung mit der Drohung kombiniert, im Fall einer deutschen Kooperation mit den Chinesen die Zusammenarbeit der US-Geheimdienste mit ihren deutschen Pendants einzuschränken. Kein souveräner Staat will sich von einem anderen bevormunden lassen – mit Besatzerwillkür allerdings hat das nichts zu tun, wie von manchen Amerikakritikern in der Folge zu hören ist. Vielmehr haben US-Geheimdienste nachvollziehbar ein Problem mit der Vorstellung, vertrauliche Informationen mit deutschen Geheimdiensten zu teilen, wenn es guten Grund zur Annahme gibt, dass Huawei mit chinesischen Sicherheitsbehörden zusammenarbeitet und im Zweifelsfall Sabotagebefehle ausführt.

Noch im Frühjahr 2020 kann sich die Bundesregierung zu keiner endgültigen Entscheidung durchringen; die Tendenz geht jedoch dahin, Huawei-Komponenten für das gesamte deutsche 5G-Netz liefern zu lassen. Die Absicherung soll darin bestehen, dass deutsche Netzbetreiber wie die Telekom und Vodafone die kritischen Bereiche ihrer Netzarchitektur selbst identifizieren – und das chinesische Unternehmen zu einer »Vertrauenswürdigkeitszusicherung« verpflichtet wird. Die Amerikaner sind »not convinced«, um ein Bonmot des ehemaligen deutschen Außenministers Joschka Fischer zu bemühen – wer wollte es ihnen verdenken?

Die Chance des Neubeginns

Schon Ende der 80er-Jahre findet der amerikanische Polit-Ökonom Robert Gilpin in seinem mittlerweile zum Klassiker avancierten Buch *The Political Economy of International Relations* dieselben Vorbehalte, sich international zu engagieren, wie sie Staaten auch heute noch haben. Grenzüberschreitende Kooperationen im Handel seien tendenziell zu teuer, zu mühselig in der Abstimmung und mit zu vielen Einschränkungen verbunden. Am Ende hafte man für Fehler, die man nicht selbst begangen habe. Dennoch hat Gilpin Anlass zu »moderatem Optimismus« gesehen, überwögen in der Einschätzung souveräner Staaten am Ende doch die Vorteile internationaler Handelsbeziehungen. Schließlich bestehe eine ökonomische Interdependenz, die letztlich Element geteilter Sicherheitsinteressen sei.

Über drei Jahrzehnte später ist Gilpins zentrales Argument am Verblassen. Stärker denn je tritt der Rückzug der transatlantischen Partner auf das jeweils Eigene hervor, insbesondere auf amerikanischer Seite. Das ist in handels- wie sicherheitspolitischer Hinsicht ein Verlust. Relativ zum weltwirtschaftlichen und weltpolitischen Aufstieg Chinas betrachtet, ist es sogar ein echter Rückschritt. Denn der Welt fehlt somit bis auf Weiteres der »Stabilisator«, den der Währungsökonom Charles P. Kindleberger schon Anfang der 70er-Jahre beschworen hat. Man muss Kindleberger nicht darin zustimmen, dass diese Rolle zwangsläufig Amerika zufällt, schließlich hat sich die Welt in den letzten 50 Jahren verändert. Doch überzeugt sein Argument, dass es eine bedeutende Einheit geben sollte, die relativ stabile Wechselkurse garantiert und als Gläubiger in Krisensituationen einspringen kann. Und der darüber hinaus schon aus legitimem Eigeninteresse daran gelegen ist, die makroökonomischen Stärken und Schwächen der einzelnen Staaten zu einem effektiven Ganzen zusammenzuführen.

Kindleberger argumentiert aus der Sicht des Ökonomen. Sein Anliegen ist jedoch auf die Sicherheitspolitik übertragbar. Auf beiden Feldern sollten wir Europäer uns gut überlegen, ob wir Amerikas Abschied von der Stabilisator-Rolle als Anlass dafür nehmen sollen, uns China zuzuwenden. Um zum American Football zurückzukehren: Womöglich ist der Zeitpunkt gekommen, einen eigenen Quarterback, einen eigenen Nickelback zum Einsatz zu bringen, anstelle auf chinesische Verstärkung zu hoffen. Und darauf, dass wir es von dortiger Seite mit einem Teamplayer zu tun bekämen (wenn uns auch die Selbstverliebtheit der amerikanischen Starspieler in der Vergangenheit manches Mal genervt hat). Das Spiel des Westens, wie wir es kannten, ist an ein Ende gekommen. Game Over. Doch wenn die Fans der NFL eines verbindet, das sie jedes Jahr im September zu Beginn der *Regular Season* in die Stadien treibt, dann ist es die Binsenweisheit, dass jede Saison bei Null beginnt. Dass es nicht jedes Mal die »New England Patriots« oder »San Francisco 49ers« sein werden, die den Super Bowl gewinnen. Sondern irgendwann, wenn schon niemand mehr damit rechnet, auch mal die *»Kansas City Chiefs«*, denen dieses Kunststück in der Saison 2019/20 nach fünfzig Jahren Durststrecke gelingt. Neues Spiel, neues Glück. *Game on!*

Neues Spiel, neues Glück

Eine Grand Strategy für Europa, und unser Neuanfang in der postamerikanischen Welt

»Who would we be, if we could not learn? [...]
Become something other than we are?«
– Susan Sontag, At the Same Time: Essays and Speeches

Als ich die verglaste Aussichtsplattform des John Hancock Tower in Chicago betrete, rüttelt der Wind stürmisch an den Scheiben. Die Menschen hier sagen, er höre niemals auf zu wehen, und er hat der Stadt ihren Namen gegeben: The Windy City. Aus dem 94. Stockwerk schweift der Blick über die Magnificent Mile und die tiefen Schluchten hinaus auf den riesigen Michigansee, der von hier oben aussieht wie das Meer. Bis heute ist das Gebäude eines der höchsten der USA. Es steht in der vielleicht amerikanischsten aller Städte, wo die Dichte der Hochhäuser unerhört und Europa sehr weit entfernt ist. An den eiskalten, verhangenen Wintertagen scheint der Hancock Tower (der seit 2018 recht schnöde unter »875 North Michigan Avenue« firmiert) tatsächlich an den Wolken zu kratzen. Doch in der globalen Liga der Skyscraper spielt der Turm heute nur mehr eine untergeordnete Rolle. Nicht einmal übereinander gestellt würden der Hancock Tower und das ebenso ikonische New Yorker Chrysler Building mit dem höchsten Gebäude der Welt, dem Burj Khalifa in Dubai, gleichziehen können. Die fünf höchsten Wolkenkratzer des Planeten stehen alle auf dem asiatischen Kontinent, in die Top 10 schafft es lediglich das 2014 fertiggestellte One World Trade Center in New York. Das größte Shopping-Center findet sich in Dubai, nur wenige Kilometer entfernt wird 2020 das größte

Riesenrad komplettiert – von der niederländischen Firma Starneth und der südkoreanischen Hyundai Group. In der Unternehmensbranche ist der US-Gigant Walmart nach wie vor das Maß der Dinge, doch unter den fünf umsatzstärksten Unternehmen sind bereits drei chinesische vertreten, die weiter aufschließen. Die größte Raffinerie der Welt steht im indischen Jamnagar an der Grenze zu Pakistan, das größte Flugzeug wird in Russland gebaut.

Besieht man sich diese aktuellen Werte, lag der US-Journalist Fareed Zakaria bereits 2008 richtig, als er die »postamerikanische Welt« verkündete. Es stimmt nachdenklich, dass Zakaria in seinem gleichnamigen Buch schon damals China und Indien eigene Kapitel widmete, Europa hingegen nicht. Der alte Kontinent kommt nur als historischer Ort vor, von dem Menschen in die neue Welt eingewandert sind, und als Gegenentwurf zum Spielfeld der Zukunft: Asien. Geht man von Einzelstaaten aus, scheint sich Zakarias Prognose zu bestätigen, dass in den nächsten Jahrzehnten mit China, Indien und Japan drei der vier größten Wirtschaften der Welt nichtwestlich sein werden. Amerikas »Schwenk nach Asien« wäre demnach mehr eine Reaktion auf die Geschehnisse der Welt als eine Initiative.

Doch innerhalb der zwölf Jahre, die seit dem Erscheinen von *The Post-American World* verstrichen sind, hat sich diese Welt erneut verändert. Im Jahr 2020 bedeutet eine »postamerikanische Welt« nicht mehr nur den Aufstieg der anderen, den Zakaria hellsichtig beschrieben hatte. Sie bedeutet vor allem den aktiv durch die USA betriebenen Rollenwechsel für das eigene Land. Anders ausgedrückt: Auf einem sich verändernden globalen Spielfeld ist Amerika nicht einfach eine Figur, die verschoben wird. Stattdessen sorgt die Neuinterpretation der eigenen Rolle entscheidend mit für die Veränderung des Spielfelds. Wie im vorigen Kapitel ausgeführt, gelingt es Amerika dabei, sein zunehmend kostspielig gewordenes Involviertsein in der Welt zu reduzieren, ohne dabei gleichzeitig notwendigerweise an Einfluss zu verlieren. Washington bestimmt die entscheidenden Schnittstellen der Welt weiterhin mit, noch häufiger kontrolliert es sie sogar. Eine bewusste Abwendung vom »Westen« ist Teil dieses Rollenwechsels. Hierin besteht ein qualitativer Unterschied zu den tektonischen Verschiebungen, die Zakaria vor beinahe anderthalb Jahrzehnten beobachtet hatte, und von denen die USA unwillkürlich betroffen waren. Indem die USA ihre eigene Rolle neu definieren, tritt eine grundlegende Veränderung der westlichen Hemisphäre ein: Eine logische Kehrseite der transatlantischen Allianz, die darauf ausgelegt war, möglichst viele Verbindungen zwischen den beiden Kontinenten zu ziehen. Den »Westen«, wie er uns lange vertraut war, gibt es somit nicht mehr. In seinen Grundfesten ausgehöhlt, konnte er den einsetzenden Fliehkräften letztlich nicht mehr standhalten; dazu hätte es mindestens einer gesunden medial vermittelten demokratischen Öffentlichkeit und eines stabileren Vertrauensverhältnisses von Bürgerschaft und gewählten Repräsentanten bedurft.

Wie wir gesehen haben, sind die Konsequenzen für die einstmals tragenden Säulen des »Westens«, Amerika und Europa, unterschiedlicher Natur. Da sich die beiden Säulen zudem aktuell in ihrer Statik unterscheiden, kommt die eine von beiden – die amerikanische – mit den Erschütterungen (noch) besser zurecht als die andere, Europa. Amerika hat auf absehbare Zeit einen Weg gefunden, die Kosten der eigenen Globalpolitik zu reduzieren, ohne das Spielfeld preiszugeben. Es bleibt ihm genügend Kraft und Zeit, um die Konsequenzen für die Außenwelt zu diskutieren, die das eigene strategische Verhalten hat – doch die Grundrichtung der Entscheidungsbefugten steht bis auf Weiteres. Auf Seiten der Beobachter und Beobachterinnen ist das Echo geteilt, und das nicht unbedingt entlang parteipolitischer Linien, soll heißen: Wie wir es aus europäischer Sicht mit Bezug auf die USA erwarten würden. So befürchtet der US-Historiker und neokonservative Vordenker Robert Kagan, dass der Dschungel der Welt sich sein Territorium zurückerobert, nun da es keinen amerikanischen Gärtner mehr gibt, der den globalen Wildwuchs aus Autokratie und Anarchie zurückschneidet. Manche, wie der Diplomat und Präsident des »Council on Foreign

Relations« Richard Haass, sehen – weniger blumig – eine führungs-
lose Welt in Unordnung. Wieder andere, wie Obamas einstige
Sicherheitsberaterin Susan Rice, erkennen eine Welt, in der es – wie
in der Politik generell – ohne falsche Illusionen darum gehe, »die
Frequenz und den Preis des Scheiterns« zu minimieren.

Rice formuliert ihren Standpunkt in ihrem Buch *Tough Love*
von 2019; die Obama-Jahre sind längst vorbei. Es ist ein ebenso
schlichter wie eindringlicher Ratschlag, den sie ihrem Heimatland
Amerika gibt. Sollte sich auch – oder: gerade – Europa daran orientieren? Schließlich steht das ambitionierte Projekt aus (neuerdings
nur noch) 27 Staaten schon länger unter Druck. Noch immer ist
man sehr mit sich selbst beschäftigt, von der Ausgestaltung einer
weltpolitischen Kontur ganz zu schweigen. So gesehen kommt das
Ende des »Westens« für Europa zu früh. Erstmals steht man alleine
in der Welt, verunsichert ob der Veränderungen, die der große Bruder weiter westlich und das *new kid on the block* in Fernost an der
Welt vornehmen. Europa ist der Teenager, der schon im Körper
eines Erwachsenen steckt, im Kopf aber oft noch ein Kind ist. Ein
großer Staatenverbund und ein wirtschaftliches Schwergewicht,
und dabei ein sicherheitspolitisches Leichtgewicht – in einer prekä-
ren globalen Situation zur Neupositionierung gezwungen. Im Rück-
griff auf den großen Bruder hat man diesen Wachstumsschub in
Brüssel, Berlin und Paris (bis vor Kurzem bis zu einem gewissen
Grad auch in London) hinausgeschoben. Europa muss erst »die
Sprache der Macht lernen«, wie es der EU-Außenbeauftragte Josep
Borrell im Frühjahr 2020 ausdrückt. Dann besäße es »die Fähigkeit,
andere zu beeinflussen und aktiv an der Lösung von Konflikten teil-
zunehmen«, so Borrell im Gespräch mit der Zeit. Nur um hinzuzu-
fügen: »Aber verlangen Sie nicht von einem Apfel, ein Pfirsich zu
sein – die EU ist kein Staat« – soll heißen: ist nicht ausgestattet mit
der Entschlusskraft und Handlungsfähigkeit eines souveränen Staates. Ein Grund mehr, weshalb die anstehende Aufgabe so an-
spruchsvoll ist.

Trotzdem: In diesem Neuanfang liegt wie in jedem Neuanfang
auch eine Chance. Game Over für den Westen heißt: Neues Spiel,

neues Glück. Wir dürfen uns mehr zutrauen als die Schadensbegrenzung, die Rice zurecht an erster Stelle für alle einfordert, welche die Welt mitgestalten wollen. Europa steht eine tragende Rolle im Spiel der globalen Mächte zu. Und das neue Spiel beginnt insofern glücklich, als dass Europa das Glück des Nachzüglers hat. Dieser kann das Leben des älteren Bruders beobachten und seine Schlüsse daraus ziehen, bevor er sich selbst aus der Deckung wagt. Wer wollte vermeidbare Fehler wiederholen?

Die Richtung, die Geschwindigkeit und die Intensität, welche für die tragenden Koordinaten der US-amerikanischen Demokratie derzeit gelten, sind nicht zwangsläufig für alle Gesellschaften der westlichen Hemisphäre. Um uns nicht in einer »mitgefangen/mitgehangen«-Situation wiederzufinden, sollten wir die dortigen Entwicklungen allerdings weiterhin kritisch beobachten und wo nötig als Warnung verstehen. Die Entfremdung der Wählerschaft von den Gewählten passiert schleichend. Selbstzufriedenheit kann dazu führen, dass sicher geglaubte Wertvorstellungen und Regeln des demokratisch-emanzipierten Zusammenlebens vermeintlich plötzlich zur Verhandlungsmasse werden. Eine florierende Wirtschaft bewahrt eine Nation nicht unbedingt davor, in politische Turbulenzen zu geraten. Kommt unvorhergesehen eine schwere Krise wie die Corona-Pandemie im Jahr 2020 hinzu, verschieben sich auch in stabilen Demokratien Maßstäbe ins Absurde. Dann kann der Präsident eines Landes, das einst auf dem Fundament der Aufklärung gegründet wurde, den abstrusen Gedanken aussprechen, sich gegen das Virus Desinfektionsmittel zu spritzen – ohne bei seinen Anhängern an Unterstützung zu verlieren. Spätestens hier wird klar: Eine Demokratie muss sich immer wieder aufs Neue ihrer selbst versichern, das gilt für eine souveräne Nation wie einen Staatenverbund gleichermaßen.

Das magische Auge:
Ein neuer Blick auf das Europa unserer Zeit

Viele von uns erinnern sich noch an das »Magische Auge«, ein Phänomen, das Mitte der 90er-Jahre aus den USA nach Zentraleuropa herüberschwappte. Die gemusterten 3D-Bilder verrieten ihr Geheimnis erst, wenn man den eigenen Blick so entspannt hatte, dass das Muster vor Augen verschwamm. Wie in einem Hologramm schien dann im *Magic Eye* das eigentliche Motiv auf, so plastisch, dass man meinte, es mit Händen greifen zu können.

Vergleichbar sollten wir angesichts der Umwälzungen unserer Zeit den eigenen Blick auf Europa neu scharfstellen, um zu erkennen, was eigentlich schon vorhanden ist. Und wo Europa – bildlich gesprochen – noch an Tiefe gewinnen kann. Hierzu ist ein Dreischritt notwendig, den dieses Buch vollzieht. Erstens ein fundamentales Verständnis dessen, was sich vor unseren Augen im »Westen« verändert. Zweitens die Akzeptanz der Tatsache, dass die Summe dieser Veränderungen den »Westen« in der Form, wie wir ihn kennen, an ein Ende gebracht hat: Game Over. Und drittens die Bereitschaft, für Europa selbst ein neues Spiel anzustoßen, zudem ein Spiel, das ein Wagnis darstellt und ohne Garantie auf Erfolg zu bestreiten ist. Dabei sind verschiedene Varianten vorstellbar, die dieses Spiel nehmen kann. Zunächst ein weiteres Spiel innerhalb der altvertrauten Regeln und auf demselben Spielfeld, wenn der vermeintliche Ausnahmezustand der Ära Trump erst überwunden ist. Dieses Ansinnen so mancher altgedienter Transatlantiker auf beiden Seiten, speziell aber in Deutschland, gründet sich auf eine doppelte Hoffnung: Obamas einstiger Vize Joe Biden gewinnt die Wahlen im November 2020, und unter Präsident Biden kehrt die westliche Welt zum transatlantischen Miteinander unter Obama zurück. Allerdings ist ein Sieg Bidens trotz guter Aussichten im Sommer 2020 alles andere als sicher. Außerdem neigt der Mensch dazu, in der Erinnerung die Vergangenheit zu verklären. Spätestens in Obamas zweiter Amtszeit, lange bevor

Trump die Bühne betrat, setzte eine für unsere Seite schmerzhafte Entzauberung ein, was die Supermacht und ihr Abstimmungsbedürfnis mit Europa und Deutschland anbelangte. Ein Bruch des Handgelenks wirkt im Vergleich mit einem Beinbruch verkraftbar, kann einen jedoch durchaus schmerzhaft einschränken.

Ebenso gut könnte die Neuartigkeit des Spiels transatlantischer Beziehungen darin bestehen, es noch weit stärker als bisher auf eine andere Ebene zu verlagern. Gemeint ist die Ebene nicht-staatlicher Akteure, die ohnehin seit geraumer Zeit grenzüberschreitend agieren. Ihr Netzwerk ist tragfähig, weit verzweigt und praktisch unbegrenzt ausbaufähig, insbesondere im digitalen Zeitalter. Internationale Konzerne, Nichtregierungsorganisationen, Hochschulpartnerschaften oder Vereine, die Fridays for Future und *#MeToo*-Bewegung: Ob aus materialistischen oder idealistischen Motiven leben sie alle transatlantische Beziehungen, nicht selten in Autonomie, manchmal auch in bewusster Abgrenzung zur staatlichen Ebene. Ihr Engagement kann für die Vitalität der westlichen Hemisphäre nicht hoch genug eingeschätzt werden; dennoch haftet dem Ansatz etwas Resignierendes an, schließlich leben wir in einer Welt, in der Nationalstaaten nach wie vor zentrale Koordinaten bilden – und sogar wieder an Bedeutung gewinnen.

Im Unterschied zu dieser »Jetzt erst recht«-Variante, die sich gegen die Gegebenheiten unserer Zeit stemmt, wäre ein dritter Typus Spiel vorstellbar: Eine emanzipierte Alternative zum »Westen«, die das Wesen der Welt im 21. Jahrhundert anerkennt. Entworfen also folglich nicht als »Gegen-Westen«, sondern als logische Fortsetzung zum altgedienten »Westen«. Diese Neukonzeption müsste sich tatsächlich zuvorderst von der Kategorie »Westen« lösen. Sie müsste das Beste auf unserer Seite des Atlantiks, sämtliche europäischen Errungenschaften, einbeziehen. Und darauf aufbauend sodann die Idee Europa weiterentwickeln. Praktisch von selbst würde sich hieraus ein reiferes transatlantisches Verhältnis ableiten, eine Partnerschaft auf Augenhöhe, die willkommen, aber nicht überlebensnotwendig wäre. Bevor ein solches Vorhaben vor unseren Augen Form annehmen kann, müssen wir unsere Sehgewohnheiten umstellen, das »magische Auge« zum Einsatz bringen.

Für die meisten von uns stellt »der Westen« eine vermeintlich immerwährende Koordinate unseres Lebens dar, wir kennen es schließlich nicht anders. Es ist der Referenzpunkt, den wir benutzen, um die eigene Position auf dem Planeten zu verorten. Selbst wenn von der »Krise des Westens« die Rede ist, ein seit Jahren wiederkehrender Topos, beziehen wir uns auf – den Westen. Allzu schnell leiten wir hieraus ab, dass es anderen genauso gehen muss, speziell denen auf der anderen Seite des Atlantiks, die mit uns gemeinsam das Zelt des »Westens« seit Jahrzehnten, vielleicht Jahrhunderten, aufgespannt haben. Wie wir gesehen haben, ist das ein Trugschluss. Vielmehr war »der Westen« für eine Vielzahl Amerikaner nie in der gleichen Weise gesetzt wie für uns Europäer. Nicht wenigen erschien der Westen gar schon geraume Zeit als eine von zwei gleichwertigen Optionen unter den Himmelsrichtungen der Erde. *Where you sit, is how you see the world,* sagt man in Amerika, somit stünde es uns gut an, aufzustehen und von einem neuen Standpunkt aus zu neuen Sichtweisen zu kommen. Noch immer tut sich für uns viel Neues im Westen, und zwar insbesondere im äußersten Westen, an Kaliforniens Küste, etwa im Silicon Valley und an der Stanford Universität. Die dortigen Studierenden verorten das Neue jedoch in Ostasien, kurioserweise von Kalifornien aus gesehen noch weiter im Westen gelegen. Sie wollen ihr Auslandssemester in Seoul oder Singapur verbringen, nicht in Paris oder Rom (wo man mit den Eltern einen Bildungsurlaub verbringt und der eigenen Ahnenreihe nachspürt).

Zur Umstellung der Sehgewohnheiten gehört auch, sich klarzumachen, dass »der Westen« zunächst einmal eine von vier Komponenten der Windrose ist. Letztlich ergibt er nur in Opposition zum Osten Sinn. Seine Lokalisierung, und in einem zweiten Schritt seine Aufladung mit Bedeutung, geschieht primär über die Abgrenzung vom Anderen. Lange Zeit war dies selbsterklärend; das Wesen des Kalten Krieges bestand in der Spannung zwischen den beiden Polen

West und Ost, verkörpert durch die Supermächte und deren Ein-
flussphären, die Europa in zwei Teile schnitten. Noch heute lässt
sich das Gegensatzpaar West/Ost so definieren, wobei der Raum
zwischen den Polen ungleich größer geworden ist und an seinem
Ostende nun von China beherrscht wird. Wenn man dieses neuartige West/Ost-Spektrum zur Grundlage nimmt, kommt der
»Westen« sogar ganz ohne Europa aus – eine Überlegung, welche in
den USA mancherorten bereits angestellt wird. Mit anderen Worten: Nicht alle US-Denker stufen die transatlantische Achse zwingend als so elementar ein wie ihre europäischen Kollegen, wenn sie
sich zur Konstellation West/Ost Gedanken machen.

Umgekehrt hat die Fixierung auf die transatlantische Achse aus
zentraleuropäischer und speziell deutscher Perspektive ihre Tücken.
Denn sie bedeutet auch eine Bürde. Wir sagen zwar »Westen« und
zählen uns dazu, blicken aber faktisch *nach* Westen wie auch *nach*
Osten (Richtung Russland, zunehmend auch Richtung China),
wenn wir unsere europäische Position auf dem Spielfeld bestimmen
wollen. Mehr denn je befindet sich Europa an der Schnittstelle von
West und Ost, inklusive der dazugehörigen Zugkräfte. Insofern laufen wir Gefahr, uns zu zerreißen zwischen unserer Selbstverortung
im »Westen«, wenn wir faktisch wie geografisch zwischen West und
Ost stehen und beiden Seiten Genüge tun wollen bzw. – nach der-
zeitigem Stand der Dinge – müssen.

Das »EU+«-Trapez

Müßig, darauf hinzuweisen, dass eine Neubewertung der eigenen
Position und Rolle auf dem globalen Parkett für Europa bereits während Obamas Amtszeit angebracht gewesen wäre. Doch wäre es
fahrlässig, nicht klarzustellen, dass sich der Schock der Trumpschen
Außenpolitik für Europa in einen Handlungsimpuls übersetzen
muss. Es ist nichts Ehrenrühriges daran, diesen Schock zum Anlass
zu nehmen, in Aktion zu treten. Schließlich muss das weitere Vor-

gehen ja deswegen keinesfalls in bloßer Reaktion auf das US-Gebaren verlaufen. Im Gegenteil: Es geht darum, dass Europa sich eine eigene große Vision zutraut, den Blick auf sich selbst und seine geopolitische Umgebung noch einmal scharf stellt, sozusagen das »magische Auge« wirken lässt.

Wie zu Beginn des Buches bemerkt, sind wir es gewohnt, in Breitengraden zu denken. Diese umspannen den Planeten horizontal und legen uns daher die Kategorie »West/Ost« und den entsprechenden Sortierungsmechanismus für die Welt nahe. Schon die vertikale Kategorie der Längengrade hingegen bietet einen neuen Ausblick auf das Geschehen. Auf der Nord-Süd-Achse wird ein neuartiger Staatenverbund vorstellbar, eine Alternative zur bisher unsere Perzeption der Welt bestimmenden West-Ost-Achse. Wohlgemerkt eine Alternative, kein zwingendes Entweder-oder, keine in Konkurrenz gedachte Variante und schon gar keine Gegnerschaft. Stattdessen ein Modell, das auf den Errungenschaften der Emanzipierung Europas im Rahmen der transatlantischen Allianz fußt. Ein Modell, das sich dabei der gemeinsamen Vergangenheit in der westlichen Hemisphäre bewusst ist. Ein Modell, das alle Stärken der Europäischen Union auf sich vereint und sich gezielt der bisherigen Schwachstellen annimmt: Das »EU+«-Trapez.

Ein Trapez, das sich von den baltischen Staaten im Nordosten über Skandinavien bis zu den britischen Inseln im Nordwesten aufspannt, an der europäischen Westküste entlang bis hinunter in den nordafrikanischen Raum mit Marokko, Algerien, Tunesien, Libyen und Ägypten, über die Levante und die Türkei hinauf übers Schwarze Meer zur Ukraine und Weißrussland und zurück zu den Baltischen Staaten. Dies ist die zeitgemäße räumliche Dimension von »EU+«, ein Begriff, der bislang die EU-Mitgliedsstaaten plus Norwegen, die Schweiz, Liechtenstein und Island meinte. Die Wirklichkeit hat diese konservative Verwendung des Begriffs überholt. Heute muss ein »EU+« Trapez auf den 27 Mitgliedsstaaten der Europäischen Union aufbauen, die den Kern bilden. Um diesen Kern herum legt sich der Ring der eben genannten Länder wie Eisenspäne um einen Magneten, alle auf den Kern ausgerichtet.

Faktisch ist diese Konstellation bereits gegeben, sei es über wirtschaftliche Verflechtungen, kulturellen Austausch, Migrationsbewegungen oder sicherheitspolitische Kooperation. Das »EU+«-Trapez trägt der Wirklichkeit unserer Zeit Rechnung. Das heißt genau nicht, sich Illusionen über die gewaltige Aufgabe hinzugeben, die die Koordinierung dieser Konstellation mit sich brächte. Gleichzeitig jedoch bedeutet ein solches Trapez, dass sich der europäische Staatenverbund die Chance eröffnet, über weitere Mitstreiter entscheidende Verstärkung zu bekommen. In Form und Flexibilität entspricht diese Verstärkung den Anforderungen des 21. Jahrhunderts, wie wir auf den nächsten Seiten sehen werden.

Vor diesem Hintergrund sollten wir die Herausforderungen eines »EU+«-Trapezes als Chance, nicht als Bürde begreifen – und uns klarmachen, dass eine solche Konstellation weder für die USA noch für China oder Russland überhaupt denkbar ist. Peking und Moskau prallen in ihrem Weltmachtanspruch aufeinander. Sie teilen eine hoch konfliktträchtige Vergangenheit, die längst nicht in dem Maße aufgearbeitet ist wie die der beiden EU-Schwergewichte und Nachbarn Deutschland und Frankreich. In der weiteren Nachbarschaft sieht es nicht besser aus, beharken sich die Atommächte Indien und Pakistan, distanziert sich ein skeptisches Japan, schwelen Konflikte in Kasachstan usw. Am anderen Ende der Welt hat Washington seinen Platz zwischen gerade einmal zwei Nachbarn, mit denen man eine Geschichte echter Zusammenarbeit teilt. Beide fallen gegenüber der Supermacht dermaßen ab, dass die Hauptlast eines jeglichen staatenübergreifenden Entwurfs, der über USMCA (den NAFTA-Nachfolger ab 1. Juli 2020) hinausginge, unwillkürlich an den USA hängenbliebe. Berlin und Paris und damit Europa und seiner Nachbarschaft bietet sich also eine Möglichkeit, die anderen von vorneherein verwehrt ist.

Neben dem Reiz des Neuen sprechen vier gewichtige Argumente für ein solches »EU+«-Trapez. Es sind Argumente, die uns im Verlauf des Buches bereits begegnet sind. Alle Nationen und Staatenverbünde, die den Anspruch haben, die Welt um sich herum mitzugestalten, müssen sich ihnen stellen. Amerika hat aus diesen Argumenten seine eigenen Schlüsse gezogen, nicht ohne die eigene Stärke und Handlungsfähigkeit abzuwägen. Wir sollten in Europa ähnlich vorgehen, was die Bestimmtheit und Klarheit über die eigenen Interessen, aber auch die Lust an der Vision, am »großen Wurf« angeht. Und so zu unserem eigenen Schluss kommen, der von der amerikanischen Entscheidung abweichen dürfte.

Zunächst spricht für die nachhaltige Arbeit an einem »EU+«-Trapez ein sicherheitspolitisches Argument. Die Krisen des letzten Jahrzehnts, die sich vor Europas Haustüre abgespielt haben und noch abspielen, machen nicht an der Türschwelle halt. Die EU-Mitgliedsstaaten sind vom Bürgerkrieg in Syrien, von den Spannungen in der Türkei und der Ukraine, von den Dramen, die sich in den Flüchtlingslagern der nordafrikanischen EU-Anrainerstaaten abspielen, längst stark beeinträchtigt. Auf dem sogenannten Westbalkan brechen Konflikte wieder auf, die nur scheinbar Ende der 90er-Jahre befriedet wurden. Sämtliche Brandherde wären im Sinne einer humanitären Politik grenzüberschreitender Solidarität besser zu bekämpfen als dies bisher geschieht. Notwendig ist es ohnehin geworden, die betroffenen Staaten besser einzubinden. Quasi nebenbei würde diese Einbindung auch das Gefühl der Verbundenheit der Staaten untereinander bestärken, was Spannungen vorbeugen kann.

Ein ebenso gewichtiges Argument für ein »EU+«-Trapez ist wirtschaftlicher Natur. Das gegebene Einzugsgebiet Europas weiter zu fassen, die Magnetwirkung der EU-Mitgliedsstaaten nicht zuletzt auch zum eigenen Wohl zu nutzen, ist nur sinnvoll. Eine der unmittelbaren Folgen wäre die Entspannung des Arbeitsmarktes, wo bislang ganze Sektoren unter Arbeitskräftemangel leiden. Im Weiteren wäre ein wichtiger Schritt gemacht, die Gefahren der Alterspyramide und der damit einhergehenden Risiken einer Überlastung des Gesundheits- und Rentensystems abzumildern. Anders ausgedrückt: Hinter dem wirtschaftlichen Argument steht ein demografisches Argument. Ein alterndes Europa bekäme eine dringend benötigte Verjüngungskur über junge Zuwanderer/-innen, die sich – so viel dürfte im vergangenen Jahrzehnt deutlich geworden sein – ohnehin Richtung Europa orientieren.

Schließlich ein zeitgeschichtliches Argument, verstanden als Bewusstsein für die jüngere Geschichte und Gegenwart, in der sich Europa wiederfindet. Aus diesem Bewusstsein leiten sich Handlungsmaximen ab. In Frankreich ist die Einwanderung aus den Maghreb-Staaten Teil der eigenen Kolonial-Geschichte und Folge davon; Tunesien etwa erklärte sich erst 1956 unabhängig, Algerien 1962. Deutschland blickt auf eine jahrzehntelange Einwanderungsgeschichte zurück, seit den 60er-Jahren aus der Türkei, wenig später auch aus dem ehemaligen Jugoslawien und anderen Ländern; die enge wechselseitige Verbindung war längst Realität, als Bundeskanzler Kohl noch immer proklamierte, Deutschland sei kein Einwanderungsland. Noch heute gibt es Menschen, die sich diesem Glaubensgrundsatz entgegen der Faktenlage verschrieben haben. Nicht selten sind es diejenigen, die in ihrem Alltag auf Pflegekräfte aus Polen, Rumänien und der Ukraine, und beim Hausbau auf bulgarische und kosovarische Maurer angewiesen sind. Doch aus den stockenden Anfängen eines sich langsam entwickelnden gemeinsamen Weltverständnisses entwickelt sich seit einiger Zeit bei der jüngeren Generation etwas Neues: ein Begriff modernen Zusammenlebens in der globalisierten Welt. Grenzüberschreitend zu agieren und verbunden zu sein, schon über das Digitale, ein überstaatlicher Begriff von Verantwortung, zum Beispiel mit Bezug auf Menschenrechtsverletzungen in Erdogans Türkei: so sieht ein Vorstoß gegen gestrige Nationalstaatspolitik aus – und letztlich gegen ein engstirniges Weltverständnis innerhalb eines Rasters aus Landesgrenzen.

»EU+«: Europas modernes Gesicht nach dem Ende des Westens

Nicht lange, nachdem Trump im Frühling 2020 vom Weltwirtschaftsforum in Davos zurückgekehrt ist, lässt er eine ganze Reihe US-Gouverneure bei einem Treffen im Weißen Haus wissen: »Die

Europäische Union wurde wirklich geschaffen, um uns schlecht zu behandeln.« Käme sie nicht von dem Mann, der das mächtigste Amt der Welt innehat, wäre diese Aussage beinahe amüsant. Auf den zweiten Blick könnte sie Ausdruck einer Angst sein, mit den USA ins Hintertreffen zu geraten. Viele aufsteigende Nationen auf dem Globus, speziell in Asien und Afrika, in Teilen nach den heftigen Umwälzungen des letzten Jahrzehnts auch in Südamerika, sehen sich mit verschiedenen Staatsmodellen konfrontiert. Häufig ist noch nicht ausgemacht, welchen Weg sie einschlagen, an welcher Großmacht sie sich ein Beispiel nehmen werden. Da ist Chinas autoritärer Staatskapitalismus. Viele Bürger dort scheinen sich für den Moment mit autokratischen Strukturen arrangiert zu haben, solange die Wirtschaft brummt. Da ist die russische Variante der Autokratie, befeuert durch Petro-Dollars, da sind die populistischen Autokratien rechter (Brasilien) oder linker (Venezuela) Prägung. Und da ist Amerikas deregulierter Wall-Street-Kapitalismus, der große Bewegungsfreiheit, aber auch enormes Risiko mit sich bringt. Schließlich die europäische Idee des robusten Kapitalismus, der zumindest in großen Teilen durch die Mechanismen der sozialen Marktwirtschaft abgefedert wird. Dies in einem vielköpfigen Staatenverbund, der entgegen aller Unkenrufe noch immer existiert. Der für langwierige Abstimmungsprozesse berüchtigt ist – und doch am Ende Zoll- und Landesgrenzen drastisch reduziert und für sich eine eigene Hymne gefunden hat. Der entschlossen daran arbeitet, kapitalistische Dynamik mit Maßnahmen zum Schutz der Umwelt und des Klimas zu verbinden. Der zeigt, dass Verständigung über zwei Dutzend Sprachen und noch mehr Kulturen hinweg möglich ist. Europa hat ein attraktives Portfolio. Wenn auch nicht unbedingt immer aus Sicht seiner Mitglieder, so definitiv aus Sicht vieler Staaten, die um Stabilität zu Hause bemüht sind und zugleich um Bedeutung auf dem globalen Parkett. Europa läuft Amerika, der selbsterklärten »Stadt auf dem Hügel«, etwa in den Augen vieler Bürger des afrikanischen Kontinents mittlerweile den Rang ab – und dies nicht nur bei den Olympischen Spielen in Rio de Janeiro 2016, wo die Europäer 333 Medaillen einheimsen, die Amerikaner hingegen nur 121.

So ist das »EU+«-Trapez zu verstehen: Als attraktiver Zusammenschluss, von dem Nationen ein Teil sein möchten – und deshalb Anstrengungen unternehmen, den entsprechenden Mindestmaßen an Rechtsstaatlichkeit, Offenheit und Fairness zu genügen. Das »EU+«-Trapez ist also keine offene Fläche, die betreten kann, wer auch immer will. Und dennoch: Trotz aller Vorzüge, die Europa schon mitbringt, mag das Vorhaben übermäßig ambitioniert erscheinen. Die EU hat schon in ihren aktuellen Umrissen mit zahlreichen Problemen zu kämpfen; die Brüsseler Bürokratie ist nicht das geringste, allerdings längst nicht das gravierendste davon. Ab dem Frühjahr 2020 wächst die wirtschaftliche Unsicherheit in der Corona-Krise rapide. Unterhalb dieser akuten Unwägbarkeiten, die noch zum Jahresende 2019 niemand kommen sah, liegen strukturelle Unwägbarkeiten, mit denen die EU-Wirtschaft schon länger kämpft. Vieles davon geht auf die Abhängigkeit von russischer Energie zurück, anderes auf US-initiierte Handelskriege, die laut dem dortigen Präsidenten »gut und leicht zu gewinnen« sind, wieder anderes auf die neu erwachsene Konkurrenz in Fernost, die zu einem Bruchteil der Fertigungskosten produziert.

Innerhalb der letzten ein Dutzend Jahre hat Europa drei große Krisen durchlaufen, die Bank- und Finanzkrise, die humanitäre Krise, genannt »Flüchtlingskrise«, die Brexit-Krise. Manche sehen in Europas Kampf um eine einheitliche Digitalstrategie Krise Nummer vier. Hinzukommt: Noch immer altert der Kontinent zu schnell. Bis 2030 wird Europa doppelt so viele Senioren über 65 wie Kinder unter 15 Jahren haben, und das hat Folgen. Schon vor einer Dekade kamen statistisch auf einen Pensionär nur 3.8 Menschen im arbeitsfähigen Alter, bis 2030 werden es im Mittel nur noch 2.4 Menschen sein. Weil über alle EU-Staaten hinweg bei der Bevölkerung keine Bereitschaft zu erkennen ist, diese Schieflage über längere Lebensarbeitszeiten auszugleichen, bleibt nur, mehr Zuwanderung zuzulassen. So verliert die Rentenbürde an Gewicht: ein eindringliches Beispiel dafür, weshalb das »EU+«-Modell keine Einbildung naiver Idealisten darstellt, sondern eine Anerkennung laufender Entwicklungen. Ein anderes Beispiel ist der wachsende Innovationsmangel, der derzeit aus demselben Grund in Europa um sich greift. Die kreativste Zeit des arbeitenden Menschen liegt (erneut statistisch, Ausnahmen bestätigen die Regel) zwischen 30 und 45, insofern geht eine Verschiebung in der Alterspyramide mit weniger wissenschaftlichem, technologischem und betrieblichem Fortschritt einher.

Im Zuge der Covid-19-Pandemie, die Europa als fünfte Krise in der ersten Jahreshälfte 2020 so heftig erfasst wie vielleicht sonst nur Amerika, wären jedoch genau Innovativdenken und Kreativität gefragt. Hier laufen die Fäden einer existenziellen gesundheitlichen Bedrohung und fundamentaler Verteilungsfragen zusammen. Dementsprechend erbittert wird um die Frage eines gemeinsam finanzierten Wiederaufbaufonds gerungen. Die Kontroverse um das übergreifende Wiederaufbauprogramm »Next Generation EU« ist ein eindrückliches Symptom für die Herausforderung, der sich der europäische Gedanke gegenübersieht, für den Druck, unter den die Idee länderübergreifender Solidarität geraten ist. Wird der Druck zu hoch, schlittert Europa womöglich in eine echte Identitätskrise. Diese könnte, so befürchtet der französische Präsident Macron, existenzbedrohend sein, ginge dem Staatenverbund EU das politische Fundament verloren. Sollten wir uns also darauf beschränken, das Fundament zu befestigen? Sollten wir vom Gedanken Abstand nehmen, in die Höhe zu bauen, um später ein »EU+«-Trapez aufspannen zu können? Nicht, wenn es nach Macron geht, der seine Worte als Mahnung verstanden wissen möchte, was auf dem Spiel steht. Paris scheint entschlossen, in Europa und der Welt mehr Verantwortung zu übernehmen, und das ist ein gutes Signal für Berlin. Unter diesen Vorzeichen ist das »EU+«-Trapez nicht überambitioniert gedacht. Sicherlich, das Vorhaben steht am Anfang, es ist eine Vision. Doch könnte diese Vision das moderne Gesicht Europas nach dem Ende des Westens prägen.

Europa bringt ohne Zweifel die nötigen Stärken mit, ein »EU+«-Trapez aufspannen und unter Spannung halten zu können. Von gewaltigem Umfang, wäre das Trapez weithin sichtbar und somit auch für die außenstehenden Großmächte USA, China und Russland ein markantes Kennzeichen neuen europäischen Selbstbewusstseins.

Die strukturelle Stärke Europas liegt darin, dass es die Vorzüge einer einzelnen großen Nation und eines Staatenverbunds verbindet. Was die Voraussetzungen anbelangt, steht der alte Kontinent der neuen Welt hierbei in nichts nach, lediglich hapert es bislang noch an der Überzeugung von der eigenen Wirkmächtigkeit. Europa weist mittlerweile einen riesigen, relativ geschlossenen und harmonisierten Binnenmarkt auf. Das Europäische Parlament steht dem zweitgrößten demokratischen Wahlvolk der Welt (nach Indien) vor. Gleichzeitig bleibt die EU bis auf Weiteres ein Staatenverbund, der in supranationalen Organisationen wie der UNO oder der WHO mit bis zu zwei Dutzend Stimmen aufwarten kann. Selten herrscht so viel innereuropäische Einigkeit, doch bereits ein harter Kern von fünf bis sechs Nationen, die gemeinsam an einem Strang ziehen, vereint viel Stimmgewicht auf sich.

Die wirtschaftliche Stärke Europas liegt in Teilen ebenfalls in seiner Vielköpfigkeit begründet. Im Staatenverbund kann sich ein Mitglied das Beste vom Nachbarn abschauen und die dort gemachten Fehler für sich selbst vermeiden, und wenn der Nachbar einen nicht abschauen lässt, könnte die Motivation zu eigener Höchstleistung größer nicht sein. Noch nutzt Europa sein Laborpotenzial nicht so effektiv wie dies in Amerika der Fall ist (siehe die Kapitel zur US-Innenpolitik, Seite 11 ff. und 43 ff.), doch schon jetzt braucht sich die EU-Wirtschaft vor niemandem mehr zu verstecken. Nach den Zahlen der »UN Conference on Trade and Development« (UNCTAD) vom Frühjahr 2019 trägt die EU 23,5 Prozent zum globalen BIP von geschätzt 81 Billionen US-Dollar bei. Die Vereinigten Staaten kommen auf 21,8 Prozent. Orientiert man sich an der jüngsten Ernst & Young Analyse der 1000 umsatzstärksten Unternehmen weltweit, erwirtschaften Europas Top-Konzerne allerdings noch immer deutlich niedrigere Gewinne als ihre amerikanischen Konkurrenten. Der Grund hierfür ist die Stärke der US-Technologieunternehmen. Außerdem die Tatsache, dass in Europa Unternehmen aus klassischen Industriebranchen wie der Autofertigung, dem Maschinen- und Anlagenbau oder der Chemie noch immer überrepräsentiert sind. Gerade diese Branchen bekommen derzeit zu spüren, dass der Markt der Zukunft ein anderes, digitales, Profil hat – und die Technologie-Branche andernorts bereits zur Leitbranche aufgestiegen ist.

Eine dritte große Stärke Europas besteht darin, aus der Geschichte vielerorts die richtigen Lehren gezogen zu haben, nachdem man in der ersten Hälfte des 20. Jahrhunderts praktisch jeden denkbaren Fehler begangen hatte. Aufbau und Selbstverständnis der Gesellschaften im europäischen Staatenverbund sind nicht identisch und sollten es auch nicht sein. Es geht nicht um Gleichmachung, sondern Harmonisierung im Miteinander. Doch baut dieses Miteinander in vielerlei Beziehung erfolgreich auf eine Verständigung über funktionale Regierungsinstitutionen, eine starke Zivilgesellschaft, ein verlässliches Rechtssystem und standardisierte Business-Praktiken, den Schutz der Presse- und Versammlungsfreiheit und anderes mehr. Europa organisiert vor unseren Augen auf dem klassischen Erbe der Aufklärung das Zusammenwirken einer modernen Gesellschaft. Wenig überraschend ist dies bei über 450 Millionen Mitwirkenden, von denen die allermeisten keine gemeinsame Sprache teilen, oftmals ein mühsamer und vertrackter Prozess. Trotzdem besteht die große Leistung Europas darin, von einer wagemutigen Vision zu tragfähigen Regularien und Direktiven gelangt zu sein, deren schiere Anzahl für den Einzelnen Anlass zu Spott oder Frust sein kann, deren bloße Existenz und Verbindlichkeit für 27 souveräne Staaten jedoch ein kleines Wunder ist. Hiervon inspiriert, kann sich manch einer bereits ein größeres Wunder vorstellen, die Parlamentarisierung der EU samt Ausbau der Kommission zur Exekutive. Ein kühner Gedanke, der weit in die Zukunft reicht. Schon heute allerdings bestehen beste Voraussetzungen, auf dem Fundament des bisher Erreichten ein Trapez aufzuspannen – und sich der Welt zu zeigen.

Eine Grand Strategy für Europa

Wenn dieses Buch erscheint, hat Deutschland den Vorsitz der EU-Ratspräsidentschaft inne. In der zweiten Jahreshälfte 2020 wird sich entscheiden, ob das europäische Projekt in eine existenzielle Krise gerät – oder neuen Schwung erhält. Bundeskanzlerin Merkel hat die Richtschnur schon vor geraumer Zeit vorgegeben: »Deutschland wird es auf Dauer nur gutgehen, wenn es Europa gut geht.« Und so haben die mit Europa befassten Staatssekretäre in Berlin schon seit Jahresbeginn 2020 Einiges mehr zu tun als ohnehin schon, denn zu diesem Zeitpunkt wird klar, dass die von Berlin geplanten Zielsetzungen aufgrund der Corona-Pandemie erheblich angeglichen werden müssen.

Der Bundesregierung fällt die Aufgabe zu, die Gräben zwischen den Nord- und Südstaaten Europas – Stichwort: »Next Generation EU« – wieder zuzuschütten. Mitte Juli kann der EU-Rat unter deutscher Leitung nach tagelangen Verhandlungen einen ersten großen Erfolg vermelden, der auch ein Zeichen seiner Handlungsfähigkeit unter Druck ist. Das Konjunkturprogramm gegen die Folgen der Pandemie umfasst gewaltige 750 Milliarden Euro. Davon werden 390 Milliarden Euro als nicht rückzahlbare Zuschüsse vergeben, die übrigen 360 Milliarden Euro sind als Kredite vorgesehen. Ein Zugeständnis an die selbsterklärten »Sparsamen Fünf« Österreich, Niederlande, Dänemark, Schweden und Finnland, von ihren Kritikern gerne als die »Geizigen Fünf« bezeichnet. Sie hatten sich gegen den Plan verwahrt, deutlich mehr von der Gesamtsumme – wie ursprünglich geplant – als Zuschüsse zu vergeben. Zu hoch erschien ihnen das Risiko einer gemeinsamen europäischen Schuldenaufnahme, zu gering der Reformationsdruck bei den Empfängern. Diese Bedenken sind ernstzunehmen; gerade auch aus diesem Grund ist die Frage, der sich der Kontinent gegenübersieht, keine Frage von Geiz und Großzügigkeit. Sondern eine Frage der Weitsicht. Deutschland etwa exportiert 60 Prozent seiner Ausfuhren in den EU-Raum, hat also ein elementares Eigeninteresse daran, dass sich unverschuldet in diese Krise geratene Länder wie Italien möglichst schnell wieder stabilisieren. Wie kurzsichtig jede Verweigerung dieser einfachen Gleichung ist, bringt die EU-Kommissarin für Wettbewerb, Margrethe Vestager, auf den Punkt: 28 Jahre nach dem Vertrag von Maastricht steht nicht weniger als der gesamte gemeinsame Binnenmarkt, das ökonomische Herz der EU, auf dem Spiel. Sollte dieses Herz aufhören zu schlagen, wären die Überlebenschancen für alle Beteiligten gering. Extrem ambitioniert bleibt das Vorhaben zweifellos dennoch; bezeichnenderweise spricht EU-Kommissionspräsidentin von der Leyen gar von einem »Marshall-Plan für Europa«. In jedem Fall wird der Mehrjährige Finanzrahmen (MFR) über die Jahre 2021–27 betroffen sein. Derart fundamentale Änderungen an der Finanzverfassung der EU verlangen die Zustimmung aller Mitgliedsstaaten; wie nie zuvor wird sich zeigen, ob der europäische Solidaritätsgedanke trägt, wenn es wirklich darauf ankommt. In jedem Fall handelt es sich nicht, wenngleich häufig kolportiert, um eine »Vergemeinschaftung von Schulden«. Deutschland etwa haftet für ca. 27 Prozent der Summe, die für den Wiederaufbau gehandelt wird, gemäß seiner Wirtschaftskraft, relativ zum deutschen Anteil am EU-Haushalt.

Die Hauptsorge in Berlin, Paris und Brüssel bleibt, dass sich die gesundheitliche Gefahr zu einer massiven Gefahr für die Wirtschaft auswächst. Daher will man möglichst schnell wieder zu einem funktionierenden EU-Binnenmarkt zurückkommen, bisher die große Stärke des Staatenverbunds. Und parallel die Digitalisierung des alten Kontinents vorantreiben, die ambitionierten Ziele des Green Deal nicht aus den Augen verlieren, in Sachen Energie unabhängiger werden, endlich zu einer fairen und transparenten Lösung in der Flüchtlingsfrage kommen usw. Die Liste ist lang. Ganz nach oben hat sich das Corona-Virus geschoben, und zurecht hat die Bekämpfung des unsichtbaren Feindes nach innen bis auf Weiteres Priorität.

Gleichzeitig sollte der Blick nach außen nicht ausbleiben. Über dem europapolitischen Krisenmanagement und der Schadensbegrenzung darf nicht die Vision einer globalpolitischen Rolle Europas verloren gehen. Eine eigene außenpolitische Grand Strategy der Europäischen Union tut Not. Nicht genügen wird es, sich strategisch zwischen den beiden Großen USA und China zu platzieren und zu versuchen, diese gegeneinander auszuspielen. In einzelnen Situationen mag dies das Ass im Ärmel Europas sein, doch mit aktiver Weltgestaltung hat es wenig zu tun. Schon, weil das alte Diktum des britischen Premierministers Lord Palmerston aus dem 19. Jahrhundert noch immer gilt: Große Mächte haben weder permanente Freunde noch permanente Feinde, sie haben nur permanente Interessen. Es wird Zeit, dass sich Europa zum eigenen Wohl zu den großen Mächten zählt und auch so auftritt – in den Worten des einstigen EU-Kommissionspräsidenten Jean-Claude Juncker: »Weltpolitikfähigkeit« gewinnt. In seiner letzten Rede zur Lage der Union im September 2018 stellt Juncker unmissverständlich klar, dass Europa in der Lage sein muss, sich in einer Welt aggressiver Großmachtpolitik zu behaupten. Nicht zuletzt gegenüber China, das unverhohlen darauf hinarbeitet, die lose gewordenen Nähte zwischen einzelnen EU-Staaten weiter aufzudröseln. Das Reich der Mitte setzt außerdem immer wieder auf Industriespionage und Technologiediebstahl, europäischen Firmen wird der Zugang zum chinesischen Markt systematisch erschwert. Aber »wenn die EU mit einer Stimme spricht, dann gibt es keine Überraschungen«, sagt Juncker, »dann schafft sie es, sich durchzusetzen«, auch im Handelsstreit mit Amerika, davon ist er überzeugt.

Es ist nicht vermessen zu behaupten, dass nicht alle Junckers chronischen Optimismus teilen. Der dem gesunden Skeptizismus zuneigende ehemalige deutsche Botschafter in den USA und Ausrichter der Münchener Sicherheitskonferenz, Wolfgang Ischinger, unterstellte der EU in einem Interview für den Berliner *Tagesspiegel* vom Februar 2020 nicht zum ersten Mal »außenpolitische Blauäugigkeit«. So wie die Dinge stünden, werde man auf der globalen Bühne sicherlich nicht ernst genommen. Ischinger, der auch eine poetische Ader hat, setzt die Sicherheitskonferenz 2020 wohl auch deshalb unter das Motto »Westlessness«. Im Jahr zuvor hatte er im Leitthema »The Great Puzzle« immerhin noch die Frage untergebracht, wer am Ende all die zerstreuten Puzzleteile zusammenfügen werde.

Junckers Nachfolgerin im Amt der EU-Kommissionspräsident-schaft, Ursula von der Leyen, scheint sich dieser Aufgabe annehmen zu wollen. In einem Gastbeitrag für die *Welt* vom März 2020 schreibt sie, »Europa sollte eine Führungsrolle in der Welt über-nehmen«. Damit denkt von der Leyen in eine ähnliche Richtung wie der deutsche Außenminister Heiko Maas, der im Herbst 2018 im *Handelsblatt* dafür plädiert hatte, Trumps Präsidentschaft nicht einfach »auszusitzen«, sondern als Europa mit den USA eine »balan-cierte Partnerschaft« anzustreben. Beiden Spitzenpolitikern ist klar, dass es ein langer Weg wird. Europa müsse, so von der Leyen, »in seinem Denken, in seinem Handeln und in seiner Kommunikation nach außen stärker, geeinter und strategischer auftreten«. Ohne den Begriff zu verwenden, bringt die EU-Kommissionspräsidentin damit die Arbeit an einer europäischen Grand Strategy ins Spiel. Wo-möglich wählt sie in ihrer Formulierung bewusst den großen Rah-men, weil sie die Gefahr vor Augen hat, dass sich der europäische Staatenverbund mit seinen 27 Mitgliedern und noch viel mehr unterschiedlichen Interessen auch bei einem Strategieentwurf in technokratischen Detailfragen zu verstricken droht.

In der Tat könnte es hilfreich sein, eine Gesamtstrategie der europäi-schen Außenpolitik von einem anderen Ausgang her zu entwickeln – nämlich ex negativo. Wie im Verlauf des Buches deutlich geworden sein dürfte, nehmen die USA ihren Gegenpart auf der anderen Seite des Atlantiks allzu oft als den sprichwörtlichen Kapitän auf dem Deich wahr – also als denjenigen, der an Land steht und den Boots-fahrern auf See erklärt, wie sie vorzugehen haben. Diese Art der Besserwisserei aus der sicheren Warte des Moralisten ist für die transatlantischen Beziehungen nicht hilfreich, vor allem nicht, so-lange man unter dem US-amerikanischen Schutzschirm steht. Und so ist Washington nachvollziehbar verstimmt, wenn ein früherer deutscher Kanzler für eine russische Ölfirma arbeitet und Putin einen lupenreinen Demokraten nennt, sein Land sich aber gleich-zeitig nach wie vor in Sachen Sicherheitspolitik auf die Supermacht USA verlässt. Es lohnt sich für Europa, auf seine Kritiker zu hören, um bei der Entwicklung einer Grand Strategy so viele Aspekte wie möglich mit zu bedenken. Wohlgemerkt: Es geht nicht darum, den USA jeden Wunsch von den Augen abzulesen. Sondern darum, dass mancher Vorwurf von dort uns überzogen erscheinen mag, in der Sache jedoch nicht unberechtigt ist.

Häufig zu vernehmen ist die Klage darüber, dass Europa sich allzu gerne auf die Position des Trittbrettfahrers zurückziehe. Der *free-riding* Vorwurf trifft nicht nur die Europäer, doch ist er mit Bezug auf den alten Kontinent in Sachen Sicherheitspolitik besonders deutlich zu vernehmen. Obamas Verteidigungsminister Robert Gates hatte schon im Sommer 2011 in Brüssel gemahnt, dass der amerikanischen Seite schlicht »die Lust und die Geduld« ausgingen, weiterhin Mittel für andere Nationen auszugeben, die »offenkundig unwillig sind, die notwendigen Ressourcen aufzuwenden oder die nötigen Veränderungen vorzunehmen«, um als ernstzunehmende NATO-Partner der USA zu gelten – was schließlich ihrer eigenen Sicherheit diene. Gates' Rüge kommt gerade bei den Deutschen gar nicht gut an, wird aber geflissentlich überhört. Eine knappe Dekade später geht das nicht mehr; es ist generell schwierig, Trump zu überhören. Doch ist es auch nicht mehr notwendig.

Brüssel kann mittlerweile auf eine intensivierte europäische Kooperation und Koordination in der Sicherheitspolitik verweisen. Seit Dezember 2017 arbeiten im Rahmen von PESCO *(Permanent Structured Cooperation,* dt. »Ständige Strukturierte Zusammenarbeit«) 25 EU-Mitgliedsstaaten bei der Militärausbildung, bei Manöverübungen, in der Rüstungsforschung, u. a. auf dem Gebiet der Cyber-Verteidigung, enger zusammen als je zuvor. Ab dem Jahr 2021 soll pro Jahr eine halbe Milliarde in die zugehörige Forschung und Synchronisierung der Streitkräfte fließen. Seit 2018 gibt es Pläne für eine *»European Peace Facility«,* gestützt durch einen neu geschaffenen Fonds im Umfang von 10,5 Milliarden Euro, die Missionen der Gemeinsamen Sicherheits- und Verteidigungspolitik (CSDP) in Ländern außerhalb der EU finanzieren soll. Des Weiteren gibt es Überlegungen, in Brüssel eine gemeinsame militärische Kommando-

zentrale aufzubauen; angedacht ist auch eine gemeinsame Offiziers-
ausbildung und v. a. eine besser koordinierte Logistik, möglicherweise über einen zentraleuropäischen Flughafen. Unterm Strich
steht der Versuch, die Effizienz der Verteidigungsausgaben zu erhöhen, bevor man sich an das heikle Thema der Erhöhung der
Verteidigungsausgaben selbst wagt. Hierzu gehören gemeinsame
Übungen von Militäreinsätzen und die Zusammenführung von
Waffensystemen, von denen es in der EU über 170 verschiedene gibt
(in den USA gerade einmal 30). Der Wille, sicherheitspolitische Syn-
ergien herbeizuführen, überträgt sich auch auf das Feld der Wirtschaft, wo der deutsche Außenminister Maas dafür wirbt, »von den
USA unabhängige Zahlungssysteme einzurichten, einen Europäi-
schen Währungsfonds zu schaffen und ein unabhängiges Swift-
System aufzubauen.«

Ein Leitmotiv bei diesen und weiteren sicherheitspolitischen Überlegungen mindestens auf deutscher Seite – und zunehmend auch
auf Seite des westlichen Nachbarn Deutschlands – ist der Schulterschluss zwischen Berlin und Paris. Die beiden größten Nationen
Europas, im Herzen des Kontinents gelegen, müssen die Führung in
Bezug auf eine engere sicherheitspolitische (in jedem Fall militärische) Zusammenarbeit übernehmen. Dabei haben sie nicht unbedingt die gleiche Motivlage. Frankreich will mit neuem Selbstbewusstsein (nicht zuletzt seit der Brexit beschlossene Sache ist)
seinen Führungsanspruch in der EU anmelden. Deutschland will
über das Konzept der Doppelspitze auch das eigenen Versäumnis
abfedern, dass man noch 2019 nur gut 1.3 Prozent vom BIP für Verteidigungsausgaben aufwendet; Frankreich hingegen ist mit 1.9 Prozent vom BIP praktisch der NATO-Richtlinie von 2 Prozent nach-
gekommen. Hierin liegt Konfliktpotenzial, das jedoch bis auf
Weiteres wegen der größeren Dringlichkeit der Aufgabe zurückgestellt wird. Man fühlt sich an zwei Nachbarn erinnert, die schon
öfter wegen ihrer angrenzenden Gärten im Streit lagen, sich aber
nun zusammentun, um den Bau der neuen Autobahn quer durch
ihre beiden Grundstücke zu verhindern.

Eine zweite Klage, die aus Washington bis heute immer wieder über den Atlantik herüberschallt, hebt auf die innere Zerstrittenheit Europas ab. Der Kontinent sei zu sehr mit sich selbst beschäftigt und damit bliebe keine Kraft oder Zeit über, sich nachhaltig auf dem globalen Schachbrett einzubringen – weder strategisch noch diplomatisch, vom Militärischen ganz zu schweigen. Auch auf diesem Gebiet muss Europa jedoch – unbenommen der Krisenserie, die dem Kontinent im letzten Jahrzehnt unzweifelhaft ihren Stempel aufgedrückt hat – nicht mehr beschämt den Kopf einziehen und sich von der strategischen und militärischen Supermacht des Planeten schelten lassen. Im Gegenteil: Im Herbst 2020 sollte in Leipzig der EU-China Gipfel stattfinden, der erste seiner Art mit allen europäischen Staats- und Regierungschefs. Coronabedingt muss das Großereignis verschoben werden, doch die Botschaft ist in der Welt. Nicht nur aus Pekinger Sicht, sondern auch aus der Warte Washingtons ist klar: Europa zeigt Gesicht und Kante, stellt sich dem Duell der Großmächte und veranstaltet ein Format, das mehr einbringen kann als ein bilateraler Gipfel der amerikanischen und chinesischen Staatsoberhäupter.

Europas breite Brust gegenüber dem chinesischen Giganten zeigt sich schon im Mai, als einige Monate vor dem politischen Großevent im Herbst ein Westbalkangipfel – wegen Corona per Videoschalte – abgehalten wird. Erneut spielt China eine Rolle. Europa scheut sich nicht, seine geopolitische Handlungsfähigkeit unter Beweis zu stellen; es geht darum, Peking Grenzen aufzuzeigen. Noch vor einiger Zeit hätte man so etwas im Vorlauf zu einem politischen Großevent wie in Leipzig nicht riskiert. Der Anlass erscheint vergleichsweise gering, berührt aber das Projekt Europa im Kern. Im Zuge der Pandemie hatte Serbien, der größte Staat des Westbalkans, dem eine Sogwirkung Richtung EU für die gesamte Region zugeschrieben wird, den Glauben an Europa verloren. Nachdem Brüssel ein Exportverbot für medizinisches Schutzmaterial erlässt, liefert Peking zügig Atemmasken und weitere Ausrüstung nach Belgrad. Präsident Xi Jinping nennt sein serbisches Gegenüber Aleksandar Vučić einen »Freund und Bruder«, doch die EU stellt schnell klar, wer der wahre Freund des Westbalkans ist – und hebt das Exportverbot für Schutzgüter auf, womit die Region laut EU-Kommission »die einzige Region außerhalb der EU [ist], die eine solche Vorzugsbehandlung erfährt«.

Fünf goldene Linien für Europas Wirken in der Welt

Welche Stränge außenpolitischer Maßgaben also sollte Europa zu einer Kordel zusammendrehen, um zu seiner eigenen Grand Strategy in der globalisierten Welt des 21. Jahrhunderts zu kommen? Hier sind fünf goldene Linien, die für das europäische Wirken außerhalb seiner Grenzen zentral sind. Sie stützen den diplomatisch zu gestaltenden, aber notwendigen Ausbau Europas zum »EU+«-Trapez; umgekehrt verleiht die oben skizzierte Trapez-Form der europäischen Vision mehr Geltung und den Leitlinien global mehr Überzeugungskraft.

Erstens sollte sich Europa an der eigenen Geschichte ein Beispiel nehmen. Bismarcks Maxime in der Außenpolitik ist bis heute eine wertvolle Orientierung. Selbstverständlich nicht in der Hinsicht, einen Krieg gegen Frankreich oder andere zu provozieren. Sondern in Bezug darauf, wie es dem meisterhaften Strategen Bismarck gelang, gute Beziehungen zu allen wichtigen Nationen aufzubauen, vor allem aber bessere Beziehungen zu jeder einzelnen von ihnen als diese sie untereinander aufwiesen. Die Bündnispolitik des Reichskanzlers gründete sich auf ein Gefühl der Bedrohung. Deutschlands geografische Lage in der europäischen Mitte schien eher ein Nachteil denn ein Vorteil, eine Allianz der anderen europäischen Mächte ringförmig um Deutschland herum vorstellbar. Auf heute übertragen bedeuten die Position Deutschlands in Europa, vor allem aber die Position Europas in der Welt hingegen einen Vorteil, mit den umgebenden Kräften auf ein gesundes Gleichgewicht hinzuarbeiten – nicht zuletzt, weil unter diesen Kräften Amerika, Russland und China eine Konkurrenzsituation besteht.

Gegen Ende des 19. Jahrhunderts gerät Bismarcks Bündnissystem in eine Krise. Womöglich hätte der preußische Militärstratege Carl von Clausewitz dem Reichskanzler einen wichtigen Grund hierfür nennen können – beziehungsweise Bismarck diesen Grund im Hauptwerk von Clausewitz, *Vom Kriege,* das bereits 1832 posthum veröffentlicht wurde, finden können. Denn schon damals hatte von Clausewitz das größte aller Risiken in der Außen- und Sicherheitspolitik von Staaten erkannt: den Zufall und das Überraschende; unkalkulierbare Ereignisse, die sich jeder durchdachten Strategie entziehen. Von Clausewitz spricht von »Friktionen«, die jede noch so besonnene und umsichtige Vorausplanung zunichtemachen können. Nicht nur im Krieg, sondern in jeder Auseinandersetzung auf dem Globus, im Ringen um Einfluss und den eigenen Wirkungskreis gibt es das »unbefahrene Meer voll Klippen«, von dem Clausewitz im siebten Kapitel seines Buches schreibt, das Meer, dessen Klippen es in dunkler Nacht zu umschiffen gelte.

Die zweite goldene Linie einer europäischen Grand Strategy besteht daher darin, das eigene Engagement in der Welt möglichst umsichtig zu wählen, um das immer vorhandene Restrisiko zu minimieren. Mit anderen Worten: Europa muss Prioritäten setzen und darf nicht alles auf einmal wollen. Überambitionierte Außenpolitik, die etwa aktiv auf einen politischen Systemwechsel in Staaten außerhalb der EU hinarbeitet, ist keine gute Idee. An diesem Ansatz haben sich bereits die US-amerikanischen Neokonservativen in der Bush-Ära verhoben – und diese konnten ihre geopolitischen Vorstellungen mit einer ungleich glaubhafteren Drohung geomilitärischer Wucht untermauern, nur um dennoch zu scheitern. Europa sollte daher seine geopolitischen Gestaltungsschwerpunkte klug wählen und schrittweise ausbauen, etwa in Form einer strategischen Partnerschaft mit Afrika.

Drittens muss eine europäische Grand Strategy die Gleichzeitigkeit zweier Phänomene berücksichtigen. Während wir eine Rückkehr zur Geopolitik der Nationalstaaten beobachten können, bleiben die seit der Jahrtausendwende gewachsenen Herausforderungen auf nicht-staatlicher Ebene bestehen. Die dritte goldene Linie besteht darin, für beides gerüstet zu sein. Zum einen mit Blick auf die Großmachtansprüche Chinas und Russlands sowie den Supermachtstatus Amerikas. Aber auch angesichts terroristischer Bedrohungen, der Aktivitäten im Drogen- und Menschenschmuggel an der Südgrenze Europas, der im Verborgenen geführten Schlachten des Cyber-Kriegs, unter die sich auch einzelne Guerillakämpfer aus dem Lager der Hacker gemischt haben, die durchaus den Rechensystemen des deutschen Bundestags oder des europäischen Parlaments gefährlich werden können.

Die vierte goldene Linie der Grand Strategy besteht in der fortgesetzten Bemühung, bei supranationalen Institutionen in strategisch wichtige Positionen zu rücken. Als erstes gerät hier ein permanenter Sitz Deutschlands im Sicherheitsrat der Vereinten Nationen in den Blick. Da sowohl Frankreich als auch Großbritannien zu den Ständigen Mitgliedern gehören, trifft Deutschland mit diesem Ansinnen auf Vorbehalte. Zudem stellen nicht zu Unrecht große Nationen des südamerikanischen (Brasilien) und afrikanischen Kontinents (Südafrika), auch der Gigant Indien, die Frage, weshalb mit Deutschland gar eine dritte europäische Nation hier vertreten sein sollte. Paris und London geben viel auf ihren historisch begründeten Sitz am heiligsten Tisch der UNO, sie werden sich auf absehbare Zeit schwerlich mit der Idee anfreunden können, im Konzert mit Berlin einen EU-Sitz im Sicherheitsrat zu zimmern. Dennoch sollte Deutschland diesen Vorstoß ernsthaft verfolgen und bei seinen europäischen Nachbarn darum werben. Es würde für Europas größte Nation und den europäischen Staatenverbund als Ganzes strategisches Gewicht bedeuten; schließlich geht es darum, vom Teilhaber am System zum systemischem Mitgestalter aufzusteigen. Zur eigenen strategischen Verortung Europas auf der Welt gehört schließlich auch, eine konsistente außenpolitische Linie gegenüber Asien zu entwickeln, damit Amerika weiß, woran man bei Europa in dieser Hinsicht ist. Ein guter Anfang ist etwa die zügige Reaktion Brüssels auf Pekings Umwerbungsversuche gegenüber Belgrad, wie oben erwähnt.

Strategie ist nicht alles. Europa weist jenseits wachsender strategischer Stärke, die sich auf seine sicherheits- und wirtschaftspolitische Emanzipierung gründet, ein weiteres wichtiges Merkmal auf: Es ist attraktiv. Die europäische Lebensart, das Selbstverständnis von Bürgerschaft und Nation, der Schutz der Grund- und Menschenrechte, die Regeln des gesellschaftlichen Miteinanders: sie sind mancherorts auch auf dem alten Kontinent wieder einmal schwer unter Spannung geraten und doch nach wie vor sehr präsent und widerstandsfähig. Dieses Fazit ließe sich von weiten Teilen der außereuropäischen Welt nicht ziehen. Und das ist Menschen weltweit bewusst, die sich in ihrem Lebensentwurf, in der Gestaltung ihres gesellschaftlichen und wirtschaftlichen Umfelds, in ihren politischen Präferenzen an Europas Idealen orientieren. Diese globale Anziehungskraft Europas gilt es zu nutzen, zumal Trumps Amerika der Welt derzeit die kalte Schulter zeigt. Es wäre sicherlich falsch, sich unter Wert zu verkaufen, wie die US-Politologin Anne-Marie Slaughter schon vor einer Dekade anmerkte. Legitimität heißt Einfluss. Autorität, die einem aufgrund der eigenen Integrität von anderen zugeschrieben wird und oftmals mit einem Vertrauensvorschuss einhergeht, bedeutet Gestaltungsmacht. So kann diese fünfte goldene Linie einer europäischen Grand Strategy sehr bedeutsam werden, wenn es darum geht, gemeinsame Regeln für ein globales Miteinander der Nationen aufzusetzen – schon um zu verhindern, dass andere diese Regeln bestimmen, denen weniger an länderübergreifenden Interessen gelegen ist.

Europa kann seine eigene Grand Strategy nur dann entwickeln, wenn es an sich glaubt. Wir dürfen uns nicht kleiner machen, als wir sind. Diesen Fehler begeht der Prinz im Gleichnis vom Truthahn, im Englischen als *Rooster Prince Parable* bekannt. Ein Prinz bildet sich ein, ein Hahn zu sein, worauf er sich seiner Kleider entledigt, fortan nackt unter dem Tisch sitzt und sein Essen vom Boden aufpickt. König und Königin und alle Untertanen sind entsetzt, der Wahnsinn des Thronfolgers scheint unheilbar, Regieren unmöglich. Die Rettung bringt schließlich ein alter Weiser, der dem Prinzen vermittelt, dass auch ein Hahn Kleider tragen, am Tisch essen, sein Königreich regieren und gestalten kann. Der Prinz freundet sich nach und nach mit dieser Vorstellung an und findet schließlich zu seiner alten Form und – vor allem – zu seiner eigentlichen Stärke und Gestaltungsmacht. Auch Europa steht sich bisweilen noch immer in seiner Selbstwahrnehmung im Weg und nimmt deshalb nicht die Rolle ein, die es eigentlich einnehmen könnte und sollte. Im Unterschied zum Prinzen im Gleichnis allerdings wurde uns die Wahrheit über uns nicht geduldig von einem freundlichen Weisen beigebracht. Sondern indem die Amerikaner schonungslos das Spielfeld verändert und damit den entscheidenden Impuls zum Ende des Westens gegeben haben. Game Over. Höchste Zeit für Europa, in die angemessene Rolle zu schlüpfen – und ein neues Spiel zu wagen. Alle Voraussetzungen sind gegeben.

Think Big!

Wagemut in der Welt von morgen

»I can understand pessimism, but I don't believe in it. It's not simply a matter of faith; but of historical evidence. Not overwhelming evidence, just enough to give hope, because for hope we don't need certainty, only possibility.«
— Howard Zinn

Think Big! Ein typisch amerikanischer Ausspruch aus dem Land der Gigantomanie. Zwei Worte, ein Ausrufezeichen: Das klingt banal, doch wie sollte man erwarten, zu etwas Großem zu kommen, wenn zuvor nicht der Wagemut steht, groß zu denken?

Europa hat bereits seit Jahrzehnten groß gedacht. Aus einem Sammelsurium aus über zwei Dutzend Staaten mit konfliktiver und kriegerischer Vergangenheit ist ein Miteinander im Staatenverbund erwachsen, weit jenseits der Perfektion, und doch weltweit einmalig. Das ist eine immense Leistung, auf die wir Europäer stolz sein können, es ist eine Vision, die Schritt für Schritt in Wirklichkeit übersetzt wird bis heute. Sie hat viel Kraft gekostet, und so verwundert die Konzentration auf das Innere nicht. Dabei blieb nur wenig Raum, nach außen, »in die Welt hinaus« zu denken, Europa als Vision zu präsentieren, die trägt – keinesfalls eine Selbstverständlichkeit bei Visionen. Lange Zeit bestand hierzu scheinbar auch keine Notwendigkeit. Strategische Vorsicht und Risikominimierung, kritischer formuliert: Verzagtheit und Zurückhaltung, haben sich über Jahrzehnte unter den damals gegebenen Umständen bewährt. Im Sicherheitspolitischen die Verlässlichkeit des US-amerikanischen Schutzschirms, im Wirtschaftspolitischen so-

lide und bewährte transatlantische Handelswege, scheinbar un-
verrückbar.

Die Umstände haben sich geändert, und sie ändern sich weiter
vor unseren Augen. *Nicht* groß zu denken, hieße, die Wirklichkeit
zu ignorieren, hieße, ein tragisches Versäumnis einzugehen. Europa
ist auf dem Weg in die strategische Autonomie bereits weit voran-
gekommen. Es gilt, diesen Weg in Richtung des »EU+«-Trapezes
weiterzugehen.

Stellt sich die Frage: Inwiefern sollten wir uns hierbei von den
Entwicklungen in Amerika beeinflussen lassen? Die Antwort lautet:
Die Geschehnisse auf der anderen Seite des Atlantiks sollten uns
nicht aufhalten, sie sollten uns allerdings abhalten, was vermeidbare
Fehler betrifft. Amerika kann uns Anreiz, Orientierung, Abschre-
ckung sein; die Stärken des amerikanischen Weges sollten wir uns
zu Eigen machen, die Schwächen als Warnung verstehen, einen anderen, unseren eigenen Weg einzuschlagen. Ein Fehler, den wir uns
nicht von Trumps Amerika abschauen dürfen, ist, uns in Opposition zur Welt – bzw. in diesem Fall zur letzten Supermacht des Planeten – aufzustellen. Diese destruktive Art der konfrontativen Abgrenzung hilft Europa nicht weiter. Im eigenen Interesse muss der
europäische Fokus auf dem konstruktiven Aufbau des Eigenen liegen. In diesem Sinne sollten wir auch die US-Präsidentschafts-
wahlen im Herbst 2020 begleiten. Als kritische Beobachter, die aufmerksam verfolgen, was es hieraus für uns zu lernen – und zu
erwarten – gibt. Was wir vom Selbstverständnis der ältesten existierenden Demokratie der Welt übernehmen wollen, und was nicht.
Selbstverständlich macht es einen Unterschied, ob der nächste Präsident Joe Biden heißt oder wir uns mit weiteren vier Jahren Donald
Trump abfinden müssen. Das neue Spiel des Westens entscheidet
sich jedoch daran, ob sich Europa weiter mit der Welt abfindet –
oder diese gestaltet.

In Michael Endes Kinderbuchklassiker *Jim Knopf und Lukas, der
Lokomotivführer* treffen die beiden Helden – die eigentlich keine
Helden sein wollen – auf den Scheinriesen. Auf die Entfernung ist

seine Gestalt riesig und bedrohlich. Doch je näher sich Jim und Lukas auf ihn zubewegen, je näher der Riese ihnen kommt, desto mehr verliert das Bild seinen Schrecken. Die wahren Umrisse werden erkennbar, die Größe der Vision zu einer machbaren Realität, gar zu einer freundlichen Begegnung. Sehen also auch wir den Veränderungen der Welt ins Auge, sodass das Spiel von Neuem beginnen kann.

Weiterführende Lektüre

ENDLER, TOBIAS & MARTIN THUNERT: *Entzauberung. Skizzen und Ansichten zu den USA in der Ära Obama.* (2016)

GADDIS, JOHN LEWIS: *On Grand Strategy.* (2019)

HESS, CHARLOTTE & ELINOR OSTROM (HRSG.): *Understanding Knowledge as a Commons. From Theory to Practice.* (2007)

JUDT, TONY, WITH TIMOTHY SNYDER: *Thinking the Twentieth Century.* (2012)

LEGGEWIE, CLAUS: *Europa Zuerst! Eine Unabhängigkeitserklärung.* (2017)

LEPORE, JILL: *These Truths. A History of the United States.* (2018)

DAALDER, IVO H. & JAMES M. LINDSAY: *The Empty Throne. America's Abdication of Global Leadership.* (2018)

MILANOVIC, BRANKO: *Global Inequality. A New Approach for the Age of Globalization.* (2016)

SKOCPOL, THEDA: *Diminished Democracy. From Membership to Management in American Civic Life.* (2003)

SLAUGHTER, ANNE-MARIE: *The Idea that is America. Keeping Faith with our Values in a Dangerous World.* (2007)

SUNSTEIN, CASS R. (HRSG.): *Can it Happen Here? Authoritarianism in America.* (2018)